先鋒榮譽董事長

談投資

More Straight Talk on Investing
Lessons for a Lifetime

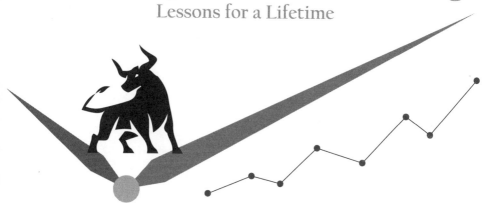

傑克‧布倫南、約翰‧沃斯 著
Jack Brennan、John Woerth

吳書榆 譯

獻給我相親相愛且不斷壯大的家族。

以前我們有五個人,現在有十一個,還有一個即將出生!

在此同時,

也謹獻給數百萬名先鋒集團投資人、

數千位團隊成員以及數百位投資專家,

四十年來,

是各位啟迪了我並且教育了我。

Contents

PART I

精通基本功

PART IV ————————————

保持正軌

克服心魔、杜絕誘惑，
堅持正確投資方法的完全指南

綠角

財經作家

投資是人生必備功課。除了工作所得，假如可以得到金融市場的成果，對於達成財務目標大有助益。

投資其實也不難。只要把握基本原則，同時避免重大失誤。

第一個原則，平衡。

平衡指的是股債搭配。股票的成長性讓投資組合可以達成目標；債券的穩定性，則讓自己可以心平氣和地度過股市大跌的年代。

一個成功的股市會有可觀的長期成長。但很多人卻拿不到正報酬，甚至在股市中受傷累累，根本理由就在於股市大跌時撐不下去。在恐慌中離開市場，賣在低點。而債券的穩定性可以處理這個問題。

但同時持有股票與債券，看起來總是不對。在股票大漲的年度，譬如2021年，你會看到債券部位拖累整體成果。在股市下跌

的2018年與2020年第一季，你又會覺得應該100％持有債券，才能完整躲過下跌。

這是擇時進出的誘惑。事實上，市場從來不會發出特定訊號，就像下課時鐘聲響起，告訴投資人何時該離開股市，何時該進入。試著在正確的時間點進出市場，幾乎不可能持續正確。

投資人必須根據自己的投資目標與風險忍受度，對抗心魔的誘惑，持續執行一個平衡的投資組合。

第二個原則，分散。

透過基金跟ETF這類投資工具，分散持有上百支、甚至上千支的證券。那麼單一證券的悲慘表現，不會對你的投資造成嚴重打擊。

低成本指數化投資工具就是很好的選擇，讓投資人用很低的成本就可以取得整體市場報酬。

但分散也總讓人覺得不對。看到別人買航運股、買特斯拉、賺進數倍的獲利。分散投資似乎總是落後。

這是選股的誘惑。事實是，即便由專業經理人分析大量資料，進行選股。長期成績也大多落後市場指數。

財經媒體總會挑績效最亮眼的案例進行報導。投資單一股票虧大錢，甚至走上人生末路的例子，則交給社會版。

不要讓自己對獲利的貪念，抹去對風險應有的正確態度。將大量個人資產投入單一公司股票，是非常高風險的投資行為。一旦出錯，將失去大量資本，難以回復。

第三，持續參與市場。

最簡單的方法就是定期投入。定期投入不僅是一種投資紀律，它也讓投資人避免了頻繁交易與擇時進出的誘惑。

試著判斷何時才是比較好的買點，看起來是值得的努力。但一旦想選擇時間，你就會開始覺得不對勁。投入前，假如市場上漲，你會懷疑現在買進是否價位太高。買進前，假如市場下跌，你就會想，之後會不會有更低點。無論怎樣，現在似乎都不是投資的好時機。

但不去參與市場，就不會得到報酬。許多人沒有獲利，並不是市場表現不好，而是自己根本沒有參與市場或參與不足造成的。

最後，注意投資成本，定期再平衡。

投資成本是投資人可以完全控制的變數。未來的報酬無法預知是高或低，但我們可以控制投資成本，將未來報酬的大部分保留在自己手上。

再平衡，讓投資組合維持原先設計的比率。這是控制風險的重要手段。

其實，做好這些事，你就是一個很好的投資人了。

但很多人無法成為很好的投資人，因為，他想成為更好的投資人。

在特定產業表現突出，譬如科技類股一年大漲幾十趴時，你會懷疑自己持有全市場指數化投資工具是否明智。

有時特定地區股市表現優異，譬如金融海嘯前，新興市場表現亮眼。近幾年則是美國股市績效突出，你很可能會覺得，投資就是要掌握這些單一市場的報酬，何必全球分散。

股市連續上漲時，你會覺得自己每年再平衡，將股票部分賣出轉往債券，只是降低報酬的行為。

但書中，作者以實際的例子讓讀者看到，去挑特定產業來投資，是一個每一年或每兩年就要做出正確產業選擇的挑戰。沒有特定產業可以連續多年領先。

全球股市，從沒有哪一個地區或是國家一定會永遠領先。市場風向可以說變就變。

再平衡有時候看起來的確會傷害報酬，但其主要目的是控制風險。在2019年前的多年股市上漲中，有定期再平衡的投資人，在進入2020年第一季疫情造成的全球股市重挫時，他會持有符合原先預設比率的股市部位。但假如沒有再平衡的話，股市部位會膨脹許多，讓他在大跌中嚴重受傷。

投資要知道怎樣就夠好了。不要讓自己為了追求更好的成果，反而落居下流。

但投資要如何堅持下去？

如何在多變的金融環境、身旁親友的建議與鼓譟、自己心中各種心魔的吶喊下，持續走正確的路？

答案在信心兩字。

投資人必須有對投資方法的信心，對自己的信心，以及對市場的信心。

而信心來自於知識。知道這是正確的投資方法，知道自己該追求哪些投資的良好行為，知道市場終將回報你的投入。

正確的投資方法，其實很簡單就可以講完。但這些方法背

後，其實有可觀的知識基礎。

在書中，作者詳細解釋正確的投資方法與理由，加上許多作者在業界的觀察與親身經歷，讓讀者知道，什麼是正確的投資方法，也有足夠的知識，帶來信心，在投資的路上堅持下去。

這本書不討論一年賺幾十趴或短時間資產翻倍的方法。它不令人感到興奮。

但假如你能看完此書，確實按書中方式建立起自己的投資紀律，長期參與市場。多年之後回顧，你很可能會很慶幸自己看過這本書。

讓投資，經得起時間考驗

2002年7月，我替初版的《先鋒榮譽董事長談投資》(*Straight Talk on Investing*) 所寫的序言，一開始就講到「過去五年，是投資史上一段非凡的時期。一次創紀錄的牛市，不斷擴大成史上規模最大的投機泡沫之一。之後我們看到泡沫破滅，開啟了一段長期的熊市，是美國股市自二戰以來，經歷過最糟糕的市況之一，這也難怪有很多投資人舉棋不定，不知道該怎麼做。短短五年內，我們就親眼見證了終身難忘的投資教訓。」

2020年年底，我坐下來替二版寫序言時，則體驗到殘酷的諷刺。此時全世界大部分地區都在對抗新冠病毒疫情。疫情一起，就讓全球股市快速且嚴重下跌。雖然各地股市很快就復甦，但這代表投資人在21世紀的前二十年便經歷了三度衝擊。在這樣的前因後果之下，也難怪投資變成如此嚇人的一件事。

愛因斯坦說過：「經驗是知識唯一的來源。」把眼光放遠與控制情緒，是投資人可以從最難熬時期中，學到的寶貴心得。然而，想要寫第二版以更新本書內容的動力，不僅是這些明顯的市場事件帶來的教訓而已。本書中暢談的，都是經得起時間考驗的財務規劃

和投資原理，但自第一版問世後的近二十年來，有很多事情都變得很不一樣了。這一路上我又多學到了一點，包括把投資變成一系列取捨，這是我會納入最新版的一個主題。

新世代的投資人開始慢慢成年，若他們能理解，理性的投資是有效達成財務穩健的方法，將獲益良多。我在書中也會提到，研究指出，千禧世代（他們是初版的讀者群之一）對於股市的態度，比嬰兒潮世代更戒慎恐懼。他們的謹慎可想而知，因為他們要不就看過父母輩撐過2000年到2002年的熊市，要不就親身經歷過2008年到2009年、以及2020年的股市暴跌。然而，要追求長期的財務穩定就一定要投入股市，對現在正處於投資黃金時期的這個世代、還有Z世代（Generations Z）以及Y世代（Generations Y）的人們而言，入門書或許可以助大家一臂之力。

另外，我也強調你要把自己想成「財務創業家」（financial entrepreneur），這個概念是指：人好好管理自己的財務，就像是業主管理自家企業一樣。這是你自己的財務，不是別人的，這意味著財務規劃和投資都是非常、非常個人的事。你的年紀和目標或許和某個朋友、同事或鄰居相似，但因為你的風險耐受度、財力、投資期限等等因素影響，你的投資方案很可能大不相同。

投資的環境態勢也大幅變動，如果以選項、成本和便利性來說，算是變得更好。我真心相信，此時對投資人來說，是最好的時機了。

最明顯的變化，或許要算是投資成本大幅下降。過去，購買共同基金時，佣金或申購手續費的占比曾經高達8.5％，這種情況

基本上已經不復見。根據美國投資公司協會（Investment Company Institute）的資料指出，股票型基金的平均資產加權費用率下降將近一半，2000年時為0.99％，到了2019年則為0.52％：原本1萬美元的投資要付100美元費用，後來大概只要付50美元。不管什麼投資，考慮時最重要的三項因素就是成本、風險和報酬。然而，能事先知道的只有成本。在其他條件都相同的情況下，成本愈低，投資人拿到手的報酬就愈高。從上述的成本相關數字可以得知，不過短短二十年，如今的投資人便擁有比過去相對更多的優勢。

諸如指數股票型基金（ETF），與2002年新推出的目標日期基金（target-date fund），如今已成為核心投資工具，讓投資人可用低成本分散布局全球股市與債市。現今，有愈來愈多的環境、社會與公司治理基金（environmental, social, and governance fund），讓投資人有機會根據自己的價值觀調整投資。另外，也有些新的選項目前很流行，比方說捐贈人授意基金（donor-advised fund），你可以利用這些管道將資金投入慈善。

我們也看到，機器人顧問及其他數位基金管理服務興起。大量的新創、銀行、資產管理公司推出應用程式，主打能提供資產配置指引、投資意見與存款利率建議。有了這些數位服務，人們就能更容易取得投資建議，也更負擔得起。

然而，我相信，憑藉著**知識**、**信心**和**紀律**，多數累積財富（亦即，儲備資金以因應退休生活或支付大學學費）的投資人，都可以自行管理投資，也不用為了取得專業建議，付出額外成本。且讓我們把這三點，當成達成投資目標的三大重點，之後我還會不斷

地回過頭來談這三點。以即將或已經退休的人來說，能有選擇以合理的價格獲得專業協助，一一釐清各種複雜的事物，進而好好保住與善用自己懷中的資金，實屬可貴。現在，不管是透過數位平台、真人服務或是虛擬的方式，都有大量且便利的選項，可供投資人以具吸引力的價格取得建議。

此外，監理與立法部門也提升了對投資人的保障、並強化管控應揭露事項，以及提供新的儲蓄選項（例如羅斯個人退休帳戶〔Roth IRA〕），同時增進金融市場的內部運作。二十年前才在起步階段的529儲備大學教育基金計畫（529 College Savings Plan），目前已成存大學費用的融資與投資工具選擇了。未來幾年，還會有更多影響金融服務業的發展，有些會對散戶投資人有利，但很遺憾的是，有些並不然。正因如此，重點是要了解可能影響你投資的新事物，同時也要掌握個人的環境變化，甚至與時俱進地變更投資方案。

不變的是，投資的相關資訊仍多到讓人眼花撩亂。所有的電視網都有專門的時段，分分秒秒報導市場最新動態，還加上名嘴的辛辣犀利評論，以及五顏六色的圖表。然而，要能有效管理資金，需要的並不是金融版的《世界體育中心》節目（SportsCenter）。事實上，就管理資金這項任務來說，這些資訊很可能弊大於利。此外，網路和社交媒體上，也充斥著各種自認的金融專家提出的建議，有些很正統，提出的是很務實的指引，但多半都不是。基本上，那對你的財務福祉來說是一大危害。

我會分享一些從專業投資人（華爾街的金融家、避險基金和

大學捐贈基金）的錯誤與失足當中，所悟出的見解。事實上，短視的心態、沒有適當地分散投資，以及低估了流動性很重要等等，一次又一次讓「行家投資」（smart money；按：意指精通投資技巧、或經驗老到的投資人，所做的更複雜精巧投資）陰溝裡翻船。

本書改版後的目標也沒有改變。第一，本書是那種兒女要開始獨立生活時，父母會交給他們的書。就像許多和我同時代的人一樣，但願那時候的我也得到這樣的一本書。以我來說，我非常期待能把此書交到我的孫兒輩手上。

第二，我希望這本書能發揮用處，讓讀者重溫穩健財務規劃和明智投資的基本要項。無論一個人幾歲、是不是老練的投資人，或是有沒有經驗，溫習基礎的課程總是會有幫助，在充斥著互相矛盾建議的艱困時期，格外如此。從個人面來說，我會把寫作本書當成溫習基礎課程，而且也是在這方面非常有幫助的一門課。

最後，這本書的目標，是要幫助人們思考自己的重要資金。這些是人們從生活中特意挪出來的資金，為的是要實現長期目標，像是準備退休，或是替孩子籌備教育基金。說白了，本書不太適合那些想了解怎麼找到「熱門股」、或是想知道如何「炒股」的人，這也是我把焦點放在共同基金和ETF、將它們當作主要投資工具的理由。

我在本書中提出的簡單投資法，並非出於我在大學時期學到的課堂知識，而是凝聚了許多聰明人士的智慧結晶。我在投資業闖蕩接近四十載，很榮幸能認識這些英才、並從他們身上學習。其中包括先鋒集團現在與過去的同仁、我們聘來監督先鋒各基金的世界

級顧問，以及其他投資專業人士，例如多年來，我有幸與之合作的大學捐贈基金與非營利機構經理人。

我也從朋友、家人、先鋒散戶投資人（這些是長期優游於市場、且達成了財務成就的「街坊」投資人）。我最享受的一件事，就是在雜貨店裡被某個人攔了下來，而對方告訴我：「我只想說謝謝，感謝你和你的同仁付出心力，給了我舒適又安穩的退休生活。」如果這本書未來也能在財務上幫上你的忙，我很期待能在超市遇見你！

傑克·布倫南

寫於賓州佛吉谷（Valley Forge, Pennsylvania）

2020 年 12 月

作者的話

　　我在本書中引用了幾檔先鋒的基金，用以確立特定的投資要義。請不要把引用當成背書或建議，我使用先鋒的基金為例子，純粹是因為我對這些基金瞭若指掌。我想要傳授的心法之一，是絕對不要根據不完整的資訊做投資。如果你對於本書提到的基金有興趣（或者，以這方面來說，對任何基金或ETF有興趣），請先查閱公開說明書再行動。

　　請注意，我在撰寫本書時，盡量避免使用投資術語。本書末的〈附錄〉列出了相關投資用語的定義，在你閱讀本書的過程中協助你釐清概念。適當時，我會用標題為〈**基本功**〉的欄位，來釐清用語和概念，以增進你的基礎知識。你也會讀到〈**解析投資組合陷阱**〉的欄位，這裡會列出警語，提醒你注意投資人常犯的錯誤，而且要審慎應對業界某些可疑的實務做法。在每一章結尾，我會整合重點在〈**總結**〉處，條列出心得摘要。

　　閱讀此書時，你會讀到一些粗體段落，我用這種方式來凸顯個別的重要投資原理。本書的〈**後記**〉會濃縮摘要這些原理，如果日後你需要參考，是很方便的匯總資訊。某種程度上，這份資料正是我在各種社交場合上的臨場反應彙整。譬如，在場邊觀看孫兒的

足球比賽，或是參加晚宴時，有人請我提供比較高階的成功投資意見，我說的就是這些內容。我希望你去看看這些學習指南，但願你覺得很實用。

最後要提的是，我在本書中會用到大量的數據，以支持我的論點，比方說市場報酬、假說範例以及基金績效等等。（**由於取得上的限制，書中引用的數據多半到 2019 年 12 月 31 日。然而，2020 年後的部分，並不會對圖表與內文中所講到的長期數據，造成重大影響。**）你不用精通高等微積分，但具備一些數字能力能幫助你成為更好的投資人。我也引用了某些事件，有一些顯然年代已經久遠或是跟你沒有太大關係。但從過去汲取智慧，可以幫助你在面對投資產品與服務時，成為更敏銳、更謹慎的消費者。

我很榮幸向各位報告，本書的所有銷售收益都會捐給先鋒的旗艦慈善活動：先鋒孩童強力起跑方案（Vanguard Strong Start for Kids Program™）。孩童強力起跑方案投資未來，支持小孩（尤其是資源不足的孩子）的發展與學習，當孩子幸福的推手。本方案的目標是要締結夥伴關係，帶動大費城地區（Greater Philadelphia）、鳳凰城（Phoenix）、夏洛特（Charlotte）與倫敦的早期學習活動，同時，強調尊重在地優勢並以此為基礎，確保家庭、行動方案和社區擁有必要的資源，幫助所有孩子在人生的開端，都能擁有絕佳的起跑機會。

本書強調的投資原則，和先鋒向來秉持、並因此得以在同業中脫穎而出的理念相似：及早投資報酬豐厚。研究顯示，投資小孩的早期學習機會，能帶來一輩子的好處。孩子若在人生最初幾年得

到充分的支持，就更能做足準備，順利完成學業，過著更健康的人生，並貢獻所長創造更強健的社區。但現實中總是有重重阻礙，某些類型的孩子往往處處碰壁，被好機會拒於門外。強力起跑方案努力讓更多人都能擁有豐盈的支持系統，嘉惠所有孩子，引領他們完全發揮潛能。我把我的公益時間都花在這項任務上。我可以保證，投身優質的早期兒童服務所帶來的豐厚報酬，絕對會讓多數專業投資人羨慕不已！

致謝

我很訝異，要把像這樣的一本書從概念變成現實，居然要借重這麼多人的力量，而且，這還是第二回了。當然，我非常感謝所有參與了這一趟旅程的人們。一一向所有人致謝對我來說是很冒險的事，畢竟我可以料想到一定會漏了誰，我在此先表達歉意。

我首先要感謝合作夥伴約翰・沃斯（John Woerth）。我和約翰共事三十年，我倆的友誼也維繫了三十年，和他合寫本書真是一大樂趣。他是位極出色的編輯、才氣縱橫的作家，也是敏銳的市場與投資人行為觀察家，而且，幸運的是，他還是一位鐵血監工。我相信，少了最後這項特質，《先鋒榮譽董事長談投資》這本書很可能大部分都還在我的腦子裡。

就像上一版一樣，我也想要向先鋒集團充滿信心的了不起投資人致敬，我很榮幸在將近四十年的時光裡與他們交流。無論規模是大還是小、是投資經驗豐富的老手還是新人、是事業剛剛起步還是正在享受退休，他們都展現了我們想要在本書中闡明的好特質。他們紀律嚴明、以長期為導向、有成本概念，而且不斷學習如何成為更好的投資人。與他們同行真是一趟驚喜之旅。

接下來，我要感謝這些年來我在先鋒的同事們，尤其是已故

的傑克‧柏格（Jack Bogle）和瓦爾特‧摩根（Walter Morgan），他們兩位在我之前擔任董事長掌管各基金；另一位是比爾‧麥納布（Bill McNabb），他接下了我的董事長位置。能和傑克與摩根先生共事、從他們身上學習，還有榮幸接下他們的棒子，對我來說真是生命的一大贈禮。比爾在整個職涯中與客戶殷勤互動，並全力為了他們的成功與福祉而奮鬥，這些已經成為傳奇。從他第一天成為我的同事開始，我就從他身上學到很多，而且直到今天仍是如此，我們仍以朋友的身分就這個主題交換意見。

同樣讓我感到光榮的，是能與幾千位先鋒集團的成員共事，並向他們學習。這一群人都相信先鋒的使命，期望能幫助客戶達成財務成就。

如果沒有合作夥伴瑪塔‧麥卡芙（Marta McCave）出色的工作表現，假如少了先鋒集團寫作與編輯團隊中幾位成員，特別是瑪莉‧羅薇‧甘迺迪（Mary Lowe Kennedy）以及克瑞格‧史多克（Craig Stock），這本書的第一版恐怕無法付梓。他們幫忙建構了《先鋒榮譽董事長談投資》仰賴的基礎，我期盼第二版能讓他們歡喜，就像我對於他們在初版時的出色表現那般滿意。

先鋒團隊有多位成員提供了統計上的協助與諮商，我要在這裡感謝其中幾位。大衛‧沃克（David Walker）和多明尼克‧彼德魯索（Dominick Petruso）兩位做了很多出色的工作，負責更新與發展出本書中多如牛毛的統計數據，他們有很多同仁這一路上也很幫忙，包括柯妮‧莫隆娜（Corinne Morrone）、麥可‧丹米克（Michael Damico）、亞當‧徐克林（Adam Schickling）、亞文‧那

拉顏納（Arvind Narayanan）、安東尼歐・皮卡（Antonio Picca）、羅傑・阿利嘉—狄亞茲（Roger Aliaga-Diaz）、唐恩・班尼霍夫（Don Bennyhoff）、克里斯・提得摩爾（Chris Tidmore）、安德魯・韓（Andrew Hon）、珍・楊（Jean Young）、約翰・何利爾（John Hollyer）、詹姆士・羅利（James Rowley）、麥可・強森（Michael Johnson）、道格・格林（Doug Grim）、丹・鈕霍（Dan Newhall）、強・克勒伯恩（Jon Cleborne）、比爾・歐培爾特（Bill Oppelt）、泰德・迪諾西（Ted Dinucci）、茵娜・左瑞娜（Inna Zorina）和漢克・羅北爾（Hank Lobel）。謝謝他們幕後的努力工作，確保我們能寫出一本優質好書，為讀者帶來價值。

　　我也要特別感謝先鋒三位投資專才——瑪麗亞・布魯諾（Maria Bruno）、法蘭・金妮瑞（Fran Kinniry）和洛德尼・康吉斯（Rodney Comegys），他們花時間閱讀定稿並提供意見，確保這本書能達到他們在各方面都要求很高的品質標準。最後，我要誠摯感謝先鋒卓越的執行長、同時也是我的好友提姆・巴克利（Tim Buckley），他從一開始就替我們寫書這件事背書，更是大力支持。

　　我們寫這本書仰賴大量資料來源，包括標準普爾、慧甚（FactSet）、道瓊、法蘭克羅素公司（Frank Russell Company）、晨星（Morningstar）、彭博社、摩根士丹利國際資本公司（Morgan Stanley Capital International）、美國投資公司協會、聯邦準備銀行聖路易分行（Federal Reserve Bank of St. Louis），以及證券價格研究中心（Center for Research in Security Prices），感謝以上各方人士。

　　當然，少了出色的支援團隊，就不會有這些成果。在我和約

翰寫作本書的期間，薇琪・萊茵豪瑟（Vickie Leinhauser）和凱蒂・金摩爾（Katie Kimmel）是不可多得的助手。同樣的，如果沒有他們幫忙，也就出不了這本書。

最後要提兩點。首先，我在這裡以及本書其他地方常常會講到，在投資上不斷精進是很有價值的事。我相信，無論你是25歲、還是75歲；不論是剛開始的新手、還是已經累積了多年的經驗；不管是業餘的、還是老練的專業人士，這句話同樣適用。每次有人來找我（通常對方一開始都會很客氣地說：「我很喜歡《先鋒榮譽董事長談投資》這本書，那另外……」）接著，他們會問我：「能否請你推薦幾本書，幫助我成為成功的投資人？」這是我最樂見的事，而我通常會推薦三本書：查爾斯・艾利斯（Charles Ellis）的《投資終極戰》（*Winning the Loser's Game*），和墨基爾（Burton Malkiel）的《漫步華爾街》（*A Random Walk Down Wall Street*），這兩本都是持續更新的投資經典，為不同世代的投資人帶來歷久彌新的價值。我在先鋒開啟事業之前，這兩本書對我個人都有極大的影響力。第三本書是較晚近的經典，於1996年發行初版、由湯瑪斯・史丹利（Thomas Stanley）和威廉・丹柯（William Danko）合寫的《原來有錢人都這麼做》（*The Millionaire Next Door*）。這本書有很多真實範例，說明很多人如何透過不花俏的行動（也就是我們在本書中為你介紹的），在財務上創造長期成就與穩定。

最後，要感謝Wiley出版社的編輯比爾・法倫（Bill Falloon），在我們邁向戰場、帶著這本書跑向終點線的過程中，他一直是我們的指引明燈與支持力量。我很感謝他為我們所做的。

PART I

精通基本功

Master the Basics

| 1 |

投資要成功比想像中容易

投資要成功聽起來很難，但做起來並不難。有些人會假設，你必須要很有錢或是擁有高等學位，才能靠投資累積出財富。他們認為，你必須理解《華爾街日報》談的所有主題，比方說股市的上下波動、聯準會的利率決策、企業發布的獲利報告和股利政策、經濟指標的意義等等。這些都有其意義，但是投資要成功不用亦步亦趨追蹤每一項。現實中，投資比多數人想像中更容易。

本書的目的，是要讓你理解，你需要透過投資來達成財務目標。過去四十年來，我和成千上萬的成功投資人聊過，他們的背景各異，身處的人生階段也不同。有些年輕，有些年長，有些經驗老到，有些沒這麼練達。很多人都有名牌大學的學士或研究所學位，也有人沒上過大學。

即便有這些差異，我見過的成功投資人都有一些共同特質，我先從非常重要的一項開始說起：**他們投資時都很有信心**。他們不會把人生浪費在尋找能帶領他們挖到金礦的致富祕笈、或是投資竅門，也不會去想其他人怎麼處理自己的錢財。坦白說，他們不在乎鄰居、朋友或親戚怎麼投資，也不受別人影響。自信的投資人會根

據個人的財務狀況、目標與能力做決策，也願意承擔風險。

最適合成為投資人的好時機

此時是最適合成為投資人的好時機。你可以使用各式各樣的投資工具，包括幾千檔的共同基金和ETF，組成一套投資方案。市面上有很多很容易取得的知識教育材料，你毫無困難就可以找到許多資源，幫助你豐富投資這個主題的相關知識。網路讓你能隨時輕鬆地監督與管理自己的投資，人在哪裡一點都不是問題。有了各種個人退休帳戶（Individual Retirement Account，IRA）、退休金方案（例如401[k]），和其他有稅賦優惠的工具之後，你在替未來投資時可以獲得更多稅務上的好處。總而言之，今日的金融市場運作既有效能又有效率。還有，非常重要的是，目前投資的成本來到史上最低點。

如今，有數以百萬的人在投資。舉例來說，美國投資公司協會指出，46%的美國家庭持有共同基金，63%透過具有稅務優惠的儲蓄方案投資。然而，在美國還是有很多人沒做投資。家庭財務穩定中心（Center for Household Financial Stability）的數據指出，每五個千禧世代中，就有三個不碰股市。至於有投資股市的千禧世代，他們的持股也很低。在此同時，相較於其他種族，黑人與西班牙裔家庭也比較可能沒有投資帳戶。美國從來不是機會均等的國家，未來一定要讓機會均等成為現實。

現今這個時代有很多優勢，但是，你必須參與才能享受得

到。你必須要通過兩項挑戰，第一項來自於傳統與社交媒體，以及靠著分享自身「智慧」來謀生、或以此為樂趣的人。多數人太過關注金融市場的短期事件。現代股市和投資相關的新聞報導，聽起來就像是體育版面的文章：今天誰贏了？誰是最熱門的標的？誰在這一季表現最好？在這方面誰是第一？有這麼多讓人熱血沸騰、且根本避不開的報導盯著市場的一舉一動，也難怪一般人常會覺得很可怕，或者根本承受不了。

不過，這不代表報章雜誌上沒有謹慎周延的投資報導。以投資訊息來講，通常少即是多。我不想表現得太懷舊，但我最喜歡用來證明這個觀點的範例，是一部從1970年代初期，播映到2000年代初期的電視節目：由路易士‧魯凱斯主持的《華爾街一週》（*Wall $treet Week with Louis Rukeyser*）。它提供了很多關於金融市場的明智、且經過研究的觀察，節目的一大特色是一星期只播一次，因此主持人和來賓無須落入如今已經太常見的模式，時時刻刻針對當下動態發表論點。（新版節目現在還繼續在彭博電視台播出。）當然，你現在可以找到大量名聲響亮的網站、廣播節目、播客，幫助你掌控自己的財務人生，成為更好的投資人。我只想鼓勵你成為挑剔的金融媒體閱聽者，還有，不要讓金融訊息和你喜歡的網路影片、廣播節目或播客互相競爭，占掉你的時間。

第二項挑戰，來自金融服務業本身。很確定的是，讓你以為投資既困難又複雜，符合很多公司的利益，他們可以靠著銷售投資產品和建議賺錢。你一定會注意到，市面上處處都有急著簽下你這位客戶、向你收錢賣服務的券商、投資顧問和財務規劃師。你要體

認到，有些財務專業人士希望讓你以為，你自己無法做投資決定，不要相信他們。

你的任務，是要像老話一樣做到「去蕪存菁」（亦即，要把有用、且可據以為行動的資訊和雜訊分開）。現實是，你無須每天緊盯著時事、也不需要一直聽電視上的名嘴在說什麼，更不用付大錢請人幫你投資，也能成功累積財富。如果你覺得被所謂的專家嚇到了，請記住他們知道的不見得比你多。確實，每過幾年，我們就會看到斗大的標題寫著，某金融界金童在複雜的交易計畫中虧損幾百萬、甚至幾十億美元，或是下了重注之後付諸流水。但你不會常看到新聞大肆報導，哪個散戶採行了理性且紀律嚴明的投資辦法，從容明智地累積出財富。而後者遵循的是，自信投資的四大要點：

1. 具備知識：要做功課。
2. 紀律嚴明：養成好習慣。
3. 懂得懷疑：避免跟風。
4. 敏銳觀察：持續學習投資這件事。

後文會更詳細說明這四大要點。

具備知識：要做功課

養成身為投資人的信心，要從累積出一定程度的投資知識開始。沒錯，你要願意花點時間，去理解投資的基本面。但也不要過

多！我這裡講的是最基本程度的知識。

不要把自己埋進厚重的金融理論論文裡，也不用訂閱投資通訊刊物或參加研討會。你不需要收看財經新聞網，找到最新的解析說明為何市場今天、這個星期或這個月有這些表現，也不用每天一起來就先急著知道其他洲的市場，或芝加哥的期貨盤昨晚的交易情形。對於關心手中辛苦錢的散戶投資人來說，這些都不是必要的功課。

但是，不管你要把自己的錢投資到哪家公司的哪種產品，都要先具備一些基本知識。現在，我要來說一說，你需要知道哪些基礎級的知識，之後會再來談細節。

首先，你要稍微了解三種主要的投資類型，或說是資產類別。你可能都聽過了，分別是：股票、債券和現金。（現金不單指錢而已，也包括便利存放的錢，例如銀行的存款帳戶、定期存單，或是貨幣市場共同基金。）這些我們會放在第一個基本功說明欄。

基本功：了解資產類別

要成為成功的投資人，你必須是資訊充分的投資人。對新手來說，你應該要對三種基本資產類別（股票、債券和現金）的風險與報酬，有一定的理解。我們在本書中會更詳細討論資產類別，但現在先大略介紹就夠了。

資產類別

簡單來說，資產就是具有貨幣價值的東西。在金融領域，資產類別指的是風險與報酬不同的各類投資。

股票

股票代表所有權。如果你擁有一股 Google 的股票，那就代表你是 Google 的所有人之一。股票讓你有權利針對公司的某些政策議題表決，也代表你與公司共享業務成果。如果公司表現很好，你可以從兩方面受益：首先，股票的價值上漲，因此，如果你想的話，可以賣出獲利；以及，公司會以股利形式，把獲利發給你以及其他股東。另一方面，如果公司表現不佳，你的股票價值就會下滑，發放的股利就會縮減、甚至完全不發。最糟糕時，公司會破產，你的股票變成壁紙。

公司為何會表現好或表現不好？造成影響的變數很多。舉例來說，公司如果擁有睿智的管理階層、身在具吸引力的產業，且有穩健的業務策略，再加上有長銷型的優質產品或服務，就比較可能創造出色的業績。但是，其他的外部力量也會影響公司的前景，包括利率和其他經濟因素、新科技、競爭、政府規範與立法，以及顧客偏好等等。除了這些實際面的影響之外，公司的股票也會因為投資人的情緒而漲跌，而投資人的情緒多變，比天氣更難預測。另外，即便是最聰

明的公司領導者，也會犯下影響股價的錯誤。因此，很多人認為，股票是諸多資產類別中，風險最高的投資。

股票風險高？短期來看是如此。隨著交易員不斷猜測彼此對於市場趨勢的看法、分析師忙著做預測，股價也日復一日、月復一月地不停變動。然而，長期來說，股票能為投資人帶來的報酬，高於其他投資。自1926年到2019年，股票平均的年報酬率為10.3％。

最後再提一點：股票也常稱為股權（equity）。

債券

債券基本上就是借據。你買債券，就相當於把錢借給發行機構，通常是公司、政府機構，或是州級或地方級的市政單位。發行機構承諾借了這筆貸款後，會支付載明的利息金額給你，並在某個日期（到期日），把錢還給你。買進一般的債券時，你事先就會知道可以收到多少利息，以及何時到期。正因如此，債券又稱為固定收益（fixed income）投資。（你會常常聽到人家稱債券的利率為票息〔coupon〕，這個詞可以回溯到，過去投資人真的把息票從債券上剪下來，拿著息票去收取利息。）

雖然債券持有人是債權人、而不是所有人，但是他們也在乎發行債券的公司或機構是否穩健，因為這會影響到發行機構有沒有能力支付利息，並在到期時償付本金。比如，美國政府公債有美國政府以全部的誠信和信用背書，被視為全

世界最安全的投資。而多數歷史悠久的公司也受到信賴，一般認為不管它們的股價如何變動，都會支付債券利息並在到期時償付本金。

由於債券定期付息，需要穩定收入來源的退休人士，多半偏好債券投資。但就算你不是退休人士，也會讚賞債券在投資組合中展現的穩定力量。我之後也會講到，很多股票投資人也持有債券，因為整體投資組合必定會出現價值波動，債券有助於減緩相關影響。

但債券也有風險，最糟糕的就是違約：債券發行機構碰上麻煩，無法支付之前承諾的利息或償付本金。幸運的是，違約相對少見。比較立即性的風險和債券價格有關。畢竟，市場裡隨時在交易已發行的債券，價值會隨著市場利率變動。如果你不需要在到期日前出售債券，這不是問題。但如果有需要賣的話，變動的價格可能會導致損失。還有，如果你投資債券型共同基金，你的股份價格和你收到的收益支付款，也會因為標的債券的漲跌，以及基金買賣持股而變動。

最後，還有隱形的通貨膨脹風險。有些時候，債券支付的利息跟不上高漲的物價，因此債券投資人不斷地喪失購買力。其中一個時期就是1970年代，債券被人開玩笑地稱為「充公券」（certificates of confiscation）。

現金

你可以把現金想成皮包裡的鈔票、行動支付裡的餘額，

或是汽車零錢盒裡的零錢，但是這和投資上的現金有一點差別。現金投資是指政府、企業、銀行或其他金融機構發行的非常短期借據。而銀行的儲蓄帳戶和貨幣市場共同基金，是現金投資裡最熱門的形式。從歷史上來看，現金投資是三大資產類別裡波動性最小的。這表示，如果你最大的考量點是不要虧損，現金就是比較安全的選擇，但現金的報酬也最低。人們說現金投資的流動性好，因為通常可以馬上提領現金、而且不用支付罰金。然而缺點是，報酬可能差不多等於、或稍高於通貨膨脹而已。現金投資是很好用的工具，可作為應急資金或隨時需要動用的錢，但是不在長期投資帳戶之列。

你可以看出，每一種資產類別都要取捨。因此，在決定如何投資之前，要先設立目標。如果你想要賺到股票提供的大有可為報酬，就必須願意承擔更高的風險。假如你為了更安全而選擇現金工具，就必須願意接受較低的報酬。

你也需要知道有哪些地方可以投資，其中包括：銀行、共同基金公司、財務顧問以及券商，還要明白個人退休帳戶、401(k)方案等稅務優惠帳戶的益處在哪裡。在本書中，我會說明為何共同基金和ETF，最適合當作存放大量辛苦錢的長期投資工具。關於基金和ETF的詳細說明，請見第8章。

你需要知道什麼叫風險。有種情況是，很多人假設自己非常清楚風險，但是我們會看到，在投資這個領域，明顯可見的風險不

見得最危險。

你需要認識身為投資人的自己。你或許能做出各種明智的投資，堅守穩健的長期策略。但到頭來還是發現，一旦市場下跌，自己仍然夜不成眠。人生苦短，不該為此傷神！而且，有很多管道可以讓你以自己能承受的風險水準投資，我會在第11章討論這部分。

解析投資組合陷阱：天下沒有白吃的午餐

避免犯錯（錯誤很多都是自找的）與避開行為上的失誤，是成功投資的關鍵。投資時會遇到的陷阱之一，就是無法理解風險／報酬之間的取捨。

這麼多年來，我最常聽到投資人問的問題是：「如果想要賺很多錢、又不用承擔很高的風險，那我應該投資什麼？」然而，沒有任何投資滿足這項條件。我總是這樣回答：「如果你不想冒險，那就把錢放在有保險的銀行帳戶裡。你不能在不承擔風險的條件下，在市場裡投資。」

無論是公開上市的股票、私人股權，還是定期存單和貨幣市場基金，每一種投資選擇都有風險／報酬的取捨。如果你想要賺得較高的報酬，就必須承擔更高的風險。反之，假如你希望盡量降低風險，就必須接受較低的報酬。你可以用這句話來想：「天下沒有白吃的午餐。」有捨，才有得。重要的是，要理解你承擔了多少風險，才不會有意外。

紀律嚴明：養成好習慣

　　成功投資人的第二項重要特質，是他們會養成好習慣。你很可能一開始有一套絕妙的投資計畫，但如果你的行為有礙計畫，到頭來得到的恐怕仍是失望。因此，最首要也重要的習慣，就是要存錢。如果你想要累積財富，就不能把賺到的每一分錢都花掉。而且，你愈早開始存錢愈好。每當有人請我提供最佳的財務建議時，我都只有一個答案：**量入為出**。

　　存錢很重要（但對很多人來說，存錢很難），因此我會在第4章講述這個主題。在這一章，我們先檢視其他良好的投資管理習慣。但在閱讀時請記住，你的首要任務，一定是擬定一套紀律嚴謹的儲蓄計畫（以及，最終要有投資方案）。沒有什麼比儲蓄，更能讓你站穩成功的腳步。

基本功：存錢、存錢，然後投資

　　我在這本書裡講到「存錢」時，我指的是特意把錢挪出來。有些人認為存錢，是先滿足支出之後，才把剩下的錢留起來。但我想要教你的是更刻意的存錢方法。以我們的目的來說，存錢大致指的是把錢放進銀行帳戶、變成定期存單或是買進貨幣市場基金；投資指的是把錢放進金融市場。

管理投資時，最重要的是你做了多少買進賣出。選擇很簡單：你要不就是買進後長期持有的投資人，要不就是交易者。如果你是買進並持有型的投資人，那麼，一旦你做好相關研究並制定出投資方案，你就繼續過你的日子了。是的，你會想要定期檢視投資，但除非發生重大事件改變了你的條件，比方說失業、小孩出生或退休，不然你不太會做出重大改變。或者，也有可能因為立法或規範的改變，導致情況變得更有利或較不利，像1997年美國制定的羅斯個人退休帳戶就是很好的範例。

　　交易者都是風險追逐者，即便是那些自認很謹慎的人也一樣。他們相信，掌握到市場稍縱即逝的機會，就可以快速獲利或避免重大損失。交易者花了大量時間決定何時要進場投資、何時出場。若他們預期股票或債券價格會上漲，就找好目標投資；一旦他們認為價格要下跌，就全數出脫。這種方法稱為「擇時交易」（market timing）。

　　很少人想過，擇時交易者的成功機率為何不高。關鍵就是：你至少必須做對兩次，你要知道正確的進場和退場時機。有些人短期可能很成功，但是罕有聽聞有誰可以長達幾年都贏。這讓我想起華爾街的老笑話：「如果你想賺點小錢，先拿出一筆大錢，然後頻繁交易。」

　　另一個考量點是稅賦。如果你出售應稅帳戶裡持有的證券，賺得的利潤必須課稅。就算你很聰明，可以透過交易活動打敗市場，長期下來，稅金可能會讓你的利得少掉一大半。確實，根據你適用的稅率不同，利得可能會少掉10％到37％。

很多學術研究都指出，長期持有投資的績效好過嘗試擇時交易。我是買進、買進、買進並持有型的投資人，所有我認識的成功投資人也都是如此。我深信，不管市場短期表現如何，都要定期把錢投進偏重股票的積極型投資組合、然後持有。這套方法，對我以及幾百萬像我這樣的人來說都有用。如果你遵循這套簡單的公式（你可以針對個人的情況做調整），長期你也會成功。

之後我會再回來談這個主題，但我想要在此先說明我的信念。頻頻交易，實際上是把重點放在投機，而非投資。如果你是交易型的人，這本書就不適合你，你可以把書賣給別人，或者，更好的做法是先擱在一邊。有一天，你發現頻繁交易這一套沒用時，就會準備好回來讀了。交易者花了大量的時間精力在投資上，但是得到的回饋，少於把時間花在其他事物上（像是興趣嗜好、運動、閱讀或是天倫之樂）的買進並持有型投資人。

另一種要培養的習慣，是不要太常去紀錄盈虧。我們都很容易受影響，忍不住想看自己的投資怎麼樣了，常常查一下，尤其市場穩健上漲或是大幅下跌時更想看。然而，花心力去做這種強迫式的監督，並不值得。你的投資組合今天明天、本週下週、甚至今年明年有什麼變化，並不重要。如果一定要看的話，每季查一次報表就好，不需要比一季一次更頻繁了。太常檢視投資組合的危險，是短期的波動可能會讓你以為自己必須採取行動，但事實上你最佳的因應之道是坐穩就好。試想一下，開車時老是覺得自己「必須做點什麼」，而動不動轉方向盤的司機，是多麼神經質、沒經驗的駕駛人。有了一些經驗之後，也許再加上一、兩次事故，我們都學到，

一坐上駕駛座，少即是多。我認為這兩種本能是相同的。

我們稍後會再談到其他投資好習慣，以下是最重要的幾點：

1. 量入為出（不要花掉你賺的每一分錢）。
2. 成為買進並持有、且定期再平衡的投資人。
3. 不要太常去紀錄盈虧。

懂得懷疑：避免跟風

很多金融服務公司動不動就想賣點什麼給你。如果你耳根軟，容易聽信營業員或投資顧問打來的銷售電話，照單全收他們提供的好祕訣、大肆宣傳的最新避稅方法，或是誇大其辭的股市上一季好表現，你可能會嚴重傷害自身的財務健全度。

避免跟風的重要性，再怎麼強調也不為過。我認識很多投資人鉅細靡遺地做了功課，研究他們要怎麼做才可以成功。我也看到其中一些人做了所有該做的事，卻因為犯下大錯導致大逆轉。事實上，跟著風潮會引你犯下重大失誤，甚至侵蝕掉你幾年耐心投資賺得的利潤。成功的投資人了解，要成功，關鍵不僅要做對的事，也必須避免犯下大錯。

以我自己的投資來說，我經歷過1960年代末期和1970年代初期的趨勢，當時有很多人在鼓吹所謂的漂亮五十（Nifty Fifty）股票，說這些是「做一次決定就好的股票」，應該買進然後永久持有。當時，美國上市股票中，10檔最大型的股票為IBM、AT&T、

通用汽車、伊士曼柯達（Eastman Kodak）、埃索石油（Esso）、西爾斯百貨（Sears）、德士古石油（Texaco）、全錄（Xerox）、奇異（General Electric）與海灣石油（Gulf）。這些股票號稱「做一次決定就好」，因為各公司都是世界領導者，享有長期的業務優勢，看來也將永遠主導市場。我記得1970年時，我那對少有投資經驗的雙親，在我16歲生日當天，送我一股伊士曼柯達的股票，向我保證我可以永遠持有這張股票，享受股票帶來的報酬。

漂亮五十的風潮延續，直到1973年到1974年的熊市，把這些只做一次決定就好的股票跟其他標的，一起拖下水。截至2020年12月，市值曾在美國股市排進前二十大的市場巨獸無一倖存，曾經排進五十大的還有三家留下來，有六家公司經歷了破產或合併，在這五十一年期間，只有兩家的表現勝過大盤。

以柯達為例，這家公司從1970年到2020年，每年平均虧損10.8％。（柯達2012年時申請破產，2013年重新上市，市值減少了76％。）同段期間，標準普爾500指數的平均年報酬率為10.7％。

換成錢來講，我這份價值60美元的柯達股票生日禮，到了2020年年底時僅值18美分。如果拿同樣的金額投資標準普爾500指數，價值則將近1萬250美元（假設把所有股利再投入股市，而且不用課稅）。

除了跟風的教訓之外，前述的研究案例也凸顯了持有單一個股風險極大。要選出未來的贏家聽起來很容易，但我們之後會看到，事實上一點都不簡單。

敏銳觀察：持續學習投資這件事

常識可能會主導投資，因此，成功的投資人需要不斷吸收新知識。不管是為人父母、磨練一技之長或是從事體育活動，無論做什麼，你都要不斷學習以便跟上。

你不用苦心孤詣、耗掉大把時間。花一點點時間固定關注（或者換句話說，固定花一點點時間關注）市場，以及你自己的投資，偶爾閱讀報導商業與投資新聞的聲譽卓著網站或出版品，就夠了。我建議時間到了再關注一下，因為花下大把時間每天、每星期、每個月、甚至每年去跟著大盤或特定市場區塊脈動，或關心特定公司的時運，反而會造成誤導，甚至不利於財富累積。

你要完成的目標有三：

1. 深入理解你的投資發生了什麼事。
2. 在情勢發展會威脅到你的投資時，保護好自己。
3. 擁抱新機會。

新的投資機會不時出現。如果能更深入檢視當中的取捨，就可以區分出哪些是重要機會、哪些曇花一現。舉例來說，你是否應該效法 1990 年代的某些投資人，為了追求更高的報酬，放棄分散投資在範疇廣大的共同基金，反而把所有資金都丟進單一檔表現火熱的科技股？絕對不要，我會在第 6 章詳細說明理由。還是，你願

意像過去幾十年來的幾百萬投資人，放棄安全的銀行有摺儲蓄帳戶，換成殖利率較高、投資優質短期商業債務的貨幣市場基金？當然好。

錯失寶貴的投資新機會很可能會對你造成損害，有時輕微，有時嚴重。像是1970年代末期貨幣市場基金興起，就非常能說明這一點。回首過去，貨幣市場基金讓投資人可以用流動性高、且優質的證券，賺得市場利率，改革了金融市場。在貨幣市場基金問世後，仍把短期存款放在不付息支存帳戶裡的投資人，錯失了為自己創造更多財富的重要機會。

然而，不管是哪種創新的新金融商品，在確定新方案真的經得起時間考驗之前，都不用急著跳進去。我的好友墨基爾就說過：「不要跟口沫橫飛到上氣不接下氣的人買東西。」我在致謝的部分也提過，如果你想要學習投資，我建議去讀墨基爾的《漫步華爾街》。這本經典傳揚了股價遵循隨機、且不可預測路徑的理論，因此，預測未來短期的股價走勢注定徒勞。墨基爾在他的書中寫道：「要蒙眼猴子朝著新聞的財經版面丟飛鏢，選出的投資組合表現，很可能和專家謹慎選出的一樣好。」（我很榮幸能和墨基爾一起擔任先鋒集團的董事將近十八年。在他二十八年的任期裡，他是出色的投資人，也是受人敬重的受託人。）

墨基爾的隨機漫步理論，是另一項關鍵創新的重要支柱：指數型共同基金。在1990年代中、晚期之前，這項產品多半是機構法人才會採用的投資策略。指數型的投資策略，是指基金持有某個市場指數（比如標準普爾500指數）的所有成分證券，或是精選之

後的樣本，設法跟上該指數的表現。這聽起來可能不太激勵人心，但當你明白指數基金的成本優勢極大，代表可以為投資人帶來更高的報酬之後，就會改觀。接受指數型基金，你就要接受永遠無法「打敗市場」，這就是取捨。指數型基金的價值在幾十年後獲得青睞，到現在，已經有幾百萬投資人理解，用亦步亦趨跟著市場帶來的確定性，來換取可打敗市場的機會，是很值得的取捨。錯過投資指數型基金機會的投資人，也減損了自己的財富。我會在本書稍後，再來討論指數型基金與主動式管理基金。

就是這些了。上述就是我要為你介紹的自信投資人的四大要務。我在下一章，要談另一個重要的因素：信心。

總結

如果你也訂下以下四大要務，就可以在投資上得心應手：

- **要做功課**：培養基本功以了解投資，例如風險／報酬之間的取捨。
- **養成好習慣**：成為守紀律的儲蓄者；做個買進並持有的投資人；抗拒常常想要檢視投資績效的衝動。
- **避免跟風**：自我克制，不可為了擁抱最新的投資風潮，破壞了好習慣。畢竟，詭計或「保證賺」的案子只要失敗一

次，恐怕就會侵蝕掉你多年耐心投資賺得的獲利。

- **持續學習投資這件事**：擁抱投資新機會，並在情勢發展會
  威脅到你的投資時，保護好自己。

| 2 |

你要信任

　　一切始於信任。要成為成功的投資人，首先你必須信任自己能做出穩健的決策。其次，你必須信任世界的經濟和金融市場都是你的盟友，長期幫你累積財富。第三，你必須信任時間和複利的力量，這是「錢滾錢」的方法。最後，你必須相信在你的投資旅程中，成為夥伴的公司與金融專業人士。

　　2002年夏天，我快寫完本書的第一版時，投資人信任與信心這大議題，是報章雜誌和新聞媒體的主題。之前幾年，股市不僅經歷了大家所說的暴跌，更如照妖鏡一般，映照出安隆（Enron）、泰科（Tyco）、世界通訊（WorldCom）、全錄和奎斯特（Qwest）等公司的不當作為，導致投資人嚴重損失，也動搖了資本主義體系的核心。一旦市場發現，企業管理階層透過虛假或欺瞞的財務報表誤導投資人，這些一度備受尊崇的公司，價值全數或幾乎全數歸零。

　　雖然嚴重背信引發的災難傷及員工、投資人和一般大眾，但這些事件也透露出一絲希望：它們證明了系統有用。操弄財務報表與辜負投資人信任的企業高階主管，最終都被逮到、且送進了司法

體系。此外，這些不當作為也加強了企業治理與規範變革，大大嘉惠今日的投資人。

你很可能在投資生涯中，看過公司或個人所做的不值得信任行為。過去十五年來有多起很有名的案例，包括2008年的馬多夫龐氏騙局（Madoff Ponzi）、2015年的Theranos檢測公司詐欺案，以及2016年的富國銀行（Wells Fargo）醜聞。當中牽涉到的都是人，而貪婪是人類永遠也無法克服的弱點，或許，金融體系總是少不了醜聞和詐騙，但我相信基本面還是很穩健的。實際上，多數公司與其領導者都是很講道德、正直誠實的人。而且事實是，市場最後會獎勵誠實、並懲罰不值得信任的行為。不過其實，你沒什麼選擇。

如果我沒有講到共同基金業也發生過醜聞，那就是我的疏忽。2003年時事情曝光，有24檔共同基金，容許在市場收盤後進行非法交易，或是准許交易偏袒某些投資人，超過基金公開說明書中規定的限額。後續的審判、執法行動和重罰，給了共同基金產業一記重拳，這也是應該的。我認為，此事件重挫了這個產業，還有，很重要的是，美國證券交易委員會（Securities & Exchange Commission，SEC）採取了行動，強化基金的政策與控制，以及監管審查，以確保它們會遵循法規。

投資行動基本上關乎的是信任。因此，且讓我們來看看信任在你的投資方法中，應扮演何種角色。

信任自己

信任自己聽來容易，但是要投資人信任自己可以做出投資判斷，對很多人來說都很困難。因此，我要強調這一點：投資需要常識，也要了解自己，這兩項你早已具備。要信任自己能比別人更清楚自身目前的財務狀況、目標和風險耐受度。而且，你也知道自己的優勢和劣勢。例如，你可以輕輕鬆鬆培養出嚴謹的儲蓄習慣嗎？或者，你需要想個辦法激勵自己儲蓄？你能夠把焦點放在長期，還是，每當大盤指數下跌你就失眠？你會需要根據這些因素客製化你的投資方案。你是最了解自己的專家。

如果你信任自己，就能累積出關於投資的基本知識，然後根據你已經有充分認知的各項因素，做出穩健的決定。因此，當你聽到或是看到特定的投資或市場動向，你比較不會自我質疑。你也能準備得更好，過濾掉錯誤資訊和不當建議。自大和情緒不會動搖你。然而，對自己有信心，不表示你就完全不需要專業建議，而是一旦你判定某個時間點需要協助，你會去找可信、優質的來源，而不會隨便聽信不太在乎你的利益、滿口油腔滑調的業務員。你可以把自己想成是獵人，而非獵物。

假設你的妹婿對你誇口，說他靠某一檔沒什麼人知道的股票賺了大錢。由於人性使然，你會咬牙切齒地想著：「是喔！如果我也入市，我也可以賺這麼多。」（遺憾的是，有很多網路券商在廣告裡就鼓勵這種心態。我認為這極端不負責任。）但如果你對自己做出投資決策的能力有信心，這種又羨慕又忌妒的心情很快就會消

失。你會知道，妹夫的投資活動和你的人生無關，因為你有自己的
目標和達成目標的路線圖。而且，你的風險耐受度和投資期間也不
會和別人一樣。還有，你也知道，你的妹夫不太可能對你說，他在
另外三檔「不可錯過」的股票上，損失有多嚴重。

　　對自己管理財務事宜的能力有信心，會讓你更能避開身為投
資人可能遭遇的陷阱。我在上一章提過，本書也會討論一些陷阱。
對於新手來說，以下是該避開的明顯陷阱：

- **不要去關注炙手可熱的小道消息**：無論這種消息是朋友告
  訴你，還是來自線上論壇、或社群聽起來很清楚內情的
  「內部人士」，都要抱持懷疑。你的朋友可能有很多消息，
  但是誰又能說得準，他是否知道某檔個股或是共同基金的
  全貌？如果訊息出自某個網路上的內部人士，你更有理由
  要懷疑。很多時候，有很多無恥之徒利用這些論壇，欺瞞
  好騙的投資人，拉高毫無價值股票的價格。
- **忽略免費金融研討會的邀請**：有些財務顧問經營新業務的
  方式，是邀請你和社群中的其他人，參加免費的研討會，
  可能還無償附送晚餐和雞尾酒作為額外的誘因。當然，你
  說不定會學到東西，但你也必須擋掉很多強力的推銷術，
  對方會想不斷說服你，為何必須成為某位顧問旗下的客戶。
- **別管聽起來很睿智的市場格言**：我指的是像「跌深買進」
  或「趨勢是你的好朋友」這些話。如果你可以確定大跌是
  暫時的、也不會變成深淵，在市場跌深後買進，是大有可

為的策略。所謂「趨勢是朋友」也一樣，這個概念是，如果你可以找到要漲的股票或是熱門產業，你就應該上車。但事實上，**趨勢並不是你的朋友**。一旦市場趨勢明顯可見時，車上很可能早就塞滿人了。早期投入的資金已經出場，你上車剛剛好接到最後一棒。

身為投資人，你一定會碰到這些事。然而，一旦你知道你可以相信自己的能力，就不會再輕易受影響。

信任金融市場

信任的第二個面向，是要相信你在金融市場的投資，長期會不斷成長。持續擴張的經濟通常代表著有更多職缺、更高的收入，企業也有更多機會賺得利潤。利潤提高，終究會拉高股價，為投資人帶來利得。以我個人來說，我相信美國經濟就像過去一樣，長期將會繼續成長。任何經濟體都有起有落，但美國經濟讓全世界羨慕，因為多年來抗跌性強，也有能力適應與成長。長期而言，平均的經濟年成長率為3.1%，遠高於通貨膨漲。

如圖2.1所示，全世界各國股市的成長有很多高峰與低谷，但大致上的走向是上漲，和兩個常拿來衡量用的股市基準指標一致：用來代表美股的標準普爾500指數，和用來代表國際股市的MSCI歐澳遠東指數（MSCI EAFE Index）。1969年12月31日時，如果投資1美元買進標普500指數，到了2019年12月31日將增值為

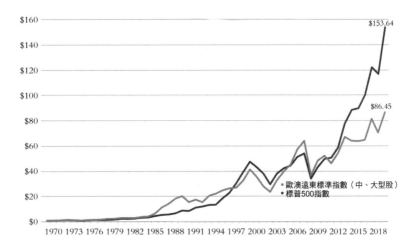

圖2.1　1970-2019年，在美國與國際股市投資1美元的增值

資料來源：MSCI、標準普爾。

153.64美元（假設將股利再投資）。在同段期間，如果投資1美元買進MSCI歐澳遠東指數，同樣於再投資股利的條件下，將增值為86.45美元。

　　股市不時會下跌，但一般人常常會忘記，長期的軌跡其實是往上走的。反之，當市場有一、兩年漲幅高於歷史平均值，人們也常常會很樂觀，忘記某個時候終究會下跌。這就是人性。

　　我在1996年成為先鋒集團的執行長，不久之後就看到這種行為。自1990年代初期開始的牛市延續了好久，股市飆漲（從1995年12月到2000年9月，漲幅達166％）。隨著長期的上漲，投資人瘋狂投入股市投資。然而，當市場因為所謂的科技泡沫（tech bubble）破滅又跌回現實，這股激情也快速消散。股市下跌49％，在之後兩年都沒有補回來。這是很痛苦的時期，但很有教育意義。

即便不時會下挫，但歷史數據指出，如果你投資股市，終將獲得報酬。但這當然無法保證。假如你不相信全球經濟在未來幾十年還會繼續成長，就不應該把錢投入股市。我們所處的經濟體如果生產力不能成長、產品和服務沒有創新，股票就不會有好報酬，公司債也會有風險。反之，你應該把錢放在銀行、然後收取有保障的報酬，或是買進號稱全世界最安全債券工具的美國政府公債。你要體認到，你必須滿足於很微薄的報酬，甚至可能趕不上通貨膨脹。請記住當中的取捨：**不能期待低風險（亦即價格穩定）的投資帶給你的報酬，如同高風險（也就是價格會波動）的投資。**

解析投資組合陷阱：克制你的情緒

這麼說吧，如果你固定追蹤市場的漲跌，代表你讓市場決定你的心情。如果你在車內聽廣播，或是閱讀每天的網路發送消息時，得知道瓊指數下跌1,200點，你自然會去算你虧了多少。如果市場連續跌三天、造成重大虧損，你可能會很沮喪，甚至迫使你去查看帳戶結餘。千萬不要！

這種做起「心算」的習慣，會持續很多年。假設1994年年底時你的投資帳戶內有10萬美元，如圖2.2所示。五年後，1999年時，你很高興看到結餘來到35萬美元了。2002

年年底時市場忽然反轉，此時你的結餘為21萬9,000美元，你覺得你的投資組合損失了三分之一！

　　但並沒有，這些只是紙上虧損。到了2006年，你的投資組合價值又回來了。如果想要知道，市場短期如何快速上漲又急遽下跌，請參考圖2.2。你會看到，短期內，投資組合帳戶的價值會出現讓人興奮的利得，以及讓人嚇破膽的損失。但長期來看，你會因為參與股市，得到豐厚報酬。（這個說明範例的安排是，投資10萬美元買進標準普爾500指數，並且再投資股利。你的投資很可能包括債券與備用現金，這些都會抵銷股票的短期虧損。）

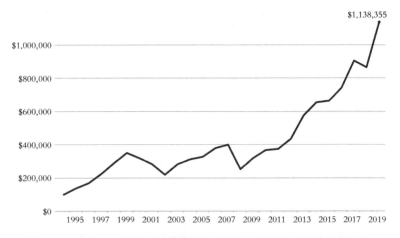

圖2.2　1995-2019年，在美國股市投資10萬美元的增值情形

資料來源：先鋒集團、標準普爾。

信任時間

如果你相信經濟長期會成長，時間就是你累積財富時，最強大的盟友。這是複利的力量。一旦你投資一筆金額，然後賺得的獲利不要拿出來、繼續投資，就會出現複利效應。你的資產會成長得更快，因為明智地將這些利息、股利或資本利得再拿去投資，回過頭來又會創造更多的獲利。我有一位在對手公司工作的朋友梅樂蒂・賀布森（Mellody Hobson）看得很準：「我們講長期耐心投資，認為實踐起來耗時、但穩健的投資理念終會勝出。而且在投資上，時間會是你最好的朋友。正因如此，我們阿里爾投資公司（Ariel）才會用烏龜當成企業標誌。」

因此，想想烏龜，不要變成兔子。你投資時間愈長，複利效應愈可觀。來看看圖2.3的簡單範例。假設你每年年初投資5,000美元到有稅務優惠的帳戶裡，連續投資十年，之後就不再投資。接著，假設帳戶扣除費用之後，每年可以賺得8%的報酬率，而且你把所有獲利都再投資到帳戶裡。你最初拿出來的本金僅有5萬美元，但經過二十五年後，你會擁有超過24萬8,000美元。四十年後，這筆錢將增值到超過78萬7,000美元。複利的效應絕對很讓人吃驚。

我要特別強調一點：如果你要讓複利發揮最大力量，就必須把投資賺得的所有收益和股利，都拿來再投資，而不是換成現金花掉。你也不能動用帳戶裡的錢。如果你不斷把手伸進長期帳戶裡，用來支應生活支出或是大筆的奢侈費用，你的財富就無法如預期

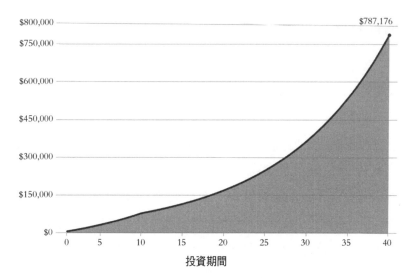

圖2.3 複利的力量

資料來源：先鋒集團。

般，有效率地增長。這就好像在烹調時不停試吃的廚子。到最後，碗裡剩下的食物，會比你原先設想的少很多。

信任財務夥伴

為了追求安全以及心靈的平靜，你要和一、兩家你信任的金融服務供應商，建立良好的關係。或者，你也可以去找自己信任的財務顧問。（我在這一節主要把焦點放在公司，但某些心得也可以套用在財務顧問身上。這部分我會在第12章再詳細說明。）值得信賴的公司會以正直誠實的態度服務你，幫助你完成財務目標，不

會推銷僅為達成公司季度銷售目標、但不太適合你的產品和服務，也不會用「上鉤後就掉包」的策略來引誘你。幸運的是，市面上有很多可提供穩健產品與優質服務的好投資公司。

從許多方面來說，挑選值得信任的夥伴，對於你的成敗至為重要。例如，如果和自己信任的公司往來，就比較能夠坦然面對投資組合表現不好的年頭，所引發的不安。相信我，這種事只是早晚的問題，它是投資的真實面之一。如果你信任投資夥伴，就會明白長期績效出色的共同基金或EFT，在經歷壞年頭之後仍是好投資。

然而，如何才能確定，和你往來的是值得信任的公司？你可以檢視幾個因素，但一開始先從朋友、同事或家人那裡打聽他們推薦誰，還蠻不錯的。有口碑很好，前提是你信任推薦人，而且知道對方有經驗，也有好的判斷力。我之前警告過，不要輕信親友的投資情報，但推薦是另一回事。如果你信任自家姊妹，萬一有什麼不測時你願意把孩子託付給她，那麼她說「我相信這家公司」時，這句話應該很有分量。但是，即便是這樣的背書，也需要檢驗。信任是好事，但也要確認。我就認識一些同事，落入好到不像真有其事的提案陷阱裡，或是錯信有問題的公司或個人。

公司的歷史是另一個考量點。一家經營多年的公司，會有很多過去績效可查，也有經驗知道如何在市場起伏時，有效服務客戶。舉例來說，我一向相信，投資公司最大的競爭優勢就是，歷經好光景和壞時機之後，證明自己值得信任。而市場也認同這一點：業內最大的三大基金公司，都有七十五年以上的歷史。市面上有很多人才濟濟、野心勃勃的新公司，但他們必須先克服現有公司所累

積的強大優勢，像是資歷與公信力。畢竟，少了與業務夥伴和客戶之間的長久往來關係，也沒有長期的良好服務紀錄，就很難獲得市場認同。

替你管理資金的專業人士的經驗也很重要。老練世故的機構在聘用基金經理人時，會找看看對方有沒有灰髮（這是一種比喻！）是有道理的。具有經驗帶來的智慧，才承受得起市場的起起落落。有些心得，從活生生的體驗中領悟，會比從書本上學來的更深刻。資歷深的基金經理人拿出來的績效紀錄，會比菜鳥經理人的更有意義。畢竟，擁有四、五年出色績效的年輕基金經理，不一定就是出色的選股人，他們的成績很可能是因為大盤上漲而增色。即便在市場下跌時，只要暫時退出市場、並持有可觀的現金部位，基金經理人也能（暫時）勝過大盤。

基於這些理由，我一向想要知道的是，基金經理人經歷了完整的牛市與熊市週期之後，與競爭對手相比之下的表現如何。此外，有歷練還有一項優勢，就是教人學會謙虛。歷經了漲跌週期後的投資人，多半會避免過度自信，也會體認到風險。任何長期身在金融業的人都重摔過，不會輕忽市場的變幻莫測。

經驗很重要，但也不要把這當成決策中的唯一考量點。畢竟，歷史最悠久的公司不一定最好，你也不應該僅因為年輕公司資歷有限，就排除它。經驗並不是試金石，只是要權衡的因素。同樣的，如果你想要和自己了解不深的小公司打交道，去問問其他和這家公司往來過的人有什麼意見，是合情合理之舉。

無論如何，你也會想要知道以下這些和供應商有關的資訊：

- 完整且坦誠的投資成本說明，以及任何要向你收取的額外費用。
- 清楚且全面的基金投資策略與政策說明。
- 基金的過去績效，以及負責操作基金的經理人背景。
- 說明如何向你報告你的投資績效表現。

　　和任何公司在共同基金、退休基金、捐贈基金或是基金會等業務上有往來之前，任何審慎周延的投資人都會問上述問題。先鋒集團在任命基金的投資顧問時，也一定會問這些問題。無論你要找的是共同基金公司、券商、機器人顧問還是財務規劃師，這些問題既然和先鋒集團這樣大規模公司息息相關，必然也和你切身相關。

　　一旦你選定值得信任的業者，仍要時時警覺，留意公司的所有權與領導階層的變化。例如，投資組合經理人的流動率如果很高，你就要特別小心。而任何違反監管規定或破壞安全性的行動，是另一類要注意的問題。

　　不管如何衡量公司，有一項評估重點是溝通。像是：溝通頻率有多頻繁？溝通明確且誠實嗎？是否和市況的好壞一致？溝通的內容是在推銷，還是告知？或者，更好的是，溝通的內容是否獨排眾議，在市場欣喜若狂時告訴你現實、在看來很慘的時候給你一絲希望？如果你往來的公司沒有坦誠以對，那就該換一家。只有值得信任的公司，才有資格讓你拿錢交給他們投資。

預備、瞄準，然後行動吧！

就算你信任自己、信賴市場、相信時間，也對投資公司放心，你還必須再做一件事，才能累積投資財富。你必須投資。這看起來明顯之至，但相信我，有些人就是會卡在這裡，停留在預備……瞄準……瞄準……瞄準……的模式裡面，他們從來不會真正開槍射擊，因為永遠在等投資的最佳時機。他們非常忌妒那些成功投資的人，但自己就是不踏出那一步。

有個故事說的是一個人夜復一夜禱告，他說：「上帝，請讓我贏樂透吧。」每次開出獎號時，這個人都非常失望，他從來沒贏過。這種情況持續很久，直到有一天，這個人禱告第一百次，天堂之門打開了，有個響亮的聲音傳了下來：「我們就各退一步，拜託你先去買張彩券吧。」

信任應該能給你踏出去的勇氣。尤其，知道自己是憑著智慧和紀律投資，應能讓你覺得安穩。

總結

要成為成功的投資人，有賴於你知道可以信任誰（以及不可信任誰）：

- **信任自己可以做出穩健的決策**。不要相信炙手可熱的小道

消息和推銷話術。

- **信賴金融市場是你累積財富的好夥伴**。即便股市短期會上上下下，但美國經濟的強勢與抗跌性，代表長線投資人將會繼續賺得報償。

- **相信時間**。及早開始投資，讓複利的力量為你效力。

- **令人放心的金融產品服務供應商**。找一家值得信賴、以正直誠信提供服務的業者，幫助你達成財務目標。

| 3 |

擬好計畫，讓人生富起來

傳奇投手尤吉·貝拉（Yogi Berra）說過：「如果你不知道要往何處去，那要小心了，因為你哪裡也到不了。」雖然貝拉講的不是投資，但是這句話一語中的。有計畫，會減輕你的理財負擔，也會讓你過得更滿意。

制定財務計畫不一定要很複雜，需要的是前瞻眼光，和評估你未來會在什麼地方用錢，然後判斷如何滿足這些需求。基本上這是一套三步驟流程：

1. 判斷你要達成目標需要多少錢。
2. 決定哪一種投資組合，能為你達成設定的金額。
3. 判定你需要挪多少錢來投資，以達成目標。

如果你和多數人一樣，那財務目標可能不只一個。如果以需要的金額來說，幾乎每個人的最大目標都是安穩退休。這也是你有最多時間可以達成的目標之一。其他的資金需求可能比較急迫，比方說房子的頭期款，或是小孩的大學教育基金。除了主要目標之

外，你也需要未雨綢繆的計畫。畢竟，生活總是會在你的人生路上，設下意外的財務路障。

在本章中，我會根據自己的經驗，以及從幾千位相談多年的成功投資人身上學到的心得，來談談財務規劃的訣竅，其中包括「把自己想成財務創業家」。

投資前最重要的事

我在第一章提過，每次有人問我要如何訂出一套財務計畫時，我通常都會給他們四字忠告：量入為出。簡單來說，你要掌控開銷不超支，不能花的錢比賺的多。

量入為出是最終極的財務策略。事實上，不只如此，這更是種生活方式。如果你想要有能力投資並累積財富、以求未來能幫助自己或他人，那你花的錢就不能超過你賺的。量入為出並且把錢存下來，對於你的財務成敗來說至為重要，我在這一章會談，在下一章還會再談。我也會提到，可以幫助你做到量入為出的工具和技巧。

有效的儲蓄並不是盡可能把錢揣在懷中就好，也要知道把錢放在哪裡以便賺得合理的報酬率，以及何時需要動用。

我有個朋友，他的公司是先鋒集團最大的企業客戶之一，他提出了以下的概念：「我和員工談到儲蓄和投資的重要性時，我敦促他們把自己想成是『個人財務創業家』。我們都是財務創業家，經營個人的財務狀況，一開始是在工作的那些年，等到我們退休的

時候又繼續。」

　　身為財務創業家，你必須編製損益表。如果是企業，損益表指的是，公司在一段期間內賺得多少利潤（或出現多少虧損）的摘要表。而你的個人損益表則會列出收入（包括薪資，再加上投資收益或是收到的餽贈），以及成本，成本包括固定支出（例如稅金、房貸、保費、助學貸款、車貸等等），以及變動費用（比如飲食、服裝、娛樂、慈善捐助，和其他非必需項目）。

　　檢視損益表時，用收入扣除費用之後，如果還有錢剩下來，那你就有可以用來投資的淨利。如果你沒有淨利，現實中還要借貸度日，那你就是虧損。

　　然而，在物質主義的文化裡，廣告不斷訴諸人的自我，媒體也鋪天蓋地傳達「美好生活」的形象，要量入為出很難。但是，成為沒有人歌頌的儲蓄者大有好處，甚至千金難換。首先，你擁有別人羨慕的安心自在，因為你不用擔心要怎樣才能把日子過下去。而且，你不用為了目標發愁，因為你知道自己穩穩地朝前走去。你也知道，如果有必要的話，你可以站穩腳步，撐過意外的財務挑戰。讓我們正視現實吧：每個人的人生，都會有意外的財務需求。有人被解僱，有人要繳納高額的醫療費用，或者要幫忙支應家人的財務需求。如果你遵循計畫存錢，你會比賺多少花多少的人，更能撐過這些挑戰。

　　那麼，「美好生活」又如何呢？儲蓄的人不就錯過了嗎？不，不會，他們反而得到掌控權。過著美好的人生不光是你在物質上擁有什麼，也關乎你在財務上是否有彈性，以擴大你的選項。還有，

很重要的是，你是否有可期待的事物。如果你在存錢／花錢的取捨中選擇存錢，積累的資本就是你能得到的獎賞。

如果你有工作賺錢，最基本的財務規劃問題就是：你要把所有錢都花在眼前的需求與欲望上，還是，不要讓生活水準超出能力範圍，把賺的錢存一點下來？就算很多東西你都付得起，但現實是，你也沒辦法買下所有東西。在你決定怎麼花錢之前，也要想好存下多少錢來投資。

另外兩個關於投資的概念是：

1. 成為有紀律的儲蓄者永不嫌遲。但是，你愈早養成儲蓄的習慣，就愈容易達成目標。
2. 不定期重新評估儲蓄習慣是好事，尤其經歷人生重大轉折時。

用「桶子」財務規劃法，聰明用錢

在做財務規劃時，最有用的概念之一，就是用「桶子」來思考財務需求。你可以用這個概念來判斷，需要分多少錢在各個桶子裡。之後你要嚴守紀律，把桶子裝滿。多數人常有的桶子如下：

- **眼前的支出**：這是你的生活花費，譬如房貸或房租、購買食物或衣服、汽車貸款，或其他基本生活開銷。
- **應急基金**：許多專家都建議，你要存一筆相當於六個月實

拿薪資的預備金，以便因應意外困難，比方說短期失業或大筆支出。

- **大學教育基金**：大學教育費用節節攀高，雖然也可以申請貸款，但如果你可以盡量利用存款支應，你就能占上風。
- **退休**：現代有很多美國人的退休人生長達二十五年，甚至更久。你不能僅靠社會安全福利金，來支應退休開銷。多數人都需要動用到自己的存款才能過得舒服，在此同時，也還要支付稅金、醫療保險以及日常支出。
- **其他目標**：你可以隨心所欲，多加幾個桶子來滿足其他儲蓄需求，例如換車、買下第一棟或第二棟房子、照料年長父母、慈善捐贈，或任何你覺得必要的項目。

你注意到了，我把慈善捐贈納入其他目標這個桶子。為了避免聽起來很偽善，我要說明我個人的觀點是：付出很重要。我也鼓勵你把這一項納入財務規劃當中。任何累積財富做投資的人，也應該樂於回饋社會。你不用很富有也能捐贈宗教機構、當地消防隊、母校，或是服務你的社區或更廣大社會的全國性募款機構。即便是小額捐獻，和其他捐贈者涓滴匯流之後，也能創造不同的局面，而且也會讓你的人生大不相同。我和妻子這幾年不斷提高捐款金額，我們發現，加入支援計畫、協助他人，能帶來極大的滿足。最讓我們開心的是，我們的孩子也抱持相同的觀點。

一旦你想好財務計畫中、每一個桶子的目標之後，就需要想一想你要把錢放在哪裡。請考量你的投資期間和風險耐受度，讓每

一個桶子的報酬達到最大。由於每一種情況要考慮的議題各有不同，不同桶子也需要不同的做法。

儲蓄桶＃1：短期需求／應急基金

你需要立即可動用的資金，來支應日常花費。因此，你在考慮時，要把股票基金或長期債券基金等長線投資工具，排除在外。基本的投資原則是，如果你在五年內就需要動用這一筆錢，那就不要把這筆錢投入股市。多數的美國人會用支存帳戶的錢，來支應眼前花費。支存帳戶通常利息極低、甚至不付息，因此，用這種帳戶圖的是便利性，基本上你賺不到報酬。

你的應急基金則是另一回事。畢竟，除非有緊急情況，否則你不打算動用那筆錢，所以，把那筆錢放在不付息的銀行帳戶裡，並不合理。比較好的選擇是，把應急資金拿來投資貨幣市場基金、超短期債券基金或短期存單，這些投資工具都會賺到一些報酬，同時又具備流動性。或者，萬一真的發生緊急情況，也可以隨時動用。這類選擇讓你的錢盡可能替你創造報酬。如果利率很低，你可能會想，1％或2％的報酬率有什麼值得去傷腦筋的？但請自問一個簡單的問題：你想要把這1％或2％放進自己的口袋，還是丟給金融機構？小額的利息最後加起來，也是一筆可觀的數目。假設你在儲蓄帳戶裡放了1萬美元，年息2％，二十五年都沒有去動的話，最後的價值會超過1萬6,406美元。

儲蓄桶＃2：大學教育基金

　　中期財務目標的考量點就不同。大學教育基金牽涉到特別的考量因素，因此是最有意思的投資規劃議題之一。我們都希望自己的孩子能拿到全額或是部分獎學金，或是得到慷慨的財務補助。但現實中，多數人都需要做點計畫，用存款或貸款來支付大學的費用。從財務上來說，能用存款來支應學費，會比你或孩子要背上大筆債務更有意義。及早儲蓄，時間可以幫著你買單。面對大學的費用，如果你利用多年來利滾利的存款來支應（尤其是，如果又放在有稅務優惠的帳戶裡利滾利），會比你背債、然後自己掏錢出來償付貸款和利息更輕鬆。儲蓄時，複利效應就會替你效命；借錢時，複利幫的則是債權人。

　　相較於其他桶子，你要更主動監督與管理你的大學教育基金桶子，理由有二。第一，你已經知道何時要動用這一筆錢，也大概知道需要多少錢。如果你的小孩現在5歲，假設十三、十四年後就要開始支付大學費用，是很合理的估算。你可以看看學費數字，預測你以後要支付的公立或私立大學開銷，大概是多少。美國很多地方都可以找到學費數字，包括大學理事會（College Board）網站（網址為 www.collegeboard.org）。有了這項資訊之後，你就要隨著時間不斷監看你的大學教育基金桶子，確定裡面的數字有帶著你向目標前進。舉例來說，如果你覺得自己少算了需要的資金，你可能必須再多存一點。

　　主動管理大學基金儲蓄進度的第二理由是，能用來準備這筆

錢的時間相對短。假設你從孩子出生那一天就開始存，你很可能會從買股票開始，因為股票的成長性更高。但股票的成長性，伴隨著的是短期可觀的起起落落，你不會希望自己必須在長期下跌的期間，又動用這些錢來付學費。因此，孩子成長為青少年、大學之路逐漸逼近時，比較明智的做法，或許是轉換到較保守的投資，像是貨幣市場基金或是短期債券基金。這類投資強調保本，但同時也支付一定的收益。我的同事葛蘭用血淚學到了這個教訓，他有個孩子在2008年到2009年市場大跌期間，剛好要升大學。但當時他無法把孩子的大學基金投資組合，調整到比較保守的部位。所以，多注意一下很值得。

請注意，很多529儲備大學教育基金計畫（我在底下的基本功說明欄中會詳談），提供以年齡為準、或是以註冊目標為準的投資組合。你在選擇投資組合時，可以對應孩子目前的年齡，或是預期入學的時間。投資組合會分散到股票、債券和現金，部位會自動配置，隨著你的孩子長大、成為大學生的那一天，也會逐步調整到比較保守的組合。

基本功：存大學學費的好工具

存大學教育基金的方法有很多，最適合親友的投資工具，不一定最適合你。當中的取捨牽涉到成本、稅金、財務控管、投資選擇，以及不同方案對於財務補助資格造成的影

響。以下簡單看一下，美國三種最普遍的存大學教育基金方法。

- **529儲備大學教育基金計畫**：這是享有稅賦優惠的儲蓄計畫，目標是幫助民眾支付大學或研究所學費。計畫的名稱來自於適用的稅法條款，通常由美國各州政府主辦，成為很多美國人必定要開的帳戶。只要把錢花在學業相關費用上，529帳戶的獲利，就無須繳納聯邦所得稅與資本利得稅。此外，你不一定要使用家鄉州的投資計畫，有些州還會允許提撥到帳戶裡的資金可以抵稅。而且，使用這套投資計畫也沒有任何收入限制。529計畫還可以用來支付最高1萬美元的助學貸款。然而，計畫的主要缺點是，不同的州有太多計畫可供選擇。而計畫裡也有太多投資方案，有些選項的成本很高。主辦的州政府負責選擇投資經理人，以及你可以用的投資選項。而且，某些529計畫會在標的共同基金收取的費用之外，再加上行政費用。投資之前，請先做比較。另一方面，529計畫對於財務補助資格會造成什麼影響，取決於帳戶的所有人是誰。以父母名義開設的529計畫帳戶，對財務補助資格的影響，遠小於以學生名義開設的帳戶。
- **教育基金儲蓄帳戶**（education savings account，ESA，前身是教育基金個人退休帳戶〔Education IRA〕）：這是另一種可以免稅的投資工具，但比較少人用。如果你的所得

沒有超過限額的話，一年可以用一位18歲以下受益人的名義，提撥最多2,000美元到帳戶。而動用這些錢來繳納小學、中學、大專院校的教育費用，可以免稅。另外還有一項好處：你可以替自己的教育基金儲蓄帳戶，選擇金融產品服務供應商與投資產品，因此你有各式各樣的投資項目可選，可以去找低成本的選項。教育基金儲蓄帳戶的主要缺點，是可以提撥到帳戶裡的最高金額很低。只靠一個教育基金儲蓄帳戶，存的錢可能不足以支應大學四年的費用。此外，教育基金儲蓄帳戶裡的資產，會嚴重影響孩子獲得財務補助的資格。在計算財務補助時，教育基金儲蓄帳戶裡的資產視為該名學生的財產，因此，提供財務補助的單位，會預期教育基金儲蓄帳戶裡，每年最多有25％（申請大學補助時的考量）或35％（申請聯邦政府補助時的考量），可以花在大學學費。

- **UGMA和UTMA帳戶**：這些是根據《統一未成年人受贈法》（Uniform Gifts to Minors Act）或《統一向未成年人轉讓財產法》（Uniform Transfers to Minors Act），為小孩開立的託管帳戶（因此用法案字頭縮寫為名稱），帳戶歷史已經有幾十年了。根據UGMA／UTMA，你或另一名成年監護人可以代表小孩，在你選定的金融機構開立帳戶，想要投資多少錢都可以。

　　這類帳戶的稅務優惠低於其他的儲蓄方案。以14歲以下的小孩來說，每年最初的750美元投資收益免稅，接下

來的750美元以這名小孩的適用稅率課稅，而高於1,500美元的收益，就以父母適用的稅率課稅。14歲以上小孩的收益，則全數以小孩適用的稅率課稅。還有，受益人成年時，就由當事人掌控資產，不管是用來支付大學費用，或是買跑車都行。計算大學財務補助時，UGMA／UTMA帳戶資產為學生的財產，因此，提供財務補助的單位，會預期每年最多有25％（申請大學補助時的考量）或35％（申請聯邦政府補助時的考量）的帳戶資產，可以花在大學學費。

儲蓄桶＃3：退休人生

關於你需要多少錢才能退休，個人財務專家有個大致的基本原則。如果要活得舒服，你的年所得至少要有退休前賺得的70％到80％。這筆錢會來自社會福利、退休金或其他職場退休方案，以及個人投資。

人們常常低估了需要的退休存款金額。人生的退休階段很可能長達幾十年，雖然你的投資在這段期間會持續產生收益，但你很可能同時也要動用到投資組合本金。舉例來說，假設你計畫退休存款可以用三十年，並預期每年會因為通貨膨脹而多花一點。因此，要能撐過金融市場時機不好或是通貨膨脹很高的期間，你或許要控制，第一年花掉的退休存款不能高於4％。稍微算一下就知道，如果你希望第一年有2萬美元可花，之後根據通貨膨脹率提高預期的花費金額，一開始需要存到50萬美元。

4％的提領率是另一個常見的財務基本原則，基礎是學術研究，但不見得每一個人都適用。舉例來說，如果你的投資太過保守、退休期間比一般人更長，你很可能提早把錢花完。我非常保守，因此，每次有人問我時，我總是建議對方考慮比較保守的提領率，比方說3％或3.5％，以確保不會耗盡所有儲蓄。（附帶一提，在考慮任何基本原則時，都應該像別人講的，要稍加斟酌。以你的提領率來說，應該根據你的情況客製化，並定期針對環境因素審查帳戶，譬如市場報酬率和通貨膨脹率。）

　　幸運的是，美國有很多方法，可以針對退休後的生活預先儲蓄。如今的存款人享有很多他們的曾祖輩非常羨慕的獎勵。例如，雇主資助的退休金計畫和政府的個人退休帳戶，可以保護你的投資獲利，不用支付當期的所得稅，累積財富時會更輕鬆一點。如果是公司的退休金計畫，雇主甚至可以提撥對應的資金，來補充你的存款，相當於替你加薪，而且長期會成長並產生複利效應。最常見的職場退休金方案包括：401(k)計畫、403(b)(7)計畫和457計畫，這些方案計畫都是根據適用的稅法條款來命名。你也可以去投資產品供應商那裡，開立個人退休帳戶。

　　退休存款桶子，是你需要填滿的最大桶子。但只要你及早開始存，也是最容易填滿的。如果你在20歲出頭開始存，替退休預作準備時，重點會比較放在儲蓄、而非投資。而時間和投資複利，將會成為最大的成功因素。

　　我的建議如下：如果你在職場上有401(k)、或其他可以從薪資當中自動預扣的退休方案，請加入。請提撥到方案容許的最高限

額。就算你沒辦法提撥最大額度，假設你的雇主也提撥對應金額的話，至少要提撥到能得到雇主提撥全數金額的額度。之後，你的目標是盡快提撥到最高額度。

解析投資組合陷阱：注意提撥率

很多雇主會自動把你納入公司的401(k)計畫，這是好事，因為有些人會因為惰性而沒有簽署加入。而自動加入機制能將員工納入方案，幫助他們一就業就開始存錢。然而，很多雇主會自動把你的提撥率設定為3％，這就不好了。先鋒集團的方案中，近40％的預設提撥率為3％，我認為太低。你應該把目標放到存下10％到12％。把這筆錢加上雇主一般提撥的3％，那你就可以穩當地把13％到15％的實拿薪資拿出來，放進有稅務優惠的帳戶裡。如果你任職的公司有401(k)退休金方案，務必要確認預設的提撥率是多少。若有必要請提高金額，就算計畫中已經有自動增加的功能，每年都會提高你的提撥率，也可以這麼做。

以下是我常建議的策略，很輕鬆就能打造出一套退休方案，我會用我同事珍的例子來說明。珍剛進先鋒集團時，她提撥到401(k)的金額，是以可以收到公司相對提撥金額為標準。之後，她

慢慢提高儲蓄率，將約等於年度加薪半數的金額存到她的401(k)帳戶裡，一直到最高可提撥金額為止。（珍相信她可以這麼做，因為就算加薪了，她也不需要提高生活支出。多數人應該也能接受相同的觀點。）隨著珍繼續將這麼多錢存入退休金方案裡，她在三十年的職場生涯中，累積出了一大筆錢。雖然不要把加薪的部分全部花在當下的享樂上，是需要一定紀律才能做到的事。但到最後，你也不會錯過這筆「額外」的錢，把錢存起來以支應退休所需，長期來說能讓你過得更好。

透過雇主的退休金方案存錢有三大好處。第一，你提撥的錢會自動在享有稅務優惠的基礎下累積。第二，這套流程讓你無須費力，就能不斷存錢。你不用轉帳或寫支票，也不會受到誘惑、在「付錢給自己」之前就把錢用罄。第三，你是定期定額投資，這是明智且高效的策略，稱為平均成本法（dollar-cost averaging）。我在本書中會多次提到這套策略。

有很多人透過雇主資助的退休金方案，存下了可觀的財富。2019年，先鋒集團管理的401(k)方案中，已經有超過6萬2,000位身家達百萬美元的富翁，還有幾千人也正在這條聚積出高額財富的路上。

基本功：幫助你達成投資目標的退休金帳戶

美國有很多以支應退休生活為目的的帳戶，可以幫助人

們達成投資目標。和大學教育基金方案一樣，不同的選擇也各有優缺點，以及使用限制以及取用的規則。我會詳談兩種主流方案，但由於你的就業條件不同，你可能會有其他選項。比方說，如果你任職於非營利機構，例如醫院或大學，就可以選403(b)(7)方案。假如是自雇者，則能選擇SEP個人退休帳戶、Simple退休帳戶或個人401(k)方案。

- **個人退休帳戶**：有了個人退休帳戶，你就可以在享有稅務優惠的條件下，為了退休生活做投資。如果使用傳統的個人退休帳戶，你提撥到帳戶裡的部分或全部資金，或許可以扣抵當期的所得稅，但要看你的所得水準而定。一旦你開始提領，就會以一般所得來課稅。請注意，你必須在70歲出頭時，從中提取出部分資金。而提撥到羅斯個人退休帳戶的金額不能抵稅，但是退休期間提領的資金完全免稅，也沒有強制一定要提領最低金額。然而，你的所得水準，可能會導致你提撥到羅斯個人退休帳戶的金額受限。你可以在銀行、券商或共同基金公司，開立個人退休帳戶，因此，你有很多投資項目可供選擇。2021年時，你一年至多可以提撥6,000美元（超過50歲的話則為7,000美元），到傳統個人退休帳戶、羅斯個人退休帳戶，或是兩邊都提撥。但是，對多數人來說，羅斯個人退休帳戶比較有利，因為退休時動用資金可以免稅。
- **401(k) 計畫**：如果你任職於公司，很可能你的員工福利配

套中，就包含了401(k)計畫。就像個人退休帳戶一樣，你存進來的錢不用先扣除當期的所得稅，之後還可以放在享有稅務優惠的帳戶裡增長。一旦你退休後開始提領資金，則會以當時的稅率課稅。如果是羅斯401(k)計畫（Roth 401[k]），你提撥到帳戶裡的錢，要先扣完所得稅，而你的帳戶也會在享有稅務優惠的條件下增長。因此，在你退休、要開始提領資金時，就無須課稅。2021年時，你可以投入401(k)計畫的最高資金是1萬9,500美元。如果你超過50歲，還可以再存進6,500美元。

假如你運氣好，雇主還會對應提撥一定金額，你或許可以拿到最高相當於實拿薪資4%的對應提撥金。此外，好的401(k)方案也可以為你提供完整的低成本基金選單，供你組成投資組合。

好債務？壞債務？制定你的償債計畫

到目前為止，我討論的是如何管理個人資產負債表上的資產，現在讓我們來談談負債：這是你以信用卡帳單、車貸、房貸等等形式，欠下的債務。穩健的財務規劃當中，也包括建立負債原則，我的原則可以用一句簡單的俗話來總結：「貸款和負債讓人擔驚受怕。」

長久以來，我避免負債。我和妻子剛開始共創人生時，因為念研究所背了可觀的貸款。兩人除了一部十年的老福斯小車之外，

別無長物。我很痛很每個月都要寫支票償還貸款（一直還到1980年代初期），尤其當時的利率水準又在相對高檔。由於這番經驗，我和妻子下定決心，要盡可能避免負債。儘管不是每個人都像我一樣對負債這麼反感，但就算你不是，也應該慎重考慮幾個債務問題。

關於債務，我建議只在購置長期資產時借錢。舉例來說，教育能為你帶來一輩子的好處，因此貸款上大學沒問題，也可以說是「好債務」。房子要住很久，因此房貸是合理且必要的。你也可以積累房屋淨值。但即便如此，請謹慎看待房屋淨值貸款以及其他二胎房貸。此外，汽車也是持有時間相對長的購買標的，因此，如果貸款的期間比你預期擁有汽車的期間短，可以借利率合理的汽車貸款。但是為了消費品（譬如衣服、餐飲、娛樂和旅遊）去借錢，很可能讓你陷入麻煩，阻礙你達成投資目標。比如，我認為利率很高的未償還信用卡帳款，就是「壞債務」。

無債一身輕是經濟議題，也跟追求心靈自在有關。以下是一些需要權衡的重要債務考量：

你的房貸超出負擔能力嗎？

對多數人來說，最大筆的債務就是房貸。這裡的問題不是要不要借房貸（很少有人可以不用貸款就買下房子），而是如何盡量降低房貸的負擔。很多人把房子當作自己最大的投資，寄望房價會上漲，幫忙支應退休生活。

但是，房屋所有權的債務問題有時候被輕忽了。申請大筆房

貸以購置昂貴的房子，恐怕會為你帶來後悔莫及的債務負擔。此外，你很可能淪為屋奴（house poor），這是指和房屋所有權相關的費用，排擠掉其他支出。或者，更重大的是，讓你無法儲蓄。

你可以算一下貸款價值比（loan-to-value ratio），用這個數值來衡量你的房貸負擔。請把貸款價值比，想成你的房子屬於房貸銀行、而不屬於你的部分。假設你30歲時，用25萬美元買下一棟房子，你付了頭期款2萬5,000美元，並申請了22萬5,000美元、為期三十年的房貸。你的貸款價值比是225,000除以250,000，得出90％，因為你只付了房屋價值的10％。在付了多年的貸款之後，你就可以穩定地拿回房屋的淨值，貸款價值比也會下降。如果你的房子多年下來有增值，這個比率會下降得更快。假設你50歲時還擁有那棟房子，未償還的貸款是12萬5,247美元，而那棟房子現在值35萬美元，你的貸款價值比就只剩下36％。

多數屋主不太擔心房貸，因為他們相信房價長期會漲，但不必然如此。2007年美國房市泡沫破裂，是引發全球金融危機的重要刺激因素之一，也導致了法拍率高漲。實際情況是這樣的：房價上漲，寬鬆的借貸標準讓很多人有能力買房子，但許多人也因此過度擴張自己的能力。然而，後來房價大幅下跌，很多屋主發現自己的處境反轉，他們的房屋價值還低於房貸。有些人無力償付每月的貸款，有些人則在房市走跌時被迫賣屋。

回到我們的範例，假設你用25萬美元買下的房子，現在價值17萬5,000美元，你的貸款價值比來到128％！你的房貸有22萬5,000美元，用225,000除以175,000，就得出前述數字。因此，請

把房子想成是安身之所，而不是投資。運氣好的話，房價長期會漲，但這事沒有一定。

如果你從事的是高風險的職業，會有整體產業下滑與不定期裁員這種事，避免負擔高額房貸是理性之舉。因為萬一你暫時失業，你不會希望每月還要支付大額房貸。但如果你的工作穩定，或許就不會那麼在意房貸的金額了。重點是，你在背房貸或其他沉重債務之前，要先想一想自身的情況。

你有信用卡債嗎？

如果你有高利率的信用卡債，應該在開始投資之前先付清。有些人認為，即便信用卡上還有欠款，開始投資仍是好事，他們希望投資賺得的報酬率能高於他們還債的利率，這樣就可以占得好處。但如果你思考過，就會看到這種方法的危險之處。

多數信用卡收取的利息為15％到18％，甚至更高。身為投資人，要賺到比這更高的報酬率，你必須投資股票，而且必須挑對投資，才能勝過股票長期賺得的平均年報酬率10％。然而，你的投資在一年內做到這一點的勝率不大。

以為自己即便背負卡債，仍能以投資人的角色搶到先機這種想法，還有另一項風險。當你這樣做，代表你期望投資的短期報酬率（短期報酬率的不確定性極大），可以抵銷一定要付的債款。然而，無論市場表現如何，你都要付信用卡費。

我認為，只有在一種情況下，在付清信用卡債之前就開始投資才算合理。那就是：如果你的雇主也對應提撥到你的401(k)計畫

裡，那你應該馬上開始執行投資方案。當然，你也要盡早付清你的債務。

你是不是用借來的錢投資？

信用卡債和投資難以同時存在，基於同樣的理由，用借來的錢投資也不明智。你要償付借來的錢，這是確定的。不確定的是，你能否從投資中得到你想要的報酬。

1990年代，美國當沖很熱門，有些投資人開始借錢買股票。這種稱為融資買進（buying on margin）的操作方法風險極大，因為這會放大盈虧的影響。如果融資買進的投資人，其持有部位的價值忽然大跌，通常會被迫要出脫本來當作抵押品的股票，立即償付貸款。

這表示，如果你的投資可以賺到5％的稅後報酬，稅後成本為4％的債務並不可怕，你還可以付掉融資的利息。但是，如果你的投資賺到的稅後年報酬率為5％，但你同時又要支付利率高達19％的信用卡未償付帳款，你在財務上也無法占到上風。

債務的稅賦層面也很值得思考，但是不要一直去想這些事，不用浪費時間和精力，設法從負債當中獲利。心靈的平靜也是很重要的議題，不下於數字。

你會掉進紙上富貴陷阱嗎？

假設你看到附近的房價節節高升，你在思考要不要善用升值再去申辦房貸，多拿一點現金在手上。或者，你的401(k)帳戶可能

累積了很不錯的資產，你想要用來抵押借錢。請小心。

確實，有時候這類決策很合乎財務邏輯。但請記住，拿你的房子或你的401(k)帳戶來抵押借錢，有風險。畢竟，房價上漲或401(k)帳戶資產的增值只是紙上財富，你還沒有落袋為安。事實上，沒有把房子賣掉，或是尚未從401(k)帳戶提領之前，你都不算真正擁有這些錢。風險是，房地產的價值或是金融市場都會下跌，最後你很可能會倒欠錢。如果你運氣不好被裁員，你又拿401(k)帳戶去借錢，你必須在失業，或是面對額外稅務負擔與罰金之下，償付貸款。

理財，別怕「我不知道！」

關於財務規劃還有最後一個重點：知道你不知道什麼。確實，在財務規劃與展開投資計畫上，有很多事你可以自己做。但同樣重要的是，你要抱持謙虛的態度，來面對其他財務需求。我只會稍微提一下，因為這有很大部分，依你個人的情況而定。

比方說，在壽險與殘障險規劃等領域，付錢尋求專業建議通常很值得，這類規劃取決於你生活中的諸多變數，例如年紀、健康狀況、婚姻情形、財富淨值，以及有沒有小孩。財產規劃也是。你可以利用線上工具立下遺囑，或是諮詢財產專業律師。我相信，預期可以累積出大筆財富的人，應該願意花點時間和金錢，確認自己立好遺囑。

現在反過來想。如果你的保險額度不足，家中失火不僅對你

和你的家人來說是一場悲劇，更是財務上的不幸。如果你的遺囑沒立好或是沒有更新，資產就不會按照你的願望分配，或者，你會把沉重的稅賦遺留給繼承人。請做一點成本效益分析。通常，在這些時候花點錢尋求專業建議很值得。

總結

身為財務創業家，你需要有一套計畫。做計畫是一套三步驟的流程：

- **設定目標**：決定你需要多少錢，才能達成財務目標，通常目標會有多個。
- **評估你的投資選項**：找出哪種投資最適合用來達成目標。
- **決定你需要投資多少錢**：計算你要挪出多少錢來投資。

此外，制定財富累積計畫時，請記住，明智管理負債也是成功的關鍵。

| 4 |

成為有紀律的儲蓄者

　　我父親是銀行家，因此，我很小時他就教我儲蓄的重要性。我會從午餐錢中拿一點出來，放進學校的儲蓄方案。一旦我從方案中、以及靠著打小雜工賺到一點錢，我就把錢存進付息的銀行帳戶。我於1982年進入投資管理業，而這就是我僅有的儲蓄經驗。

　　我很快就得到大啟發。有一天，一位年紀比我大、在先鋒擁有金額可觀帳戶的熟人來找我，要我幫他做一項交易。他想要把錢從他女兒的帳戶轉到銀行，好讓她買房子。查她的帳戶時，我目瞪口呆，因為那位跟我同齡的女子（不到30歲），其存款居然達到六位數美元。我提到這件事時，她的父親就事論事地解釋，自她出生後，他每個月都會以女兒的名義投資50美元，買一檔先鋒的股票基金。

　　一筆不起眼的小錢，在有紀律地投資到高效工具之下，居然不到三十年，就增值成這麼一大筆錢，看到這件事真是讓人訝異。這強而有力、明確地體現了有紀律儲蓄帶來的獎賞，與投資金融市場的力量。我經常對事業剛起步，或是剛剛成家的年輕人講到這個小故事，希望他們能像我一樣受到啟發。

在本章中，我要談如何讓自己成為有紀律的儲蓄者，以及，能夠針對存款的投資方式，做出明智、堅定的決策。

培養出儲蓄的紀律

暢銷書《原來有錢人都這麼做》的兩位作者，針對美國富人做了研究，發現他們之間最大的人格特質共通點是：簡樸。史丹利和丹柯這兩位作者寫道：

> 你要如何才能富有？……積累財富很少是靠運氣、繼承、高等學位，甚至聰明才智。財富更常關乎辛勤工作、堅持不懈、計畫等生活方式，以及最重要的，自律。[1]

在先鋒集團，我們注意到，基金投資金額達100萬美元以上的客戶，來自各行各業。除了高所得的名人、企業高階主管，或是你預期會在這一群人當中找到的專業人士之外，這一群身家達百萬美元的富翁，還包括許多所得普通的人，例如老師、內勤職員和營造工人。道理很簡單，他們都是紀律嚴明的儲蓄者、聰明的投資人。

你這輩子能賺到很多錢，而且你不需要是電影明星、或是球壇名人，就可以辦到。想一想，如果你的職涯超過四十五年，年所得7萬5,000美元的話，累積下來就超過300萬美元。賺到300萬美

1　Thomas J. Stanley and William D. Danko, *The Millionaire Next Door: The Surprising Secrets of America's Wealthy* (Atlanta: Longstreet Press, 1996), pp. 1–2.

元、卻把每一分錢都花掉，想到這一點會讓你覺得根本太揮霍了，對吧？實際上，這筆錢有很大一部分，都拿去繳稅和支應生活花費，但是也有很多留了下來，可供你花在非必需費用上或存起來。如果有儲蓄計畫，你就可以從賺來的300萬美元中，留存下一大筆錢。假如你把存下來的錢拿去投資，隨著時間過去，你可以把這筆錢變得更多。

多數人會感受到強烈誘惑，想要把口袋裡的錢全部花掉。為了克服這股衝動，請試著不要把錢放進你自己的口袋。我的意思是，看到錢之前就先存起來。如果你的雇主有辦理退休儲蓄計畫，請盡快加入。（前一章也提過，美國多數雇主會自動讓員工以預設的提撥率加入方案。然而，預設提撥率比理想值低很多，所以，請加碼。）你提撥的金額會自動從薪資中扣繳，因此，你甚至都沒注意到你把這筆錢存了下來。如果有任何意外之財，也請你這麼做。如果你繼承了一筆錢、獲得加薪或是收到退稅，至少把一部分現金存起來。如果你真的很想要累積財富，請服膺以下這句格言：「凡有疑慮，就存起來。」

需要別人幫你培養良好的儲蓄習慣嗎？如果是，你可以善用強迫儲蓄的方案。自動投資方案讓你可以把一部分的薪資轉到投資帳戶中，或者定期把銀行帳戶的錢轉過來。這些方案很有價值，因為這是無痛、但有系統的投資方法。我向來仰賴薪資扣款的便利性，我的薪資總會有一部分，馬上轉進我的投資帳戶。

享有稅務優惠的投資工具，可以提供更多的儲蓄誘因。但附加條件是，如果在到期前先行提領，將要支付罰金。以傳統的

401(k)計畫，以及其他雇主資助的退休金計畫來說，你的薪資不用扣所得稅，就可以先提撥到投資帳戶。（羅斯計畫提撥的投資資金，則是扣完稅之後的薪資。）享有稅務優惠的帳戶益處很驚人，如圖4.1所示。在四十五年期間，每年提撥6,000美元（以7萬5,000美元的年薪來算，僅占8％），到平均年報酬率8％的稅務優惠帳戶，會增值成超過250萬美元。提撥同樣的金額到要課稅的帳戶，四十五年下來也可以給你還不錯的180萬美元，但遠不如稅務優惠帳戶。（我們假設平均年度總報酬率為8％。應稅帳戶的獲利有一半每年會先課24％的稅金，剩下的才再投資。）

我之前提過，稅務優惠帳戶中設下了很多阻礙，防止人們把錢提領出來。但很矛盾的是，這些阻礙因素其實非常有價值。如果

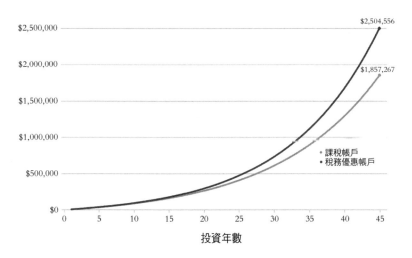

圖4.1　稅務優惠帳戶與應稅帳戶投資比較

資料來源：先鋒集團。

你把錢投資在個人退休帳戶、401(k)計畫或是529計畫，除非某些特殊情況，不然在還沒有到期前就先提領，通常會有罰金。儘管認為成年人需要一把鎖，來鎖住自己的銀行帳戶，聽起來很瘋狂，但事實是有很多人的確需要。所以說，這些帳戶的稅務優惠是給獎賞的「胡蘿蔔」，罰金則是有懲罰功能的「棍子」，各有其價值。

為投資施展「平均成本法」的魔力

自動投資方案還有另一項好處。當你定期在市場投資固定金額，你就是在運用平均成本法這套策略，當中有兩大優勢，第一，這套策略拿掉投資當中的情緒元素，因為你不用費神苦思，何時才是投資的「適當」時機。第二，投資金額固定，所以價格比較低時、你能買到的共同基金或ETF股份就比較多，價格上漲時買到的股份較少。

要真正享受到平均成本法的益處，你必須維持紀律，不管市況如何都要定期定額買。市場上漲時要做到這一點很容易，等到市場走跌，要再繼續買進就很困難了。當然，平均成本法不是財富的保證，無法消除投資風險，不能確保你一定能獲利，市場下跌時也無法保護你不虧損。但如果你有耐心定期定額投資，就能避開大幅的損失，以及避免在單一時間投資後，卻看到市場馬上下跌而引發的憂慮。

解析投資組合陷阱：嘗試擇時進出

先鋒集團在1980年代出版了一份教育性的小手冊，將平均成本法和「運用時機、而不是選擇時機」畫上等號。這是很好的思路。

我之前提過，有些人會卡在嘗試挑選最佳時機，才把錢投入市場。他們等待，擔心市場「漲太高」或是將會繼續大跌，因此一直作壁上觀，錯失讓資產有時間成長、並且以利滾利的機會。

當人們收到意外之財，比方說紅利、遺產、退稅或是訴訟和解金時，更會展現出這種「分析過度導致的癱瘓」。要一下子把一筆可觀的資金投入股市，這個想法看來不甚明智。正因如此，平均成本法才會是好方法，因為這套策略可以在市場下跌時提供保障，讓投資組合的價值不會重跌，把後悔的感受減到最低。

雖然我大力支持平均成本法，但我要指出，馬上投入一大筆錢的績效表現，會勝過系統性的投資策略。先鋒集團分析了系統性投資法與單筆投資法的績效，以60％股票加40％債券的投資組合為準，檢視1926年到2015年的滾動十二個月績效，發現後者的績效有將近三分之二的時間會勝出，高出的績效大約是每年2.39％。[2]

---

2 *Financial Planning Perspectives: Invest Now or Temporarily Hold Your Cash* (Vanguard, 2016), p. 2.

這是投資裡的另一種取捨。單筆投資是用短期虧損的風險來換長期的利得，平均成本法則能讓你夜裡睡得比較安穩。無論如何，最重要的是，要把錢投入市場裡，用你覺得最安心的方法投資。如果你只坐在旁邊看的話，就什麼都贏不了。

如何成為超級會存錢的人？

存錢，是要嚴謹對待你賺來的錢，再加上謹慎花費，以下有幾個祕訣。

首先，把加薪的部分存起來。存錢不一定是痛苦的事。一開始你可能會覺得有點痛苦，但是你很快就會調整生活方式，而且只要一次就好了。表4.1說明一種情境，每次有人對我說他們就是沒辦法存錢時，我就很樂意拿這張圖出來說。這是每個人都能做到的基本方法。

假設你年薪7萬5,000美元，而且是月光族。你第一年的所得是7萬5,000美元，花費也是7萬5,000美元。在這當中，我們假定固定費用是4萬5,000美元（例如房貸或房租、稅金、車貸、社會安全稅等等），變動費用為3萬美元（像是食物、衣服、娛樂等等）。所得7萬5,000美元，花費也是7萬5,000美元，你第一年的淨利（可以拿來儲蓄或投資的部分）為零。

表4.1 個人現金流量表

年度	所得	固定費用	變動費用	退休存款 增加部分	可用現金
1	$75,000	$45,000	$30,000	$0	$0
2	$77,250	$45,000	$30,000	$2,250	$0
3	$79,568	$45,000	$30,900	$2,387	$1,281
4	$81,955	$45,000	$31,827	$2,459	$2,669
5	$84,414	$45,000	$32,782	$2,532	$4,100

資料來源：先鋒集團。

第二年，你加薪3％，年所得來到7萬7,250美元。假設你的固定費用和變動費用不變，加薪之後，你的個人損益表從損益兩平，變成餘下2,250美元的利潤。你要選擇花掉還是存起來？

假如你很幸運，加入了401(k)計畫，再假設你決定把加薪後增加的2,250美元，提撥到401(k)計畫裡。你的損益表顯示，你可用的現金再度歸零，但是實際上你的利潤並非為零。年底時，你的2,250美元仍以存款形式留了下來。（為了簡化說明，我們不管這筆錢能賺到的任何報酬。）

到了第三年，假設你又再加薪3％。這筆加薪的基準是你前一年的年薪7萬7,250美元，因此你現在一年可以賺7萬9,568美元。你的薪水增加了，因此你每年提撥的金額也加到2,387美元。從另一方面來看，你不費吹灰之力就把第二次加薪多出來的137美元存了下來。就算我們假設你的變動費用也增加3％、來到3萬900美元，你還有1,281美元的結餘。你可以花掉這筆錢，也能拿去投資。

假設接下來兩年，加薪和變動費用同樣以3％的速度增加，到

了第五年年底，你總共存下9,628美元。如果這段期間，你的401(k)計畫的平均年報酬率為8％，你帳戶裡的錢就增值到超過1萬1,000美元。

如範例所示，一旦你設定了儲蓄的常規，幾乎不會注意到未來加薪後，有多少比例會進到你的儲蓄計畫。當中的意義是這樣的：針對你的生活方式做一次調整，把你第一次的加薪存起來，之後你就不需要變動，也可以存到合理的存款。這聽起來美好到不像真有其事，但相信我，這是真的。

順帶一提，你也可以套用同樣的方法來還清債務。假設你訂下還清債務的日期，你可以用支付完所有費用之後、剩下的自由現金流（free cash flow），來償還信用卡債或是房貸。

還有，延遲購買高單價商品。多年前的某一天，一位年輕同仁走進我辦公室，告訴我她剛剛得到加薪，一個月多250美元。我疑惑地皺眉，她很快地解釋：「我剛剛付完最後一期車貸，因此我把自己想成一個月多賺250美元，這會直接變成我的存款。」真是聰慧的女子！

減少支出是提高存款的好方法。你少花的每塊錢，實際上會比你多出來的每塊錢更有價值，這是因為稅金的問題。想一想你花掉的稅後每一元，實際上是你賺了多少才有得花。如果你和一般美國人一樣，扣掉社會安全稅（薪資的7％）、聯邦政府稅（如果你適用的稅級是24％，那就要扣24％）和州政府稅（平均是3％），你實拿的薪資只有66％。我們可以從另一個觀點來看：你在稅前要賺到1.55美元，才能花到稅後1美元。

如果你付清車貸之後，再把車留五年，把存的錢省起來，你就大有進展，穩穩朝向目標邁進。比方說，我之前講到的那位女同事，她就很期待一年省下原本用來付車貸的3,000美元。就算你想到，開舊車要支付額外的維修費用，也必須承認，她的財務狀況會比買一輛新車、繼續付新的車貸更好。我們可以合理預期，她在接下來五年，可以存到1萬美元。

此外，也把額外發薪日的薪水存起來。如果你和很多美國勞工一樣都領雙週薪，你就知道每一年裡有兩個月，你不只領到兩張支票，會多一張變成三張。另一位員工告訴我，他會在行事曆上把這些日子圈起來，提醒自己要把額外的支票存進投資帳戶。這是很好的構想。如果你習慣一個月用兩張支票養活自己，不需要花到另一張支票的機率，不是很高嗎？

積少成多。如果你仔細監看自己的花費幾個月，你會很驚訝地發現，居然還有很多存錢的機會。不管是雜誌、衛星廣播或是網路影片服務，都很值得你審視一下每個月的訂閱費用。

確定你有記下每一筆花費，不管金額多小都要記，特別要注意信用卡自動扣款的費用。期末時，看一看你把錢花在哪裡，然後決定哪些才是必要項目。美國開國元勳富蘭克林說過：「要注意小項費用，小小的漏水會弄沉一艘大船。」

如表4.2所示，適度儲蓄、明智投資，可以讓你的財富大幅成長。你不需要活得像個吝嗇鬼，只要每天想一想自己要做的取捨就好了。比方說，每天早上來一杯專賣店賣的5美元咖啡，會比安安穩穩的退休生活更值得嗎？如果你喜歡咖啡，可以在便利商店買比

較便宜的，或者自己在家裡煮，又更便宜了。

　　我會對人運用一個教育性小花招，我戲稱為「我做過的最好投資」。這和上面講的咖啡有關。我的妻子愛喝拿鐵。這杯咖啡不像上一段講的，一杯要5美元，我用300美元替她買了一部家用拿鐵咖啡機。從價錢（她大量購買咖啡膠囊，每一個是0.6美元）來說，我每一杯可以省下4.40美元。我的投資報酬率一年超過200％，挺不錯的！

　　檢視你的大筆帳單。我在這裡要講的是和房屋以及汽車保險、手機和有線電視有關的可觀費用。如果你已經習慣用銀行帳戶自動扣款，就會變得麻木，渾然不覺有多少錢就這樣飛走了。

表4.2　小項費用長期加總

	每年成本	如果每年省下來、然後投資 20 年的稅前金額 *
每星期一次四人份外帶晚餐 （50 美元）	$2,600	$118,981
上班日買午餐 7.00 美元 （共 240 日）	$1,680	$76,880
信用卡債利息	$900	$41,186
每日咖啡：在家煮 0.6 美元 （共 240 日）	$144	$6,590
每日咖啡：便利商店購買 2.00 美元 （共 240 日）	$480	$21,966
每日咖啡：專賣店購買 5.00 美元 （共 240 日）	$1,200	$54,914

資料來源：先鋒集團。

＊稅前金額是指把錢存下來、然後投資，報酬率為每年8％。

很多銀行和信用卡發卡公司，都會在年底時給你一份花費摘要，這是掌握你花錢習慣的好方法，也是大手筆減少開支的好機會。你也可以使用信用卡的自動扣款功能，這是很便利的支付帳單方法，而且你還可以累積點數、里程數或是信用卡給的任何優惠。

定期檢視各類商家從你手上拿走多少錢會讓你很有收獲，之後你可以致電保險公司、串流服務公司或是電信商，看看能不能針對帳款做一些協商。你會很驚訝地發現，電信商為了留住生意，很樂於給更優惠的條件。有一位同事最近告訴我，他只靠一通簡短的電話，就在房屋與汽車保險的年費上，省了超過1,000美元。這是實實在在的錢！

財富，流向願意儲蓄的人

無論你把錢放在哪裡，儲蓄都是高效的累積財富好方法。我在成長的過程中，把儲蓄和銀行帳戶、而不是投資組合畫上等號，而且這樣想的不只我一個。誠然，把錢存在付息的銀行帳戶或定期存單，是不錯的累積資本方法。而用存款去買定期存單的優點，是利率很確定，本金通常也有保障。但基本上，你能否成功累積財富取決於紀律，因為這關乎你能把多少錢放進帳戶，而不是能賺多少利息。

要把錢放在哪裡？

　　一旦你決定要有紀律地儲蓄，下一個問題就是，要把這些錢放在哪裡。有些投資人會覺得不知所措，因為有許多不同的稅務優勢管道，可以用來投資長期存款。比方說，個人退休帳戶就有好幾種，還有各式各樣的401(k)計畫以及其他雇主資助的退休方案，和多樣的年金產品。

　　對你而言，最佳的投資策略是什麼？同樣的，這還是要視取捨而定。我們就以兩大類的個人退休帳戶為例。如果你用傳統的個人退休投資帳戶投資，假設你符合資格限制，投資的資金就可以扣抵當期稅金，但等到你開始提領資金時，你的收益仍必須課徵所得稅。當中的假設是，等到你退休時，適用的稅率級距會比較低。然而，你有可能選擇放棄前面可以抵稅的優惠，改用羅斯個人退休帳戶投資，換取退休後動用資金時不用繳稅。

　　對多數人來說，由於羅斯個人退休帳戶增值部分一輩子免稅，退休時提領資金也免稅，再加上沒有最低提領限制，因此是比較好的選擇。這些好處勝過提撥到帳戶時，資金要先課稅的不利。

　　然而，在把錢存到稅務優惠帳戶時，面對不同的選項，你要如何決定優先順序？以多數人來說，最適當的順序如下：

1. 提撥到羅斯401(k)計畫的金額，要相當於雇主提撥的對應比例。
2. 提撥到羅斯個人退休帳戶的金額，要達到提撥上限。

3. 提撥到羅斯401(k)計畫的金額，要達到提撥上限。

4. 一旦你把所有稅務優惠的機會都用完了，考慮把其他的存款放在有稅務效率的基金上，例如ETF和指數型基金。（我在第10章，會更詳細討論具有稅務效率的投資方法。）

讓時間，推報酬一把

投資計畫的重要變數包含：投資多少錢、投資有多少時間可以成長，以及投資賺得多少報酬。你可以控制投資的金額，以及你要多早開始投資，但是你不太能影響報酬。還是說，其實可以？

你應該要知道有件很有意思的事，這很基本：**投資時間愈長，你可以承受的風險愈高**。反之亦然：你的投資要在愈短的時間內創造報酬，你能承受的風險就愈低。一個從50歲才開始為退休儲蓄的人，或許不想投資積極型的股票基金，因為她不希望承擔任何本金虧損的風險。她很可能會選擇風險比較低的投資，比如報酬較低、但也更保守的穩健型基金。然而，如果是年輕人，她年紀一到就靠著除草打工或當保母賺錢，並把錢放入個人退休帳戶裡，或許就可以積極投資。反正，她之後的四十五年、甚至更長期間，都不會動用到這筆錢，誰在乎帳戶有某一年表現不好，價值跌了20％？她有幾十年的時間等著市場復甦、帳戶價值回歸。

能多承擔風險為何是好事？簡單來說，這代表了有可能賺得更高報酬。而且，長期下來，報酬多那麼1％或2％，造成的差異很可能遠大於你的預期。假設你一年提撥6,000美元到個人退休帳

戶，並連續提撥二十五年，而你賺得的平均年報酬率為6%。到最後，你的帳戶裡會有34萬9,000美元。還不賴吧？現在假設你用更積極的態度投資，平均年報酬率為8%。在這種情況下，經過二十五年之後，你最終可以拿到47萬4,000美元。如果你的投資一年平均能賺到10%的報酬率，最終你會拿到64萬9,000美元。

投資期間加長，更有餘裕可以承擔較高的風險，你會有足夠的時間等待市場從谷底反彈，也有時間讓好年頭的超額報酬，繼續複製報酬。你會看到，長期來說，這些優勢非常可觀。

總結

你可以透過以下行動，讓自己成為有紀律的儲蓄者：

- **簽署加入自動投資方案**：如果你把薪資自動轉到投資帳戶，這相當於先付錢給自己。
- **加入職場上的401(k)計畫，或是其他有稅務優惠的退休計畫**：遞延稅金，以及從薪資當中直接扣繳的便利性，是兩股很強大的力量，能幫助你的財富成長。
- **善用額外的儲蓄機會**：把額外的薪資和意外之財存進投資帳戶，不要拿來花用。找出會妨礙你累積財富的支出，不管金額大小都要認真對待。
- **了解風險／報酬的取捨，以及時間帶來的益處**：投資期間

愈長，能夠承擔的風險愈高。因此，把你的儲蓄投入像股票這種積極型的投資，長期來說可以得到豐厚的報酬。

| 5 |

期待最好結果，做好最壞打算

到目前為止，我已經討論過如何儲蓄，下一個要考慮的問題就是：你怎麼知道你存的夠不夠？

一般人在做和儲蓄有關的決策時，都不會自問這個問題。他們會評估自己可以存多少，然後希望到頭來能有足夠的資金以達成目標。又或者，他們就只是把花剩下的錢存起來而已。但如果你很快地算一下，你對於你能存多少錢的認知，說不定會改變。

如果你很認真想要達成某個特定的目標，首先你會想要找出目標，再算出要存多少才能達成目標。而要找到答案，你必須用回推法。你的算式裡有幾個要考量的因素：一、要達成目標需要多少錢；二、若要達成目標，你有多少時間可以存錢；三、你預期可以賺到的合理投資報酬金額。接下來，你就要算一下。

舉例來說，假設你希望在接下來十八年，替小孩存到10萬美元的大學教育基金，你預期你的投資每年可以賺到8%的報酬率。利用計算機或試算表，你會知道你每個月初大概要存進207美元，才能達成目標。推估時，假設你會把所有投資收益再投資回去，而且在這段期間不會從這筆錢中提取一分一毫。

不過，8％是合理的投資報酬率推估值嗎？這要視情況而定。

以極長的期間來看，比方說從1926年到2019年的這九十四年期間，美國股市的平均年漲幅為10.3％，債券的平均年報酬率為5.3％，現金投資的年報酬率則平均為3.4％。你在閱讀投資相關內容時，會一再聽到這些數值，而你希望這些資產類別在多年期間會有類似的報酬率，也是合理的期待。

多數投資人持有的穩健型投資組合裡，都有這三種資產類別，組成比例反映的是他們個人的風險耐受度，還有，很重要的，投資期間。以60％股票加40％債券的投資組合為例，在前述期間內，平均報酬率為9％。

重點是，你不應該把這些數值想成必然的保證。為了某個目標而投資時，特定五年、十年甚至十五年期間的表現，恐怕和長期平均值大相逕庭。通貨膨脹也是一個因素，你提撥的時間點亦然。還有，你也無法事先知道，你要動用投資時市況會怎樣。

在本章中，我會討論如何做財務假設，這些都是你的投資計畫基礎。我會分享我的經驗，說幾個小故事，也會根據真實市場事件，提出一些假設性的情境。

通膨巨獸發威時

望向未來時，很多人都會忘了通貨膨脹，你千萬不要犯下這個錯。通貨膨脹是指，長期下來，商品和服務的價格多半會上漲，這會讓每個人的購買力下降。白話來說，同樣花一塊錢，今年能買

到的東西比去年還少。高通貨膨脹率是投資人最大的敵人，尤其債券投資人更容易受影響，因為他們的報酬當中有很多是利息。在通貨膨脹期間，同金額的利息價值一年不如一年。正因如此，多數長線投資人都會持有大量的股票，股票會發放股利，也有價值大幅上漲的潛力。

沒有哪一個通貨膨脹指標可以完全符合你個人的花費習慣，但是有一個是最多人在做財務規劃時會用的，那就是消費者物價指數（Consumer Price Index）。以美國的消費者物價指數為例，該指數追蹤消費者購買的八大類商品與服務（例如食品和飲料、房屋、服飾、交通、醫療照護、娛樂、教育和通訊，以及其他商品和服務）的價格。

1990年代以及21世紀的前二十年，通膨率很低，很多人好像都忘了這是一項威脅。然而，老經驗的投資人都記得，1970年代末期，通膨率高達兩位數，在1973年到1982年期間，通貨膨脹率的年平均值為8.7％。如果通貨膨脹率是8.7％，你用2萬美元買的車，一年之後要賣2萬1,470美元，五年後，價錢又變成3萬351美元！當然，通貨膨脹影響的不只是大額費用。基本上，你買的所有東西，不管是牛奶還是運動鞋，成本都墊高了。

從1926年開始算起，美國的通膨率長期平均值為2.9％。聽起來很低，但是請看看結果：若年度通貨膨脹率為3％，現在成本為1萬美元的東西，三十年後的成本為2萬4,300美元。如果通貨膨脹率上揚到5％，現在要賣1萬美元的東西，三十年後叫價4萬3,200美元。

認為通貨膨脹在你累積資產或花掉資產的期間，會造成一定的影響，是很安全的假設。在你就職期間，加薪幅度可能足以趕上通膨水準，但你的投資報酬率恐怕會受到衝擊。基於這些理由，在計算投資如何隨著時間成長時，顧及通貨膨脹至關重要。

檢查不同投資類別的歷史報酬率時，務必要看依通膨率調整的數字，這些叫做實質報酬（real return），沒有根據通膨調整的則稱為名目報酬（nominal return）。你看到的多數投資標的歷史報酬率，都以名目報酬率表示，因此，如果你用這些數值來推估，就需要自行針對通貨膨脹做調整。這很簡單：你只要選擇假定的通貨膨脹率，然後從平均報酬率中減去這個數值即可。你可以設定通膨率為3％到4％，或者，如果你非常保守，也可以用稍高一點的數值來推估通膨率。

圖5.1顯示不同期間，這三種資產類別的名目與實質年報酬率差異。你可以看到，面對通貨膨脹時，股票最有保障（亦即有正值的實質報酬），現金的實質報酬率則為負值。

圖5.2要說的是，4％的通貨膨脹率在四十年期間，如何侵蝕投資方案。（本圖假設一個人每年年初投資6,000美元到享有稅務優惠的帳戶，持續四十年，並假設帳戶扣除費用後、但未經通膨調整的投資年報酬率為8％，平均通貨膨脹率為每年4％。）這張圖要講的小故事是，經過四十年後，如果你只在乎帳戶的數字餘額，你的購買力其實只剩下表面上的三分之一多一點而已。這提醒了我們，為何要投資像股票這樣波動性高的資產，重點就是，長期要能抵銷通貨膨脹的影響。

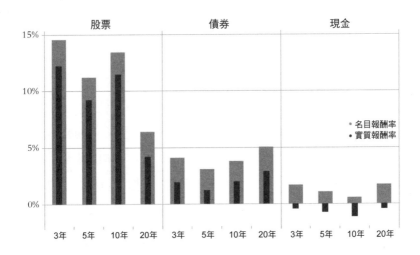

圖5.1　扣除通貨膨脹前與後，美國各資產類別報酬

資料來源：由先鋒集團計算。代表美國股票的是，到2005年4月22日的道瓊美國全股市指數（Dow Jones U.S.Total Stock Market Index）、到2013年6月2日的MSCI美國市場指數（MSCI US Broad Market Index），以及到2019年的CRSP美國全市場指數（CRSP US Total Market Index）。代表美國債券的是，到2009年12月31日的彭博巴克萊美國綜合債券指數（Bloomberg Barclays U.S. Aggregate Bond Index），和到2019年的彭博巴克萊美國綜合流通性調整債券指數（Bloomberg Barclays U.S. Aggregate Float Adjusted Bond Index）。代表現金的是，富時三個月美國國庫券指數（FTSE 3-Month US T-Bill Index）。以消費者物價指數代表通貨膨脹率。所有數據截至2019年12月31日。

沒有人有報酬水晶球

沒有人握有水晶球，誰都不能確定哪一個數字，最能精準估算出未來的投資績效。然而，我們要理解一件事，那就是不同的假設即便差異極小，也可能對計算結果造成重大影響。如果你的推估值太樂觀，到最後可能離目標甚遠，就像下述的範例那樣。

假設有位投資人安德魯決定要開帳戶、投資股票基金，目標

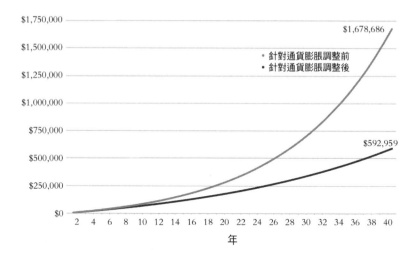

圖5.2　通貨膨脹對於長期投資的影響

資料來源：先鋒集團。

是十年內要累積5萬美元。他選擇一檔設計上要對應標普500指數報酬的指數基金。為了算出他每年年初要投資多少錢，安德魯檢驗了幾個關於市場表現的假設。他發現，如果他假設標準普爾500指數在這段期間，平均可以穩穩賺得18％的年報酬率，要達成目標的話，他每年年初要存1,801美元。但如果安德魯多一點理性，假設未來的平均報酬率為10％（這個數值比較接近長期平均值），每年就需要多投資1,051美元，總投資金額為2,852美元。假使他更保守一點，把平均年報酬設定為6％，那一年就要多投資1,395美元，年度總投資金額為3,196美元。

　　顯然，在這個十年投資情境裡，以不同推估值為基準得出的

結果大不相同，如表5.1所示。想像一下，如果期間延長為三十年或四十年，推估有多大的差異。我們的範例是以每年年初投資一筆錢為基準，但是如果你和大部分投資人一樣，是每兩個星期或是每一個月都提撥投資資金，當中的心得仍然適用。

表5.1　為了在十年內達成5萬美元的目標，每年要投資的金額

	平均年度總報酬率	為了達到5萬美元目標，每年年初要投資的金額
保守	6.00%	$3,196
理性	10.00%	$2,852
穩健	18.00%	$1,801

資料來源：先鋒集團。

這是一個週期性強的市場

　　1982年我剛踏入投資業時，一般認為股票長期的預期年報酬率約為9％或10％。即便事實上，股市在之前二十年（對我來說，二十年已經夠格稱為長期了）的平均年報酬率僅有7.7％，但是前述的看法是很普遍的「見解」。比較合理的預期，應該是平均年報酬率為7％到8％。但在接下來的二十年，股市開始加速成長，平均年報酬率達驚人的15.2％。如果一名投資人在1982年時，推估的年報酬率是7.5％，帳戶裡的10萬美元經過二十年後，會增值到42萬5,000美元。很不錯。但若實際的報酬率為一年15％，他可以累積出的財富會變成160萬美元。以這段期間來看，超高額報酬率對投資人的報酬造成的影響，真是不可思議！

在這幾年股市熱絡的期間，我收到一位長期在事業上有合作的熟人，寫給我便箋，讓我警醒。1992年10月，我在先鋒集團任職十周年時，他寫道：

> 恭喜你在先鋒集團度過第一個十年，這可不容易。過去十年，股市的平均年報酬率為19%，但以我進入這一行的前十年（1960年代中期到1970年代中期）來說，則是3.5%。

這張便箋大大提醒了我，個人經驗（通常是近期的經驗），會深深影響投資人的觀點。我這位朋友撐過非常艱困的投資環境，因此，如今的他立場截然不同。（附帶插一句，我還是比較喜歡看到過去十年的報酬率達到15%。為什麼？因為我的個人投資帳戶裡就會有更多錢，可以繼續成長並以利滾利。）

投資專家經常用短至十年期間的歷史報酬率，當作推估未來的基礎。但市場長時間走跌（如2007年到2009年，股價跌了57%）、或者像我們在1990年代與2010年代經歷的大漲，可能就扭曲了某十年期間的報酬率。比如，1982年到2000年股市走了一大段多頭行情，大家開始認為經濟出現永久性的變化，未來的長期報酬率會比過去更高。確實，1990年年底時，衡量長期投資成果的標準指標（即過去十年的報酬率）為14%，比1980年代的8%高出許多。因此，我們看到很多天真的投資人在1990年代中、晚期湧入股市，他們的心態是，股市只會往一個方向移動，那就是上漲！

在先鋒集團，我們希望勸告投資人，不要使用過去的短期績效作為基準線，別對股票未來的報酬率，有不切實際的樂觀期待。在發送給客戶的通訊刊物中，我們開始以十五年的報酬率，來討論長期投資表現，這個數值會比十年報酬率低。沮喪的股東寫信給我們：「你們改變了遊戲規則，現在你們說十五年才叫長期，而不是十年？」當然，這是很公平的評論，但我們只是想要提出多數投資人無法自行得出的觀點。

到了1997年，就連十五年的歷史平均報酬率都來到18％，也因此，更難說服投資人，股市牛氣沖天的表現，不可能永遠持續下去。現在來看雖然很荒唐，但當時很多投資人開始相信，過去極長期的平均報酬率，和未來的表現不再相關。同樣讓人擔心的是，很多人認為，未來不再可能出現下跌的年頭。之後，從2000年3月到2002年10月，以股價來算，股市下跌了超過49％。對於相信股市已經演變到全新境界的人來說，這可是讓人警醒且痛苦的教訓。

這裡要講的重點是，股票市場週期性強，會有讓人眼珠子掉出來的大漲，給了投資人滿懷的信心與興奮。然後，就會出現所謂的底部，市場重跌，引得投資人就算沒嚇破膽、也會很憂心，絕口不提繼續投資股市這件事。或者更糟，乾脆清空持股。我們看到21世紀前二十年，就以非常戲劇性的情節，重複演出盛極而衰的戲碼。華爾街有句老話是這麼說的：「股市用爬樓梯的速度上漲，用坐電梯的速度下跌。」

短期報酬率是「雜訊」

推估投資組合的成長時，即便是長期的歷史平均數，採用時都要懷著一定程度的質疑。長期平均值是數學計算的成果，在現實生活中，人們無法年復一年賺得穩定的報酬率。事實上，無風險投資才會以穩定的速度增值。如果你畫出自己的投資組合幾十年間的價值變動圖，得出的會是上上下下的曲線，而不是平滑的直線，你的結餘會有大幅的漲跌，但大致上（我們但願能）遵循著長期上漲的趨勢。

美國股市從1926年到2019年間的平均年報酬率為10.3％，但實際上只有少數幾年的報酬率接近這個數字。在整段期間裡，五年、十年甚至二十年期間的報酬率，也都很不一樣。表5.2顯示滾動五年、十年與二十年期間的總報酬率區間。以五年期間為例，為1926年到1930年、1927年到1931年，依此類推。你會看到，在任何二十年期間，股票的報酬率均為正值。時間能降低風險。

以你的投資方案來說，某些年頭你能賺得不錯的報酬率，某些年則沒那麼好。你不可能知道市場何時會漲、何時會跌，但有一點是確定的：出現在你人生中的漲跌時機，對於你能否順利達成目標非常重要。如圖5.3所示，任何人的投資期間如果涵蓋1995年到2019年這二十五年，就會經歷大範圍的報酬率變化。但且讓我強調，不管漲跌，短期報酬率都算是「雜訊」，應該忽略。

且讓我們假設你的投資期間為四十年，投資組合裡有股票和債券，這段期間的平均年度總報酬率為10％。再讓我們假設，你

會固定提撥資金到儲蓄投資帳戶裡，因此，你的投資組合一開始規模很小，但長期下來接近100萬美元。

表5.2　1926-2019年，滾動期間的標準普爾500指數年化報酬率

期間	高點	低點
1 年期間	54.2%（1933）	−43.1%（1931）
5 年期間	28.6%（1995–1999）	−12.4%（1928–1932）
10 年期間	19.9%（1949–1958）	−1.38%（1999–2008）
20 年期間	17.9%（1980–1999）	3.1%（1929–1948）

資料來源：先鋒集團使用標準普爾的數據計算。

　　如果你的投資組合早些年意外獲利40％，你很可能開心的不得了。但是，如果在第四個十年，你的帳戶餘額更高時，才拿到這40％的獲利，你會不會更開心？80萬美元的40％（32萬美元），會比8,000美元的40％（3,200美元）更讓人開心。

　　損失則是另一回事。如果早些年投資組合價值為8,000美元時，損失40％，你還有很多年可以等回升。但假設40％的損失，發生在第四個十年。80萬美元損失40％是一大筆錢，而且你也沒什麼時間等反彈了。（正因如此，在年紀漸長時轉向更保守的投資組合，通常是明智之舉。）

　　由於你無法預見投資組合會如何發展，你或許會想徵求專業人士的協助。你可以付錢聘用財務規劃人員，去做所謂的蒙地卡羅分析（Monte Carlo analysis）。他們會使用精密的軟體，根據各種推估的財務報酬率、稅金和儲蓄率、通貨膨脹、投資組合建構以及其他變數，進行模擬之後，告訴你可能的結果以及投資組合的成功

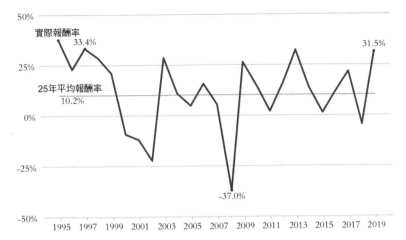

圖5.3　1995-2019年，標準普爾500指數年度總報酬率

資料來源：先鋒集團使用標準普爾的數據計算。

率。舉例來說，你聘用的規劃人員也許會告訴你，在他測試的情境當中，你有六成機會可以達成財務目標，四成的情況下你會失望。如果你不滿意這個結果，你可以假設你要提高投資金額，請對方再模擬一次，就這樣繼續做下去。一直到你每個月提撥的投資金額，能達成你可以接受的成功機率為止。

　　但你不用付錢給別人去做精密的情境測試，也能保護自己免受不樂見的狀況衝擊。換言之，你可以靠著自助式的方法成功，只要使用非常保守的規劃假設就好了。

用簡單的工具算出「多少錢才夠？」

　　你的財務規劃不用很精細，可以就是在手持型的計算機上按幾個按鈕，粗略地在信封後面草草寫下幾個推估值。另一方面，你也可以找到很多工具，幫你推出在一定的投資報酬率下，要存多少錢才能達成設定的目標。投資產品公司和金融服務公司都提供多種計算器，或者，你也可以從許多財務規劃應用程式或套裝軟體中選擇。

　　這些規劃工具的好處，是讓你可以針對不同的條件做比較：如果通貨膨脹不是3％、而是5％，那會怎樣？如果投資的平均年報酬率不是9％、而是6％，那會怎樣？如果你想要在62歲退休、而不是65歲，那會怎樣？這些因素都會影響以下這個大哉問的答案：你的錢足以達成目標嗎？如果你想要知道，該如何為了退休配置存款，這種情境規劃特別好用。好消息是，你不用成為經濟學家或投資專業人士，就能自己在家裡做這項練習，投入一點時間，你就能得到大大的好處，換取未來幾十年的平靜自在。

「虐待數據直到數據招認為止」

　　保守假設未來投資的表現，本來就比根據最近市場表現來做假設，更安全一點。當然，你預估的未來報酬率愈低，就需要投入更多資金，才能支持你的投資計畫達成同樣目標。如果你預設自己的際遇不會太好，就會嚴守紀律儲蓄，成為保守的投資人。假如最

後證明你太保守了，實際上發生最意外的事情，會是投資組合的資金多過你的期待，讓你大為驚喜。

如果你的預測過度樂觀，到最後卻全都錯了，你恐怕就要面對非常不同的結果。假如你非常看好未來的報酬，得出的結論是，因為市場的慷慨會助你一臂之力，你不需要放太多錢進去投資方案就能達成目標。那麼假設市場的成果不如你預測得豐碩，或者市場漲跌的時機對你不利，到最後你能握有的資金，很可能比你想像中少很多。

請記住，人總是很想用最樂觀的假設來做預期。正因如此，你不應該先決定要存多少錢、並判斷這些錢又能再為你賺進多少錢，才去做財務規劃。你一定要先找出可以支持合理答案的假設。你想要「找出」答案，想知道如果你只存一點點錢來支應退休生活，是否也過得下去嗎？只要假設你一年能夠賺20％，而且通貨膨脹率低到可以忽略不計，答案就會是肯定的。但是真的會出現這麼美好的情境？我不認為。（最好的投資心態是，我稱為「虐待數據直到數據招認為止」。換言之，就是處理數據，直到得出你想要的答案為止！）本書多數和股票投資相關的假設情境裡，我基本的平均年報酬率推估值是8％，比歷史數據稍微保守一點。

而我在做自己的規劃時，還會更保守。為求穩當，我一向假設我的所得會以緩慢的步調成長。我推估的投資報酬率，也總是僅比通貨膨脹率稍高一點，設定實質報酬率約為3.5％。回到1980年代，當時的我要決定替孩子的大學教育基金存多少錢，那時很少有精密的財務規劃工具可用，因此我手拿計算機自己算。我做的假設

一向很保守，推估扣除通貨膨脹後，投資年報酬率為1％到3％。因此，當事實證明，實際情況比預期中好（由於我做的假設非常保守，這種情況常常發生），我就會覺得很幸運。

老生常談也很重要：你在做財務規劃時如果保守行事，長期下來你會是勝出者。保守的推估會刺激你多存一點，也會讓你減少消費。這樣一來，你通常會碰上驚喜、而不是驚嚇，同時也會成為更心滿意足的投資人。如果你太過保守，到最後手上的資金超過預期，這不是太痛苦的景象，對吧？你可以這麼看：你能過得更有餘裕，也可以付出給予。我相信在做規劃時，要聽從墨菲定律（Murphy's Law）：「可能出錯的事情，就會出錯。」但我更相信奧圖推論（O'Toole's Corollary）說的：「墨菲太樂觀了。」如果你想要累積財富，請謹記奧圖推論。

總結

在判斷要投資多少錢才能達成目標時，保守推估未來投資報酬是明智的做法。以下是一些考量因素：

- **同樣是一塊錢，未來買不到同樣多的東西**：通貨膨脹會侵蝕資產的購買力，因此，你需要的錢可能比你想像中更多。
- **不能保證你投資賺到的報酬，符合歷史的長期平均值**：如

果你對於未來的報酬過度樂觀，很可能無法達成目標。

- **你的投資組合何時賺得報酬大有影響**：強勁報酬（或是大幅下跌）如果發生在投資晚期，造成的影響會比在早期更大。為何？因為你的投資方案裡，有更多資金可以享受到漲幅（或是面對虧損）。

- **保守 vs 積極的報酬預期**：用較保守的假設估計未來市場報酬，會幫助你養成更嚴謹的儲蓄紀律，並且成為更專心一致的投資人。如果你假設市場會幫你大忙，你有可能無法達成長期目標。

PART II

建構合理的投資組合

Construct a Sensible Portfolio

| 6 |

平衡與分散能幫助你一夜好眠

　　假設你找到了目標，也決定要發展出一套達成目標的投資計畫。現在，你可能準備好要聽我談如何選擇投資。我很快就會討論這個主題。但首先，我們得因應一個重要的策略性議題。想要建構合理的投資組合，你必須先決定需要哪些類型的投資。在本章中，我會從基本、常識性的原則，來談如何建構投資組合，之後再來講如何選擇特定的股票基金和債券基金。

　　實際上，身為投資人，你只要記住兩項基本原則：平衡和分散，就可以做得很好。「平衡」指要持有不同的投資類別。畢竟，各類資產的表現通常大不相同，因此，不太可能同時讓你失望。「分散」指要把錢分散開來投資，所以就算不同資產類別中的單項資產大幅下跌，也不會對投資組合造成嚴重損害。**平衡和分散可以幫忙管理投資一定會有的風險**。請注意，我說的是管理風險，而不是消除風險。如果你跟著我一路讀到這裡，你就會知道，投資要賺得任何有意義的報酬，勢必要承擔一定程度的風險。講到平衡和分散，我們談的是如何運用策略，確保你不用承擔高於預期的風險。

　　如果你持有的投資組合很平衡，涵蓋各種投資類別，你也在

這些類別當中分散投資，你就可以避開因為把所有資金都壓在一家公司股票或債券、或是少數幾家公司股票或債券，所伴隨而來的風險。你擁有的分散得宜平衡投資組合，波動性會低於集中持有單一股票或債券的投資組合。另一方面，分散得宜的平衡投資組合的報酬模式會更平穩，你比較能在夜裡睡個好覺。這不只是學術理論而已，而是真的能發揮作用的實務策略。

平衡與分散通常放在一起講，彷彿兩者可互相代換，且讓我們更深入檢視這兩個詞：

- 平衡投資組合指在三大資產類別（股票、債券和現金投資）當中，至少投資兩種。
- 分散投資組合是指，投資不同公司（或其他發行機構，例如州政府和市政府）所發行的具多樣性的證券。分散的股票投資組合不會集中在任何單一個股或產業，而分散的債券投資組合也不會集中在單一債券發行機構、或單一類債券發行機構的債券。

同時採用平衡且分散這兩項原則，威力無比強大，就好像是兩頭牛，你會想要把自己的投資牛車交由它們穩穩往前拉。

且讓我們將這些原則，應用到一個投資多項證券的假設性投資組合上。假如你的資產平均分成三部分：三分之一投資A公司的股票，三分之一投資B公司的債券，剩下的放C銀行，你在這家銀行有付息的儲蓄帳戶，還有一些短期存單。這確實是平衡的投資組

合，因為三大資產類別都有投資，但是並未分散。如果A公司或B公司的主要業務逆轉造成衝擊，你就會損失很多錢。

假設你分散投資組合，買了100家而不是一家公司的股票，並持有100家公司發行的債券。就算當中有某一家公司陷入麻煩，你也不太可能蒙受財務損失。

平衡策略，如何幫你打贏投資戰？

就算你是投資新手，也能從生活的其他面向，理解平衡的價值。比方說，如果可以選，多數人可能要吃冰淇淋、不吃羽衣甘藍。但我們知道冰淇淋不健康，也明白如果每天吃各式各樣營養的食物，精力會更充沛，也可能更長壽。

平衡對於你的財務健全度來說同樣重要。無論投資組合是幾十億美元的捐贈基金，還是一般的個人退休帳戶，投資範疇涵蓋三大主要資產類別，是降低風險的好方法。股票、債券和現金投資通常不會同漲同跌，某一類資產表現不好時，至少還會有另一類資產表現尚可。

且讓我們來檢視歷史績效數據，以理解你為何要以平衡原則投資。雖然美國與國際股市的表現長期多半優於債券和現金投資，但通常股票也會有很長的期間（有時候持續好幾年）敬陪末座。表6.1顯示，在1995年到2019年的二十五年期間，當中有十七年，美國股市表現確實優於債券和現金，但是，股票也有八年輸給債券或現金，或是落後兩者。在那八年，如果你把所有錢都投入股市，你

可能會覺得糟透了，尤其是出乎意料、必須提出投資資金時，更是如此。（順便插一句，有些時候國際股市會勝過美國股市，特別是2002年到2007年這段期間。這就是支持把投資組合裡的股票配置，分散到海外市場的立論點。）

投資組合要平衡的主要理由之一是，在投資組合某個部分表現不佳時，平衡投資可以讓你平穩情緒。就算你很清楚，從歷史資料來看，股票長期年報酬率為10％，但很多時候你還是不太安心。比方說，在2000年到2002年這段期間，股票市值蒸發了49％；或者，2008年時，股票一年的跌幅就高達37％；又或者，2020年初，股票在幾個星期內就迅速跌掉34％。

關於平衡，要記得一項重點：在特定的時間點，這套策略會看起來很笨拙。2019年時，你或許會認為：「我早該把所有的錢都投入美國股市才對！」換成2018年，你的內心獨白也許變成：「我早該把所有的錢都投資在貨幣市場基金才對！」2011年時，你可能會自問：「我到底是怎麼了，什麼都買，偏偏沒買債券？」

表6.1　1995-2019年，主要資產類別報酬

	現金： 90天期美國 國庫券	債券： 美國整體 債市	非美國 股票	美國股票： 美國整體 股市
1995	5.74%	18.47%	9.94%	36.45%
1996	5.25%	3.63%	6.68%	21.21%
1997	5.24%	9.65%	2.04%	31.29%
1998	5.05%	8.69%	14.46%	23.43%
1999	4.74%	−0.82%	30.91%	23.56%
2000	5.96%	11.63%	−15.09%	−10.89%

2001	4.09%	8.44%	-19.50%	-10.97%
2002	1.70%	10.26%	-14.67%	-20.86%
2003	1.07%	4.10%	41.41%	31.64%
2004	1.24%	4.34%	22.32%	12.62%
2005	3.00%	2.43%	17.54%	6.08%
2006	4.76%	4.33%	28.36%	15.72%
2007	4.74%	6.97%	17.39%	5.59%
2008	1.80%	5.24%	-46.15%	-37.04%
2009	0.16%	5.93%	44.63%	28.76%
2010	0.13%	6.58%	12.98%	17.28%
2011	0.08%	7.92%	-14.25%	1.08%
2012	0.07%	4.32%	17.60%	16.44%
2013	0.05%	-1.97%	15.59%	33.51%
2014	0.03%	5.85%	-3.39%	12.58%
2015	0.03%	0.44%	-4.29%	0.40%
2016	0.27%	2.75%	4.72%	12.68%
2017	0.84%	3.63%	27.41%	21.19%
2018	1.86%	-0.08%	-14.61%	-5.17%
2019	2.25%	8.87%	21.80%	30.84%
平均年報酬率	2.38%	5.58%	5.93%	10.24%

資料來源：由先鋒集團計算。代表美國股票的是，到2005年4月22日的道瓊美國全股市指數、到2013年6月2日的MSCI美國市場指數，以及之後的CRSP美國全市場指數。代表美國債券的是，到2009年12月31日的彭博巴克萊美國綜合債券指數，和之後的彭博巴克萊美國綜合流通性調整債券指數。代表非美國股票的是，到2003年的MSCI美國除外全世界指數（MSCI All Country World ex U.S.）和之後的富時全球全市值（美國除外）指數（FTSE Global All Cap ex U.S. Index）。代表現金的是，富時三個月美國國庫券指數。

　　每當你質疑起平衡的妙處時，請記得戰術與策略之間是有差異的。戰術著重的是短期益處，策略放眼長期。戰術或許能讓你贏

得一場戰役,但你需要策略才能打贏整場戰爭。以平衡投資組合來說,你能賺到的報酬,確實不如你把所有資金投入當年表現最好的投資類別,問題是,你無法事先知道拔得頭籌的會是哪一類。平衡策略讓你可以不用自欺,自以為有能力預測未來。

你可以從表6.2中看到平衡的優缺點。如表6.2所示,從1995年到2019年的二十五年期間,三種平衡投資組合的表現都輸給美國股市。然而,在這二十五年期間,有五年股票會虧錢。雖然平衡投資組合在這幾年當中也有損失,但幅度小很多。在市況艱困的期間,持有平衡投資組合會給你繼續堅持、並持續投資的勇氣。

有些時候你會受到誘惑,想要棄守平衡原則。多年來,很多投資人對我說過一些故事,講到某種資產類別的表現飆漲,他們再也忍不住,因此放棄平衡投資組合,把所有資金轉到表現最好的類別。之後,無可避免的,這類資產的報酬表現很快就趨向長期平均值,投資人也發現自己的投資組合縮水了。

1980年代初期,貨幣市場基金(從過去來看,平均年報酬率約為4%)的報酬率忽然之間達到14%到15%,資金紛紛湧入。然而,高額的報酬率僅持續了幾個月。在1980年代與1990年代大部分時候,股市忽然上漲並持續表現出色時,將所有資金砸進貨幣市場基金的人,又必須快速轉移資金。

很多投資人假設他們能辨別市場週期何時結束、另一個週期何時開始,但就我的經驗而言,長期下來基本上沒有人能持續做到這一點。市場的變動多半很快出現,變化發生時,幾乎無聲無息,不管是專業人士還是非專業人士,都難以察覺。事實是,我們都在

表6.2 1995-2019年，平衡投資組合的報酬

	美國股票 美國整體股市	平衡投資組合 80%股票+ 20%債券	平衡投資組合 60%股票+ 40%債券	平衡投資組合 40%股票+ 60%債券
1995	36.4%	32.9%	29.3%	25.7%
1996	21.2%	17.7%	14.2%	10.7%
1997	31.3%	27.0%	22.6%	18.3%
1998	23.4%	20.5%	17.5%	14.6%
1999	23.6%	18.7%	13.8%	8.9%
2000	−10.9%	−6.4%	−1.9%	2.6%
2001	−11.0%	−7.1%	−3.2%	0.7%
2002	−20.9%	−14.6%	−8.4%	−2.2%
2003	31.6%	26.1%	20.6%	15.1%
2004	12.6%	11.0%	9.3%	7.7%
2005	6.1%	5.4%	4.6%	3.9%
2006	15.7%	13.4%	11.2%	8.9%
2007	5.6%	5.9%	6.1%	6.4%
2008	−37.0%	−28.6%	−20.1%	−11.7%
2009	28.8%	24.2%	19.6%	15.1%
2010	17.3%	15.1%	13.0%	10.9%
2011	1.1%	2.4%	3.8%	5.2%
2012	16.4%	14.0%	11.6%	9.2%
2013	33.5%	26.4%	19.3%	12.2%
2014	12.6%	11.2%	9.9%	8.5%
2015	0.4%	0.4%	0.4%	0.4%
2016	12.7%	10.7%	8.7%	6.7%
2017	21.2%	17.7%	14.2%	10.7%
2018	−5.2%	−4.1%	−3.1%	−2.1%
2019	30.8%	26.4%	22.1%	17.7%
帳戶投資 10,000 美元 的最終價值	$114,315	$99,237	$82,824	$66,635

資料來源：由先鋒集團計算。代表美國股票的是，到2005年4月22日的道瓊美國全股市指數、到2013年6月2日的MSCI美國市場指數，以及之後的CRSP美國全市場指數。代表美國債券的是，到2009年12月31日的彭博巴克萊美國綜合債券指數，和之後的彭博巴克萊美國綜合流通性調整債券指數。

事後才看出來，重大的變化原來這麼明顯。

　　我第一次遇到的變化，是一段長期牛市剛要展開的時候。事情發生的時間點就在我於1982年夏天剛踏入共同基金業後的一個月。沒有人看出來市場即將進入史上最長的牛市之一。朋友對我說，我居然在沒有人在股票上賺到錢時加入共同基金業，我一定是瘋了。我認為，我在事業上採取了很棒的行動，因為我加入了一家好公司。但是，我從來沒猜到我任職的公司以及其他同業，很快就會因為市場飛漲而快速成長。

　　人們在1982年夏天時悲觀看待股市，但這不能怪誰。從1972年到1981年，股票的平均年報酬率為6.5％，這段期間的年度通貨膨脹率平均值為8.6％。扣除通膨之後，投資股票實際上每年還要倒虧2.1％！如果貨幣市場基金的報酬率達到15％，哪會有人想要持有股票這種高風險的投資？但1982年8月13日，牛市又站穩了腳步，而且長達十年，股票的平均年報酬率為17.5％，貨幣市場基金則平均為一年7.3％。

　　透過後見之明，我們可以看出很多時候，動能忽然從一種資產類別轉到另一種，過去五十年間就有好幾次戲劇性的範例：

- 1973年1月11日。1972年時股票的年報酬率為18％，但自

1973年開始，二次大戰後最嚴重的熊市便蓄勢待發。股價在1月11日時觸頂，熊市持續到1974年10月，這段期間股票下跌45%。從1973年到1982年，股票年報酬率平均值為7.6%，低於歷史常態。

- 1981年12月31日。到1981年為止的五年期間，以巴克萊美國投資級公司債指數（Barclays U.S. Corporate Investment-Grade Index）衡量的投資級公司債，一年平均的報酬為0.8%。但是，新年帶來了好消息，1982年債券的報酬率達39%，未來十年的平均年度總報酬率則為15%。

- 1987年8月25日。股市之前一直很熱絡，8月25日時股價來到最高點，過去十二個月的報酬超過35%。但是1987年10月的大崩盤即將發生。10月19日，股市市值單日蒸發超過20%，投資人的財富也少了5,000億美元。（從8月25日算起，總虧損幅度超過33%，也拉低了十年的歷史平均值。）

- 2000年3月24日。1987年12月，股市開始從當年10月的崩盤復甦，之後的十二多年，報酬率超過750%。成長型股票在這段牛市的後期階段，創造出非比尋常的高報酬，科技股尤其亮眼。2000年泡沫破裂，股票在之後兩年半下跌超過49%。

- 2007年10月9日。科技泡沫破裂後，股票從2002年10月9日到2007年10月9日，上漲了133%。但之後，發生了全球金融風暴，從2007年10月9日到2009年3月3日，股票

下跌57％。

- 2020年2月19日。從2009年3月9日到2020年2月19日，股票的累積報酬率達驚人的530％，然後，股市出現史上一次最讓人吃驚的逆轉，在接下來二十三個交易日裡，股票下跌近34％。另一方面，債券發揮了緩衝作用，這段期間的報酬率為－1％。

這些轉變時刻告訴我們一件事：要認出動能何時從一類資產移轉到另一類資產，或者從一類產業轉移到另一類產業，極為困難。就算你試著要在正確的時間，把投資組合從股票轉到債券，或從債券換到股票，也不太可能做對。還有，請想一想你浪費的心力，以及你回頭檢視、並追悔自己的行動時，所引發的心理傷害。比較好的做法是堅守平衡策略，節省心力，不要去追逐更高的報酬。

好險沒重押！用分散降低風險

分散是建構投資組合時，另一項要記住的原則。如果你投資各種不同的股票、債券和貨幣市場證券，你的投資組合不僅符合平衡原則，也很分散。分散可以降低把太多資金投資在單一公司股票或債券，所引發的風險。「特定風險」（specific risk）一詞，就是用來指稱和這類投資有關的風險。學界人士會針對特定風險，對你做一番縝密冗長的簡報。但就我來看這很簡單，一句老話就解決

了：不要把所有雞蛋放在同一個籃子裡。

投資人有時候會問，某家公司會不會比其他公司更安全，可不可以集中持有。如果你多想一下，就會知道，除非你能夠預知後勢的發展，不然答案就是不行！一家公司很可能積極經營不同產業，但是領導整家公司的是同一個團隊，這些領導者都是會犯錯的凡人。常有人引用波克夏海瑟威當範例，說這是一家非常分散、表現非凡的公司。雖然波克夏海瑟威投資很多不同的業務線，但別忘了，公司也只有一位董事長和一個董事會。這家公司很好，但若你投入高比例的資金買該公司的股票，就要承擔極高的特定風險。

多年來，很多備受肯定的公司，都因為種種原因而走下坡，例如獲利下滑，或是要承擔法律責任。我們也聽說很多歷史悠久的大公司，在其他公司一帆風順的時候，卻出現嚴重衰退。例如，1970年代石油危機過後的幾年，許多已經習慣低廉能源價格的公司，都要辛辛苦苦去適應新的環境。或者，也有公司因為新興起的對手而受到干擾。回想一下，當Netflix和主營電影租賃服務的Redbox在市場上積蓄出動能，百視達的下場是什麼。（提示：百視達退出市場。）

有些投資人在雇主資助的退休方案中，持有自家公司股票。你當然有很多好理由去投資自家公司的股票，但這會讓你暴露在特定風險中。我會建議，自家公司股票在你整體投資組合中的占比，不要超過10％。你也要想到的是，萬一你待的公司真的遭遇險阻，你不僅投資組合會有損失，工作也可能不保。

分散的好處也適用於債券。如果你持有一家公司的債券，當

該公司因為管理階層犯錯或是其他原因，導致信用品質有變化，你就會受到影響。這表示，如果此時你必須出售債券，就會虧損。或者，更糟的是，如果該公司債務違約，你就血本無歸。你會很驚訝地發現，真的有這種事！想一想全球金融危機爆發時的雷曼兄弟。2008年9月10日，該公司的債務評等很高（A2級），五天之後，雷曼兄弟破產，債券持有人嚴重損失。然而，持有多家發行機構的債券可以替你降低風險。比方說，共同基金持有幾百家發行機構的債券，若一家付不出利息或本金，對於投資績效的影響也微乎其微。

基本功：平衡原則歷久不衰的吸引力

平衡原則就好比是一件海軍藍外套，你可能會開玩笑說這土氣又乏味，但一而再、再而三，你會看到它很可靠。且讓我來和你講講先鋒威靈頓基金（Vanguard® Wellington™ Fund）的故事。如果用穿衣打扮來比擬基金，威靈頓基金就是海軍藍外套配上灰色法蘭絨長褲。

這檔在1929年7月1日開始運作的平衡式共同基金，可謂從一開始就和別人腳步不一致。當時，美國正朝著「咆哮二〇年代」的榮景巔峰邁進，威靈頓基金卻是一檔平衡式基金，投資以優質股票和債券建構的合理組合，來降低風險。創辦人摩根，是身處投機盛行時代的保守投資人。當時，誰在乎債券？誰在乎風險？股票投機已經變成全美的休閒嗜

好。然而，股市在當年夏天觸頂，三個月後就發生史上最嚴重的股市崩盤。由於摩根先生的睿智，這檔新的基金撐過了崩盤，以及隨之而來的經濟大蕭條。

最初名為工業與電力證券公司（Industrial and Power Securities Company）的威靈頓基金，繼續撐過二次大戰、1960年代的巨變、1970年代的經濟衰退、1980年代和1990年代的繁榮，以及2000年代的動盪。威靈頓基金屹立不搖，幾乎贏過其他同樣於1929年進入市場的677檔基金。其他基金多半都是積極的股票基金，用借來的錢投資。在股市崩盤之後，這些基金的股份價格就像是沉入水裡的石頭一樣。

如今，威靈頓基金已是美國最老牌的平衡型共同基金，擁有1,030億美元，也是規模最大的基金之一。隨著平衡原則的概念受到投資人青睞或遭到鄙夷，這檔基金多年來也在討喜與不討喜之間來去。比方說，從1970年到1984年，每年從基金流出的資金都高於流入的資金。但是這檔基金的歷史證明了，穩健平衡的投資策略永遠不會過時。

從1990年到2019年的三十年來看，威靈頓基金的平均年報酬率為9.5％，相較之下，同期標準普爾500指數則約為10％。對於一檔約為65％股票加35％債券比例的基金來說，還算可圈可點。這表示，基金的波動幅度僅有標準普爾500指數的65％。假設有人在1990年，提撥1萬美元到個人退休帳戶、買進威靈頓基金，然後就放著三十年不動，到了

2019年年底，餘額將達到15萬2,256美元。如果考慮這三十年間的通貨膨脹因素，這筆錢的實質價值將為7萬4,719美元。我的重點不是要吹捧威靈頓基金（或是鼓勵你一定要投資此標的），而是想指出，平衡與分散已經證實為有效的投資策略，而非理論而已。

請記住，很多時候你會因為持有分散投資組合而感到後悔，就像有時候你會因為採行平衡策略而懊惱一樣。如果你有預知能力，知道來年持有部位中，誰的表現最好，你就可以集中火力大賺一筆。然而，分散意味著，你要放棄本來有機會賺到的利得。在分散投資組合裡，總會有一些明星，但也總會有拖累報酬的投資。因此，在不同的情境下如何掌控情緒，是非常重要的事。你可以敲自己的頭並說：「真希望我（或是我的基金經理）有腦袋，把所有錢都拿去買亞馬遜、蘋果或特斯拉。」（或任何當時一枝獨秀的明星。）但請試著轉念：看看基金裡績效最差的投資，你應該高興你沒有把所有的錢都拿去買那一檔。

不管是個人或共同基金的投資組合，都和分散原則息息相關。當然，該原則也適用於由多檔共同基金組成的投資方案。畢竟，只投資某些市場區塊的基金會有特定風險。1999年時，某些科技類股基金漲幅達三位數，但在2000年與2001年卻重挫。在科技泡沫的高點時，很多人（專業人士和一般投資人都有）嘲弄分散原則，說這個概念已經過時。的確，堅守平衡與分散原則的投資

人，錯過多數科技股的短期榮景。但是，等到波動平息之後，平衡型投資人報酬高得多。即便是今日，我都看到有些文章聲稱，傳統的60％股票加40％債券投資組合已死。我向你保證，若要說平衡型投資組合已死，借用馬克‧吐溫的話叫：「太過誇張了。」

以下有個放棄分散原則的悲劇範例。網路泡沫破滅後的幾個月，我和一位快要退休、懊悔莫及的投資人談話。她在1999年網路熱高點時，解掉廣泛分散的先鋒股票基金，把錢拿出來投入另一家公司的科技基金。然而，科技類股與成長類股普遍重跌後，她損失了80％的本金。如果她守住廣泛分散的股票基金，損失幅度僅有15％。她繼續說：「布倫南先生，等到我的科技基金損益兩平時，我就要把錢挪回先鋒集團。」讓人難過的是，她等了好幾年才等到。此外，期望壞投資能回到損益兩平的局面，是很危險的想法，我們之後會談這一點。

案例研究：報酬率更高、但風險更低？

且讓我們更貼近檢視，分散的股票投資組合如何降低風險。為了舉例，我們建立了11檔假設性的股票投資組合，並檢視它們在2020年6月30日截止的五年期間內，有何表現。以分散程度來說，從投資組合1（僅投資一個類股）一直到投資組合11（平均持有股票市場裡的十一個類股）。投資組合1全部投資能源類股。在這五年期間，能源是波動性最大的產業群。投資組合2平均投資金融類股和能源類股，前者是本期間內，波動幅度第二大的類股。依

此類推到投資組合11，最後這個組合投資整個股票市場。

　　如圖6.1所示，分散的投資組合大幅降低了波動性。投資組合納入愈多類股，波動幅度愈低。為了計算這類風險，我們使用「標準差」這個指標，這是以特定期間報酬上下震動的幅度為基準。（我在第11章會更詳談標準差）。事實上，投資組合11的波動幅度僅有投資組合1的一半，五年期間的報酬率也較高（為＋8.23％比－9.18％）。報酬率更高、但風險更低，是很棒的組合。

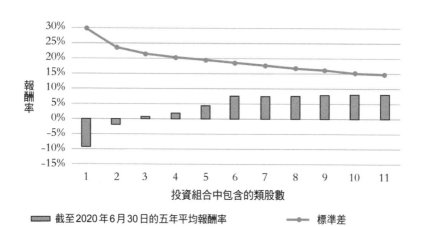

圖6.1　分散投資組合如何降低波動性？

資料來源：先鋒集團利用慧甚公司的標準普爾500類股報酬數據計算。

總結

若你採行平衡與分散原則,並在艱困時機也堅守此道,長期會為你帶來回報。

- **平衡原則能讓你的報酬模式更平穩**:持有由股票、債券和現金組成的平衡型投資組合,更能忍過市場必會出現的漲漲跌跌。
- **分散原則能降低風險**:持有由不同發行機構的證券組成的分散投資組合,可以保護你,免於承受把所有雞蛋都放在同個籃子的風險。

| 7 |

不管含金湯匙還土湯匙，
都要制定投資策略

　　組成投資組合的第一步，是要決定如何在股票、債券和現金投資之間配置資金。這是你的資產配置計畫，也是你要做的最重要投資決策。沒錯，**以投資報酬來說，你的資產組成比例（asset mix）的重要性，遠高於你最後選定了哪些共同基金或ETF**。這句話聽起來或許有點奇特，畢竟，金融業裡有很多人希望你相信，你的成功取決於能否聰明選股，與能不能買到對的基金。但他們錯了。（我刻意不討論房地產，因為很多透過買房子布局房市的人，不把這當成投資。我也注意到，很多股市大盤指數基金，也會透過持有不動產投資信託〔real estate investment trusts，REITs〕布局房地產。）

　　要把你的資產配置計畫，想成個人投資策略裡最關鍵的要素之一。不管是幾十億美元的退休金還是捐贈基金，都會根據目標資產組成比例，採行投資策略，你也應該這樣做。務必以白紙黑字寫下投資策略，並且和重要的財務紀錄一起收好，以強化你對自己許

下的承諾。我會在本章後文，提供一個投資組合策略的代表性範例。

我要特別提醒你一件事：你在線上檢視帳戶餘額時，很多投資產品供應商會提供配置的速覽，這是很有用的工具，但不要過於頻繁檢視資產組成比例、讓短期的變化迫使你經常改變投資組合。我們會在第15章，多談定期再平衡及其益處。

然而，你的投資組合裡應該全部都是股票嗎？還是，你應該分成股票和債券？又或者，應該分成股票、債券和現金投資。這要視情況而定。你的資產組成比例，應該配合你的投資目標、投資期間，還有，很重要的是，你的風險耐受度，並考量你的整體財務狀況。我們會在本章檢視，如何決定並建構適合你的投資方案，並再一次看到熟悉的風險／報酬取捨。

為什麼要在乎資產配置？（而且要很在意）

刻意聚焦在資產配置上有個很重要的理由，那就是這真的很重要！1986年有項重要研究，檢視不太做戰術性資產配置（tactical asset allocation；按：指根據市場環境及經濟條件，隨時動態調整資產配置）的廣泛分散投資組合，發現資產組成比例對於投資報酬的影響甚鉅，超過實際上選了哪些基金。這項由蓋瑞・布林森（Gary P. Brinson）、朗道夫・胡德（L. Randolph Hood）和吉伯特・畢鮑爾（Gilbert L. Beebower）[1]所做的「投資組合表現決定因

1　Brinson, Hood, and Beebower,"Determinants of Portfolio Performance," *Financial Analysts Journal*, 1986, 1991

子」（Determinants of Portfolio Performance）研究結果，如今已經受到投資業廣泛的認同，同意在建構投資組合的第一步，就是要審慎且刻意地決定，如何在股票、債券與現金投資等資產類別之間做配置。

遺憾的是，有些投資人沒有花足夠的時間，去思考自己的資產組成比例。他們要不是完全不管這件事，要不然就是以最後選定的投資標的，來決定資產組成比例。他們很可能在每次投資環境變動時，漫無章法地改變組成比例，股市漲時就把錢挪去買股票，股市跌時又換到債券。或者，他們有可能耗費時間精力，掙扎著到底要投資科技類，還是公用事業類的ETF，或者想著在幾百檔大型成長型基金中要買哪些，完全不去思考自己的整體投資策略。這些做法恐怕會產生讓人失望的結果。資產配置是策略性的決策，如果你制定了正確的策略，那麼，關於要買進哪些共同基金和ETF的戰術性決策，就簡單很多。

檢驗不同投資組合的風險／報酬特性

決定資產組成比例之前，你要先了解當中的取捨。每一種不同的股票、債券與現金權重組合，風險與潛在報酬率也不一樣。我們已經討論過，風險愈高的資產，長期多半可以提供較高的報酬率，但波動性較大；風險較低的資產創造的報酬率較低，但也比較穩定。因此，偏重股票的投資組合的歷史報酬率，長期會比偏重債券的高，波動幅度也比較大，也就不讓人訝異了。反之，以債券為

主的投資組合報酬率較低，但波動度也比較小。

　　表7.1以實務上的數據，來說明當中的取捨。舉例來說，從表中可以看到，以40％的股票加60％的債券構成的保守成長型投資組合，從1926年到2019年的平均年報酬率為7.8％。在九十四年期間，投資組合有十七年出現虧損，比例上約為五分之一。反之，全股票的投資組合平均年報酬率為10.3％，在九十四年裡有二十六個年頭都要面對虧損，約每三‧五年就要跌一次。（兩種投資組合表現最差的時間都是1931年，當年保守的投資組合虧損18.4％，積極型的投資組合則虧損43.1％。）顯然，如果你擁有的是積極型投資組合，你的心臟要很大顆才能長期堅持下去，賺得較高的長期報酬。

打造專屬投資策略的六大考量

　　你可以設計自己的投資方案，以創造出符合你需求的風險／報酬水準。要決定需求，你要考慮幾項關鍵因素。

#1：財務狀況

　　你的工作穩定嗎？存了多少錢？有多少債務？債務何時到期？這些問題將會幫助你釐清整體投資方案的優先事項。如果你存了很多錢，要達成同樣的特定目標就不用承擔太多風險，會比存的錢不夠時好很多。比方說，如果你單筆投入10萬美元，想要在二十年後增值為50萬美元，你需要的平均年報酬率是8％。但假如你

表7.1 1926-2019年，資產組合與過去績效

資產組合目標	組成要素	平均年報酬率	表現最差年度的跌幅	94 年期間出現虧損的年數
穩定	10%股票 80%債券 10%現金	5.8%	–6.7% (1969)	9
收益	20%股票 80%債券	6.6%	–10.1% (1931)	13
保守成長	40%股票 60%債券	7.8%	–18.4% (1931)	17
平衡成長	50%股票 50%債券	8.3%	–22.5% (1931)	18
適度成長	60%股票 40%債券	8.8%	–26.6% (1931)	22
成長	80%股票 20%債券	9.6%	–34.9% (1931)	24
積極成長	100%股票	10.3%	–43.1% (1931)	26

資料來源：先鋒集團。代表美國股票的是，1926年到1974年的標準普爾500指數、1975年到2005年4月22日的道瓊美國全股市指數、到2013年6月2日的MSCI美國市場指數，以及到2019年的CRSP美國全市場指數。代表美國債券的是，從1926年到1968年的標準普爾投資級公司債指數（Standard & Poor's High Grade Corporate Index）、1969年到1972年的花旗集團優質指數（Citigroup High Grade Index）、1973年到1975年的雷曼兄弟美國長期信評AA級公司債指數（Lehman Brothers U.S. Long Credit AA Index）、1976年到2009年的彭博巴克萊美國綜合債券指數，和到2019年的彭博巴克萊美國綜合流通性調整債券指數。代表現金的是，1926年到1977年的Ibbotson一個月美國國庫券指數（Ibbotson 1-Month Treasury Bill Index），以及1978年到2019年的富時三個月美國國庫券指數。

僅有5萬美元可投資，要在二十年內累積出50 萬美元，需要有出色的12％平均年報酬率才做得到。

另外也要考慮其他因素。假設你的工作不是很穩定，而且也沒有應急資金，把所有精力花在打造股票投資組合就很不智。你的第一步是要先建構短期債券和現金投資部位，讓資金到位。如果你失業了，這些儲備金隨時可用。假如你把未雨綢繆的資金全部放進股票裡，你就要承擔風險，被迫在不對的時機拿出來用，像是市場正在跌的時候。

基本功：個人投資策略範本

把你的個人投資策略想像成導航系統，在你的投資旅程中為你提供地圖並指引方向。你的策略宣言無須複雜，但要包含一些基本要項，如下所示：

財務狀況

年齡：＿＿＿＿＿＿。

投資組合金額：$ ＿＿＿＿＿＿。

月收入：$ ＿＿＿＿＿＿ 。

月花費：$ ＿＿＿＿＿＿ 。

債務：$ ＿＿＿＿＿＿ 。

適用稅率級距：＿＿＿＿＿＿。

投資目標

從投資組合中提領出來的資金，可以取代＿＿＿%的最後工作所得。以今天的貨幣價值來算，預估退休時需要$＿＿＿。

投資期間

四十五到五十五年（三十年後退休）。

風險耐受度

中度。

目標資產配置

整體：＿＿＿%股票／＿＿＿%債券。

職場退休方案：＿＿＿%股票／＿＿＿%債券。

課稅帳戶：＿＿＿%股票／＿＿＿%債券。

個人退休帳戶：＿＿＿%股票／＿＿＿%債券。

資產放置

不具稅務效率的資產，例如主動型基金和應課稅債券，放在具有稅務優勢的帳戶裡；把應急存款和具稅務效率的投資（指數型基金、ETF和個別證券）放在課稅的帳戶裡。

存款目標／順位

每年$＿＿，配置如下：$＿＿存入401(k)計畫，$＿＿存入羅斯個人退休帳戶，$＿＿存入要課稅的帳戶。

預估報酬率

平均年報酬率為＿＿％。

假設通貨膨脹率

每年＿＿％。

生命週期資產配置（glide path）

從60歲開始，每五年將股票部位減少＿＿％。

流動性

除了投資組合之外，持有現金$＿＿，等同於＿＿個月的花費。

其他考量

每年再平衡。

如果有利的話，盡量將免稅債券基金放進課稅帳戶裡。

#2：投資期間

你有多久時間可以累積資金？你動用時需要提領一大筆錢，還是長期慢慢提領？這類問題也會在你配置資金時指引你的決策。一般而言，你愈晚才需要動用資金，就愈有能力持有像股票這類波動性高的投資，尋求更高的報酬。

有兩條基本原則可以套用：

1. 如果要達成投資目標的期間少於五年，或許不應投資股票。這是基於市場風險的考量。你很可能面臨市場下跌時，卻必須賣出股票的處境。比方說，你正在存錢，希望在五年或更短期間內，存到房子的頭期款，那你應該安全地執行計畫，投資短期債券或貨幣市場基金，而不要投資股票。過去二十五年，有三個滾動五年期間，股票的投資報酬率為負值（2002年、2004年和2008年）。如果你在2000年代初期，為了想買房子而投資股市，把頭期款資金投入股市，那你租房子的時間，很可能比你設想中更長。

2. 如果你的投資期間很長，例如二十年或更久，而且可以忍受期間的波動性，那你主要應該投資股票。儘管貨幣市場基金和其他短期投資很適合用來保本，但長期來說不像股票這麼有成長性，甚至可能追不上通貨膨脹。

如果你在前述兩種極端情況的中間，比方說，你預設的投資期間是十到十五年，那麼，股債混合的投資組合或許就很適合你。

然而，你的條件因素也可以指引你，讓你知道若要達成這些中期目標，應如何配置資產組成比例。

關於投資期間，我還有一件事要說：時間有可能比你想像中更長。說到底，你不太可能某一天，就把你的退休帳戶、或孩子的大學教育儲蓄基金提領一空。你的退休階段也許持續三十年甚至更久，而大學學費也多半是分四年支付，或是更久。

#3：風險耐受度

你會覺得自己非常擔心根本不在掌控範圍內的事嗎？還是，你就是兵來將擋、水來土淹，接受壞消息總是會不時出現的事實？這些問題可以幫助你評估自己的風險耐受度。網路上有很多評估風險耐受度的測驗，如果你有興趣，可以花幾分鐘做一下，這可以幫助你判別自己對於風險的傾向。做測驗時要誠實以對，並好好想一下目前的環境。如果股市正走強，你很可能會認為自己很有能力承擔風險。但股市持續下跌時，你不見得這麼有信心。

你目前的財務狀況和投資期間都是很直接的因素，很好評估，但你的風險耐受度很主觀。沒有人知道如果投資出現虧損，或是投資組合長時間一蹶不振，你會多沮喪。很多人都不知道自己的耐受度是多少，要等到市場重挫、自己真正感受到喪氣時才明白。請試著這麼做：想像一下你收到了對帳單，上面說因為股市嚴重下跌，你的帳戶價值蒸發一半。事實上，有些人在2008年到2009年，就親身經歷這樣的局面。如果你光是想到損失這麼大筆就胃絞痛不已，全數投資股票的投資組合，恐怕會讓你惴惴不安。

雖然其他因素很可能會指向，你應該建構積極型投資組合，但你的風險耐受度比什麼都重要。你很可能想要持有一些股票投資以達成長期目標，但也應該用足量的債券和現金持有部位加以平衡，這樣即便市場大震盪，晚上你也睡得著。持有債券會給你持有股票的勇氣。（我們會在下一節檢視債券，並在第11章更深入探討風險耐受度。）

#4：債券的角色

　　長線投資人通常很快就會接受股票，但往往對債券比較沒興趣。有些人就是覺得債券很無聊，有些人則被債券嚇到了。下一章會更詳細來談債券，但因為我要談債券在投資組合裡的角色，在這裡會先提一些。債券常常被視為適合退休人士，或其他尋求固定收益來源者的投資標的。確實，如果你要找的是穩定的收益來源，就像很多退休人士那樣，那麼，固定支付利息會讓債券顯得很有吸引力。

　　然而，你不用是退休人士，也能欣賞投資債券的好處。我之前在本書中就提過，在投資組合裡持有債券，有助於抵銷股票的波動性。2020年初股市大跌，很多投資人發現，手上老掉牙的無聊債券基金，是很讓人安心的投資。如圖7.1所示，2020年初股價大跌時，債券成為緩衝。你可以看到，以60％的股票加40％的債券組成的平衡型投資組合，整個變動的軌跡比股票平順很多。

　　債券顯然非常複雜。我認識一個很聰明的人，她決斷地說她從來沒辦法弄清楚債券如何運作，因為她天生就沒有「債券基

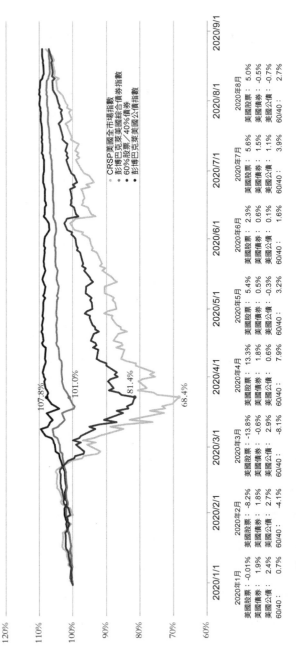

圖 7.1 債券在 2020 年成為股票波動性的緩衝

資料來源：先鋒集團利用慧甚公司的數據計算。60％股票加 40％債券的投資組合為 60％ CRSP 美國全市場指數，加 40％彭博巴克萊美國綜合債券指數。數據截至 2020 年 8 月 24 日。

因」。然而，你不用理解債券的所有錯縱複雜之處，也能在投資組合裡善用債券。換言之，你無須擁有債券基因，也可以投資債券或債券基金。

如果你曾經玩過蹺蹺板，就會知道債券如何變動。關於債券投資，你要了解的最重要一件事，是債券的價格和利率會反向變動。利率上揚，債券價格便下跌；利率下跌，債券價格就上漲。對新手投資人來說，這是很讓人迷惑的概念，但假如你把債券的價格和利率想成蹺蹺板，你就會記住了。

為何會這樣？假設你投資一張三十年期的美國政府公債，利率3％。如果現在普遍的利率漲到4％，其他投資人就會去買支付更高利息的新債券。任何心智正常的人，都不會支付全額買進利率3％的債券，因此，若你想要賣出債券，就必須接受價格低於票面值。但假如反過頭來利率下跌，新的政府公債現在支付的利率是2％，那你或許就能用高於之前支付的價格賣掉債券。

長線投資人應該忽略債券的上上下下。畢竟，如果你把投資債券當成長期投資策略的一部分，就不該太擔心任何的價格下跌。雖然看起來有點違反直覺，但事實上，債券價格下跌（尤其是長期債券）時，債券基金的投資人應該歡呼。債券價格在利率上揚時下跌，表示你把收到的利息款再拿去投資後，可以賺到更高的報酬。長期下來，這些再投資的利息款會變成財富的源頭，幫你累積出債券基金帳戶裡的多數財富。利率高，你累積財富也就更快。投資標的報酬率如果一年為7％，十年之後價值便可以翻倍；如果為6％，十二年便可翻倍。

#5：國際股票的角色

到目前為止，我們的討論都僅限於美國國內的股票和債券。這麼說吧，擴大投資範圍可以拉高潛在報酬（但也提高隨之而來的風險）。美國股市在全球股市中約占60％（截至2019年12月31日），而非美國股市，包括德國、日本以及英國在內的已開發國家股市，以及包含南韓和印度等新興國家股市，則占了剩下的40％。如果我說投資國際股市大有可為，算不算大膽妄言呢？

不過，假如你投資美國公司的股票，就已經是大規模布局美國以外的海外市場了。畢竟，美國很多企業有高比例的營收和利潤，來自世界各地的市場。然而，還是有一些原因值得你直接投資國際股市，其中一個主要的理由，就是海外業務提供的成長機會。很多重要產業的一流公司總部都不在美國，而且，亞洲、南美洲和非洲等新興市場經濟體也極具成長機會。此外，投資國際股市還可為你的長期投資組合增添分散度。另一方面，海外股市的報酬，通常和美股的變動方向不同，因此，持有國際股票有助於抵銷投資組合裡，美國股市的漲跌。想要在不承擔太多風險之下，享受分散投資組合的益處，請把你的國際股票持有部位比例，限制在不超過整體股票投資的30％。

在此同時，國際股票也有額外的風險，其中之一是匯率變動將會影響你的投資。強勢的美元會降低美國投資人持有的海外資產價值，美元走弱則會提高價值。（有些國際型的基金採行貨幣避險策略，以抵銷此種風險。）第二項要考慮的因素是政治風險，其他

國家發生的事件很可能導致你的投資出問題。尤其，在較不穩定、正在發展中的國家市場，政治風險是要特別強調的考量。

此外，國際型基金收取的手續費通常高於其他股票基金。畢竟，研究費用很可能就比較高，小型市場裡的交易成本也高一點。2019年時，國際型股票基金的平均費用率為0.69％，相比之下，美國股票型基金的平均值為0.56％，但也有收取費用較低的低成本基金和ETF。（資料來源：晨星。）

國際股票很可能比美國股票更動盪。從歷史上來看，單一國家和地區的基金，格外會出現大跌的情形。

如果你想布局海外市場，最好的辦法就是透過分散度很高的低成本共同基金或ETF。指數型基金在國際市場上的效果，和在國內的效果一樣。你可以找到追蹤歐洲與亞洲主要市場的指數型基金，也有新興市場和邊境市場（frontier markets；按：指經濟發展程度較新興市場低，金融市場成熟度和流動性也相對低的資本市場）的相關基金。

還有，請抗拒你的衝動，不要根據你或是專家所講的資金流向，去買進或賣出國際型基金。這是另一種形式的擇時交易。

我不太認為你需要在投資組合裡，挪一點資金出來布局國際債市。我認為，這類資產類別所帶來的小小分散益處，遠比不上它造成的額外成本與風險，而且還會讓投資組合更加複雜。

解析投資組合陷阱：當心黃金、大宗商品，以及其他風險性投資的誘惑

在本書中，我聚焦在股票、債券和現金等三大類資產類別。時不時，你會聽到有人推銷其他資產類別，例如商用不動產、黃金和貴金屬、木材、收藏品，諸如此類。這些投資確實不時能創造出強勁的報酬。還有，我也假設你會說，這些標的有助於分散投資組合，因為它們的表現和股票、債券以及現金非常不同。但它們的風險也很大，顯然不是穩健投資方案裡的要項。

雖然這些資產可以替大型投資組合帶來分散投資的益處，但也會增添複雜性，而且，從管理費用或時間來說，都是很昂貴的投資。你最好的辦法是完全不碰。畢竟，廣泛的股票與債券基金就能讓你布局這些類別，而木材、商用不動產或金礦熱絡時，你也可以受益，還不用承擔太多的風險。如果你覺得你必須投資這些標的，請不要把權重放到如同股票、債券或現金投資這麼高。

#6：為退休做打算

且讓我們以你的退休投資組合，來作為這一章的結束，因為這很可能是你的投資方案裡最大的一部分。財務顧問會針對一般投資人，設計出各種典型的投資組合模型。同樣的，目標日期基金也

會替正在為退休做打算的各年齡層投資人，提供現成的投資組合。市面上一系列的目標日期基金多半是以五年為一期，你可挑選最接近你退休時間的那一項。

投資組合模型和目標日期基金通常假設，投資人的配置應該隨著時間變動，風險水準要因為退休的日子逐漸接近而下降。20幾歲的投資人適用的投資組合是完全投資、或說是幾乎全數投資股票，之後幾年再慢慢加入債券。比方說，你20幾歲開始投資時的投資組合，可能是100％股票，到了30幾歲變成80％股票加20％債券，到了40幾歲轉變成70％股票加30％債券，依此類推。隨著你逐漸接近退休，持有的債券會多過股票。

雖然我非常支持目標日期基金，但它們也有缺點。畢竟，根據年齡為投資人設定的投資組合，不會適合每一個人。這類基金只看年紀，但你也必須考量你的目標、投資期間以及風險耐受度。假設你55歲，正為了退休而投資，而你計畫一直工作到65歲之後，從你的年紀無法完全講清楚你的投資期間。舉例來說，假如你有其他的財務後援，不需要過多的退休存款就能過生活，你很可能想要更積極投資，好為子孫多留點財產或捐給慈善機構。如果是這樣，你可以提高投資組合裡的股票比例，高於投資組合模型的建議。到頭來，重點仍是你自己的目標和財務條件。

你的風險耐受度，也可能使得你不同於其他為了退休而投資的人。假設風險讓你感到很不安，你會想要選擇，比模型或目標日期基金推薦的更保守的資產組成比例。比方說，40多歲的你不想採行70％股票加30％債券的配置方式，而是更喜歡股債各50％、

甚至30％股票加70％債券的組合。兩個風險耐受度不同的投資人，就算目標和投資期間一模一樣，也可能選擇不同的資產組成比例。我和一位大學時代的好友都生於1954年，我們40幾歲時剛好有機會做個比較。我們發現，雖然兩人生命中有很多共同之處，但我們的投資取向大相逕庭：他比較保守，我較為積極。然而，只要以量入為出的原則過生活，並且成為有紀律的儲蓄者，好處是你更有彈性，建構投資組合時你能保守一點，也可以更為積極。

這裡有一件事，要提醒很晚才開始替退休生活儲備資金的人：若你努力彌補錯失的時間，在承擔額外風險時請千萬、千萬要小心。有時候，你會因為積極投資而大有斬獲，但也可能大虧。然而，你承擔不起用退休儲蓄金放手一搏的後果。與其承擔額外的風險，工作久一點、錢多存一點或調整退休時的生活方式，是更切實的財富無虞之道。

總結

所謂的設計個人投資策略，指的是你決定如何分配資金到股票、債券和現金投資。這是建構投資組合時，很重要的第一步。你的股債組合應該是80％配20％、60％配40％，還是其他比例？請用「OTROC」法則來判定：

「O」是目標（Objectives）：你投資的目的是什麼？

「T」是期間（Time horizon）：你什麼時候要用到這些

錢？有些投資比較適合短期，有些適合中期，有些則適合長期。

「R」是**風險耐受度**（Risk tolerance）：市場波動的風險會讓你多緊張？

「O」是**其他投資**（Other investments）：你已經持有哪些投資標的？從平衡與分散原則來說，有哪些益處？

「C」是**選擇**（Choose）：根據這些因素，決定投資組合裡的資產組成比例。

| 8 |

共同基金和ETF：
簡單的分散投資方法

有句老話說，房地產裡有三點很重要，那就是地點、地點、地點。投資也有三點很重要，那就是分散、分散、分散。分散有助於你管理投資股票和債券必會出現的風險。

分散投資時可以選擇投資多種不同的股票，或者，也可以投資像共同基金這類套裝投資產品。我之前也說過，我堅信共同基金是投資辛苦錢的好選擇，包含共同基金和ETF都是。為了簡化，我在本章會使用「基金」一詞，來統稱傳統的共同基金，以及後來才出現的ETF。

靠個股快速致富？但是⋯⋯

你要如何參與金融市場？應該買個別證券還是基金？哪一種方法適合你？什麼方法可以帶來長期的投資成功？我要實話實說。即便你在網路上讀到很多靠投資個股而致富的故事，但我強力敦促

你不要效法。為何？風險太高，而且坦白說，少有人在做股票交易時可以不斷成功。一篇又一篇的研究證明了現實就是如此。

專業投資經理人選擇證券時，他們會深入研究一家公司，分析財務資料，並權衡競爭對手的表現指標、產業趨勢以及種種因素。然而，即便做了這麼多，仍無法保證一定能成功。把工作上所有心力（一星期40到60小時）花在研究這些因素的專家，也無法百發百中。事實上，多數選股的人無法勝過大盤的表現，原因有二。第一，要事先找到哪一檔股票會勝出，極為困難。第二，要消弭大幅拉低投資報酬的投資管理與交易成本，極為不易。以你來說，找對目標的機率恐怕也高不到哪裡去。而且，非專業人士在時間、資源與經驗等方面，本來就比不上專業的投資經理人。

管理由眾多證券構成的投資組合時，如何做對決策和避免錯誤是一大挑戰。假設你要評估一家公司，這家公司在產業大幅走揚的期間換了執行長、並把一個部門切分出去。你需要判定這些變化對公司來說，是好事還是壞事。你最好加快分析速度，因為你投資了幾十家公司，這只是其中一家，還有，每間公司的投資氛圍和業務展望都不斷在變化。

基本功：ETF商學院

ETF於1993年問世，我在寫這本書的第一版時，尚處於成形的階段，因此，第一版很少討論這類產品。自此之

後，EFT成為受監管的投資公司（亦即共同基金、封閉式基金，與單位投資信託〔unit investment trust〕等公司）成長最快速的產品，也有愈來愈多投資人和財務顧問選擇用這類產品，來建構平衡分散的投資組合。在此同時，以401(k)計畫等雇主資助的退休方案來說，共同基金仍是大宗主流。

這裡要說清楚的是，ETF屬於共同基金，但是兩者之間有個很重要的差異：買賣ETF可以像股票一樣，在交易日以現價交易；共同基金則是在交易日結束時計價。我認為，ETF的魅力在於：分散、容易買賣、具有稅務效率，而且成本低廉。我的列表和某些評論者不同的是，我沒有加上ETF可當沖交易的彈性。因為真心的長線投資人不應太在乎，要不要用當下最新的價格買賣。

如果這些還不足以讓你手忙腳亂，請記住，你還得管理自己的情緒。投資人常常會做出情緒性的決定，即便是專家，有時候也會這樣。當動能出現，你很難抗拒誘惑，不去賭市場、甚至個股的股價，會朝某個方向繼續走。市場上揚時，這股誘惑會要你買進；市場下跌時，則引誘你出場。

投資個股以快速賺得可觀報酬，這個概念對很多投資人來說，極具吸引力。挑出幾檔贏家個股，順勢搭上致富的順風車！但歷史告訴我們，即便是飆到天高的個股，也終究會跌回現實。來看看兩家很好的公司股票：思科（Cisco）和英特爾。1990年代初

期，思科的股價低於2美元，但到了2000年已經飆漲到歷史新高77美元，接下來，等到科技泡沫破裂，這檔個股在2002年時又跌到低點19.80美元。這檔股票近幾年有重新找回一些光彩，但歷經十八年也未能回到之前的高點。而英特爾也呈現類似的動盪起伏軌跡。兩家公司的表現都很好，但股票就是回不到世紀之交時，美妙但不長久的價格。

在我行文至此時，投資人顯然又迷上幾家表現極出色的科技公司。這些公司的大名就不提了，都是大家眼中想都不用想的好標的。我並不會預測這些股票未來會大跌，但是你應該意識到，熱門的股票到頭來很可能會冷卻。只要有股票市場，就會發生這種事。

基於我列出來的理由，多數人都會發現，要做到分散投資，最好的方法就是投資基金。很多基金持有幾百家、甚至幾千家發行機構的證券。事實上，你可以只利用兩檔基金，就用極高的效率，布局整個美國的股市和債市：一檔全股市指數基金，和一檔全債市指數基金。

此外，市場事件常常證明了分散投資的基金好處多多。2020年3月，美股在新冠病毒疫情爆發時跳水式人跌。但當時，共同基金的投資人處境，比幾百檔個股的投資人好很多。有一組數據可以確立這一點。3月時，在CRSP美國全市場指數3,476檔成分股裡，有345檔價值蒸發了50%以上，在所有成分股裡約占了10%。相比之下，當年3月僅有1%的股票基金，虧損幅度達50%以上。也就是說，在這段期間存在的3,683檔美國股票共同基金中，僅有4檔表現這麼差，對比非常明顯。

金融服務業最偉大的發明

我認為，基金是金融服務業中最偉大的發明，因為這讓一般人能以相對低的成本，輕鬆運用由專業管理、分散投資的資金池。今天，各行各業的千百萬投資人拿出自己的儲蓄，交付給基金以達成他們的財務目標。美國能從原本的儲蓄者之國變成投資者之國，這些投資是很重要的關鍵。美國基金業從1924年設立第一檔共同基金開始，到今天，管理資產總值已經超過26兆美元，幾乎半數的美國家庭都有投資共同基金。（資料來源：美國投資公司協會。）

基金背後的概念很簡單：很多人將資金集結起來，交給一家專業公司在特定市場或市場區塊裡替他們投資。每一檔基金都有一位投資組合經理人（或經理人團隊），負責根據基金公開說明書裡宣稱的目標，投資集結而來的資金。（公開說明書是必要的法律文件，詳細說明投資的內容。）舉例來說，目標可能是追求長期成長、賺取當期收益，或是在本金穩定的前提下創造合理收益。根據目標的不同，基金可以投資普通股、債券、現金證券，或是三者綜合。每一位投資人都按比例分享共同基金的投資報酬。

我在下一章會更詳細討論共同基金和ETF，但若你之前對基金沒興趣，你應該知道幾個讓基金異於其他投資產品的關鍵重點。

• 基金會把（扣除費用之後）的獲利分給股東。
• 每一檔基金都是由股東所擁有的獨有基金公司。但是，發

行基金的通常是一家發起公司，這家公司為基金提供投資管理與行政服務，並由基金支付這些費用。

- 共同基金的股價，是在每天市場收盤之後結算。以美國股市來說，就是美東時間下午四點。相比之下，ETF在整個交易日內，都可以根據基金標的證券的價值定價。

- 基金績效以總報酬（total return）表示。總報酬有兩項元素：一、基金會賺得利息和股利，要支付給股東；二、基金持有的證券股價會變動，出售證券會有資本利得，這些要轉嫁給股東。（請見本章稍後的基本功欄，以更詳細理解總報酬的概念。）

- 基金必須以標準化的格式呈報績效。共同基金提報績效時，必須陳述一年、五年與十年期間的報酬。在每一個多年期間，基金必須計算每年的平均報酬率，一般標示為平均年度總報酬率。標準化的提報方式，有助於你拿某一檔基金和同類基金與市場基準指標，一一做比較。

保護投資人的利益！基金的五大優勢

共同基金業歷史將近百年，受到大眾高度信任。理由之一是，基金和ETF創造了可觀的價值和效用，另一個原因則是，共同基金是美國證券業裡規範最嚴格的部分。基金非常透明，必須完整揭露政策、目標和風險、持有證券、營運成本和帳戶手續費，以及任何銷售費用或佣金。

能夠保有這種正直誠實的傳統，關鍵原因在於強大的監管架構。其中，美國證券交易委員會和美國金融業監管局（Financial Industry Regulatory Authority）是兩大監理機構。而規範基金的主要法律是1940年的《投資公司法》（Investment Company Act），這是一套全面且周延的客戶保護法案，效果已經通過時間的考驗。這套法律裡有很多條文意在確保基金根據股東的利益、而非基金發起機構的利益運作。我不會列出全部條文，但其中有一條範例是，共同基金董事會必須納入獨立董事，其職責僅在於保護基金投資人的利益。在基金的架構中，本來就有這些巧妙、但重要的保護投資人部分。

對投資人來說，基金的優勢可以簡單摘要如下：

- **分散投資**：將你和其他幾千位股東的資金集結起來，可以投資的證券數量就遠超過你個人能買的數量。一旦發生問題，影響到單一公司或其他發行機構的證券時，分散投資可以降低你的損失風險。
- **專業管理**：你不用決定要買賣哪些證券。相反的，可以取得大量公司和市場相關資訊的經驗豐富投資經理人，會替你做這些決定，並和技術能力強的證券交易員合作，以有效且具成本效益的方式，來進行證券交易。
- **流動性高**：你在任何一個營業日都可以把股份賣回給基金，也可以在交易日當中，隨時用目前的價格出售ETF，輕鬆拿回資金。

- **便利性強**：多數基金發起機構都有網站和應用程式，讓你存取自己的投資組合、監督基金、進行交易與取得稅務資訊。或者，如果你喜歡的話，也可以透過電話或是親自前往當地的分行辦事處，洽辦業務。
- **成本低廉**：與其他投資方法相比之下，多數共同基金相當便宜。由於規模經濟之故，共同基金可以壓低管理、服務和交易成本。**即便如此，不同的共同基金成本差異也很大，有些微乎其微，有些還蠻高的。因此，知道你付了多少錢，對於長期的投資成敗來說，至關重要。**

基金如何替你賺錢？

你投資基金是為了賺錢，因此，當你投入資金之前，要先弄清楚基金打算如何替你賺錢。基金獲利的方式不同，在許多方面都會對你造成不一樣的結果。

你要明白的第一件事，就是投資股票、債券和其他證券的話，有三種管道可以賺錢。

- **利息**：你可以賺取債券、貨幣市場工具和其他債務證券的利息。
- **股利**：公司把部分獲利分配給股東時，你可以賺到股票股利。不是每一家公司都會發股利，有些公司根本沒有利潤可以發給股東，有些則會把所有獲利保留起來，繼續投資

以維持企業成長。

• **資本增值：**你持有的投資標的價值成長時，你也可以受惠。

　　基金也用同樣的方式賺錢，從手中持有的股票或債券賺取收益（股利或利息），而在能獲利的條件下出售證券時，也能實現資本利得。基金必須把這些獲利分配給身為基金所有人的你。基金在配息時，通常是以每股的金額來表示。

　　不過，你能從基金賺到的錢還不只是這些。你可以把基金股份賣掉，或用來交換其他基金的股份（實際上，這也是一種出售）。出售基金股份時，如果價格比你買的時候高，你就賺到利潤。賣出這些股份你可以鎖住獲利，實現資本利得。

基本功：判斷績效的總報酬

　　共同基金的績效以特定期間的總報酬來表示，通常會列出一年、五年和十年的年化報酬率。總報酬是共同基金資產淨值的變化百分比，考慮了所有股利收益的再投資，以及基金所分配的資本利得，並且會扣除費用。

　　知道基金總報酬中的要項也很有用。總報酬可以分成資本報酬（亦即資產淨值〔net asset value，NAV〕的變動和任何資本利得分配）以及收益報酬（亦即利息和股利分配）。資本報酬的基準，是標的股市和債市的表現，通常會有波

動，而股票型基金波動最明顯，債券型基金波動溫和，貨幣市場基金全無波動。另一方面，股票的總報酬率收益要素通常很穩定，但因為通行利率常會變動，債券和貨幣市場基金會有比較大幅的波動。

圖8.1顯示不同類型基金的報酬元素。你會注意到，不同類型的基金在創造報酬時有極大差異，就連同是股票基金，彼此也大不相同。過去十年，成長型基金總報酬中有87%來自資本報酬，價值型基金的對應數字為66%。創造股利型的基金（例如股權收益型、股利成長型和平衡型基金），收益在總報酬中的占比多半較高。另一方面，成長導向的基金，其最高的報酬是來自於資產淨值增值，以及出售標的投資組合的股票。

除非你把基金放在具有稅務優惠的退休帳戶（比方說個人退休帳戶或401[k]計畫），不然的話，你收到基金分配的收益或資本利得，以及出售基金股份時賺得的任何利潤，都要課稅。另一方面，所得與資本利得適用的稅率不同，你要支付多少稅金，要視你適用的稅率級距而定。（在美國，免稅債券與貨幣市場基金的收益，通常無須繳納聯邦所得稅，但資本利得分配要課稅，就算是免稅基金也一樣。）

我們會在第10章討論稅金的問題。現在你只要記住，一般而言，你無法留下投資基金賺得的全部利得，就和其他你直接投資的

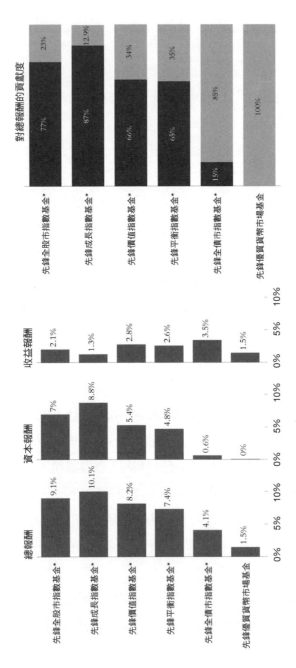

圖8.1 基金報酬要素（結束於2019年12月31日的十五年期間）

資料來源：先鋒集團。如果是使用各基金的海軍上將股份（Admiral Shares；按：先鋒集團持有的股份類別，出售對象為大額與長期投資人）計算者，加注星號。

標的一樣。即使你把獲利重新投資到基金股份上而不拿現金，同樣要繳稅。

投資，必須懂得取捨

基金並不完美，就像其他投資一樣，它也有缺點。或者，用比較正面的說法來講是有取捨。以下是幾項重點：

- **投資共同基金也會虧損**：共同基金帳戶和銀行帳戶不同，前者並沒有保險，聯邦存款保險公司（Federal Deposit Insurance Corporation）或其他政府機構也不提供擔保。你的股份價格會下跌，你的股利收益或資本利得款項也會減少。當然，你投資個別證券也要冒這些風險。其中的取捨是，你承擔虧損的風險以換取資本增值。
- **分散投資有取捨**：分散投資可讓你免因為單一證券的問題，而遭受嚴重損害。但同樣的，也無法讓你賺到，把所有資金投入價值一飛沖天的股票或債券時，能賺到的「大錢」。這裡又出現了風險／報酬的取捨。投資分散的基金，你的報酬模式就不會像試著賺大錢那樣大起大落。
- **成本大不相同**：我之前提過，投資共同基金的成本效益可能比較高。但是，你還是要注意，你在哪裡買基金以及被收了多少錢。倘若支付高額的營運費用和稅金，會嚴重折損你的投資報酬。說到底，身為投資人，你的績效是用扣

除所有成本後的表現來衡量。當然，用這個指標來算，有些高成本的基金仍然表現得很好，如果你僅注重成本，很可能會失之交臂。這是取捨問題，但是選擇權衡之後很值得的低成本投資，大大有利於提高你的勝率。

在此同時，不要「基點很會算，換成金額就不太會算」。一檔基金的費用率是0.03％還是1.03％，這兩者之間的差異是很有意義的。但如果費用率是0.03％與0.05％，差異則有限。

• **選擇多到讓人眼花撩亂**：根據2019年美國投資公司協會的數據指出，目前有800家以上的基金發起公司，發行超過1萬6,000檔基金。此外，某些基金還發行多種不同的股份類別，適用不同的手續費。有選擇是好事，選擇太多則有礙抉擇，這是另一種取捨。

總結

投資人要建構與管理由個別證券構成的適度分散投資組合，非常困難。然而，基金提供多項優點，能成為你投資組合的基石：

• **分散**：透過一檔共同基金，你可以投資幾百檔、甚至幾千檔個別證券。

- **專業管理**：管理基金的是經驗豐富、受過訓練的專業投資人士。
- **便利**：會為你提供帳戶往來紀錄以及報稅等服務。基金是不麻煩的工具，讓你可以布局金融市場。
- **成本效益**：透過共同資金投資，會比投資個股更具成本效益。但務必確認避開高成本基金。
- **流動性**：你可以在任何一個交易日將股份賣回給基金，很輕鬆就能拿回你的錢。

| 9 |

如何買對投資工具？

　　一旦你決定好要如何在股票、債券和現金之間配置資金，就代表你已經考慮要選出具體的投資標的了。在本章中，我會介紹直接了當的挑選共同基金和ETF方法。雖然我很愛推薦，但我不會特別點名哪一檔基金。反之，我的目標是提供一套指引，讓你明白如何評估基金與組成平衡型的投資組合，並且了解選一檔基金、棄另一檔之間，有哪些取捨。

　　目標是「買對並抱好」，也就是說，要挑出能滿足你需求的基金，讓它長期成為你投資組合中的可長可久要素。你不用像替汽車換機油一樣（或者，說換輪胎也可以），頻頻更換你的投資組合，因為那反而會有反效果。相反的，明智審慎地選擇基金，就能建構出多年、甚至幾十年下來，都能滿足自身需求的投資組合，而且相對不需要調整。這就是打造出穩健投資組合的方法，如同我在前一章講過的，它對長期的投資成敗而言，至為重要。

　　首先，我要說清楚的是，不要用以下的方法選擇基金：

- 不要在沒有做過實質查核之前，就買進金融網站、電視或

雜誌上推薦的商品。

- 別僅因為某檔基金的績效，在過去十二個月、或者更短期間內高踞榜首就買進。
- 不該只因為朋友或同事推薦，就買進某一檔基金。
- 切勿因為你在電視或播客上看到或聽到專訪，認為基金經理人講得頭頭是道，就買進某一檔基金。

　　我還記得，就因為我在電視上推薦了某一檔基金，結果替先鋒的電話銷售專員引來一次小麻煩。某個星期五晚上，我出現在《華爾街一週》節目，有人問起我的個人投資，我說我很單純，每兩星期買進我們公司的全球指數型基金，如此而已。問題是，先鋒當時並沒有發行全球指數基金。我的意思是，我買進代表美國和全球股市的指數型基金。然而，這並無法阻止幾千位的投資人在那個週末，打電話到先鋒集團的服務熱線，索取不存在的全球指數型基金公開說明書，導致那兩天負責接聽電話的員工非常疑惑，不知道他們「大無畏的主管」到底在電視上推薦了什麼。這個小故事凸顯了上面所說的最後一點：所謂專家持有或推薦的基金，不見得適合你。

　　有很多不那麼謹慎的投資人，僅以「前十大績優」列表行事，但結果通常會讓他們失望。多數基金績效列表的問題，在於大部分根據的都是過去的投資報酬，而且忽略成本和風險。我還要提很重要的一點是：過去的績效無法預言未來。共同基金公開說明書裡都一定要加一句制式警語：「**過去的績效，並非未來成果的保**

證。」這句話是投資永恆不變的事實之一。如果有必要，請把這句話當成你的座右銘，在你很想僅根據過去的績效排名來做選擇時，好好想一想。

在眾多評等與排名當中，晨星的星等系統或許是最知名的一套列表。星等系統是一套量化、回顧性的指標，用來檢視基金過去的績效，評等從一顆星到五顆星。星等系統的用意，是要幫助投資人評估，基金相對於同類產品的過去紀錄。晨星公司另用前瞻性評估來輔助星等系統，檢視經歷完整的市場週期後，以風險調整後的報酬來看，基金是否有能力超越同類型基金或是相關的基準指標。金、銀、銅等評等，代表基金有多少展現出色績效的潛力。在你替自己的投資組合找尋適當標的時，晨星提供的絕佳基金數據和充滿洞見的意見，是很好用的資源。然而，人們太常把高星級評等，當成認可的背書，就像他們會仰賴《消費者報告》（*Consumer Reports*）的家電評等，來選擇新的洗衣機。請注意，很多基金公司發現星級評等極有吸引力，也會在廣告和網站上大力宣傳。

如果你使用排序列表，我建議你僅把這些當成其中一項資訊，但還是要做更全面的基金分析。若太過信任基金過去的績效，非常危險，為什麼？有幾個理由：市場會變動、經理人會異動、會出現壞消息、前一期很成功的投資策略或類股配置，在下一期可能表現很糟糕。這些因素不僅是理論而已，我們從長期、紮實的經驗當中得出的警示背後，就是這些力量在運作。任何長期待過投資管理業的人，都一再地看到某一檔基金或某種特定的投資策略風潮，如何快速且完全地轉變。

假設你在1999年12月決定投資，你想在成長型與價值型股票共同基金當中做選擇，但如果你是根據過去十年的績效紀錄，很可能會把所有錢都砸到成長型基金裡。當時，成長型基金的績效遠勝過價值型基金，從累積報酬來看，報酬率達504％。相對之下，價值型基金的累積報酬率為316％。但是，從2000年3月起，風向變了，價值型股票在之後的八年引領風潮。如表9.1所示，在2008年到2009年的全球金融危機之後，成長型股票又站上了領導市場的位置，一直持續到今天。（有趣的是，截至2019年12月31日，在這段二十五年期間內，成長型與價值型股票基本上不相上下，報酬率分別為10.13％和10.07％。）

表9.1　1980-2020年，股市領頭羊：價值型與成長型的累積報酬

日期	羅素3000 價值指數 （Russell 3000 Value Index）	羅素3000 成長指數 （Russell 3000 Growth Index）
1980年11月30日–1988年8月31日	213%	89%
1988年8月31日–1991年12月31日	50%	103%
1991年12月31日–1993年9月30日	36%	5%
1993年9月30日–2000年2月29日	141%	317%
2000年2月29日–2007年3月31日	97%	−28%
2007年3月31日–2020年6月30日	88%	311%

資料來源：先鋒集團利用羅素公司的數據計算。

大型股和小型股之間也上演同樣的故事，美國股市和非美國股市之間亦然。而且，完全沒有任何跡象可以知道，何時會發生改變。

從個別基金來看，過去的績效也不太能預測未來的報酬。以表9.2的範例來說，我們檢視了2010年表現最佳的10檔美國國內基金，在後續幾年的狀況。如果你因為這些基金的過去表現很好就買進，結果會讓你大失所望。

表9.2　原本績效出色轉為遜色的基金

	2010 年	2011 年	2014 年	2019 年
A 基金	1	1374	2109	1976
B 基金	2	123	2124	216
C 基金	3	2054	640	1862
D 基金	4	76	1855	709
E 基金	5	1743	1778	1849
F 基金	6	147	2003	2027
G 基金	7	2105	1355	11
H 基金	8	1867	NA*	NA*
I 基金	9	1571	1487	1217
J 基金	10	219	1861	714
評估基金數目	2200	2163	2178	2052

資料來源：先鋒集團使用晨星的數據計算。數據包括所有美國股票型基金，以晨星投資風格九宮格（Morningstar style Box）來分類。
* 按：NA ＝不適用。

四步驟，打造完整的投資組合

要建構長期投資組合，有四個步驟：

1. 判斷要在股票、債券和現金上，配置多少資金。

2. 以個別資產類別來看，決定要在哪裡投資。

3. 判定要投資指數型基金、主動式管理基金，還是兩者皆要。

4. 評估並選出特定基金。

本章接下來會詳細解釋每一個步驟。

Step 1：要投資股票、債券還是現金？也該決定了

到現在，你已經明白，謹慎決定股票、債券與現金的資金配置方式，是很重要的事了。一開始，你要先判定資產配置比例：是要100％投資股票、80％的股票加20％的債券、60％的股票加30％的債券加10％的現金，還是，考慮第7章提到的其他因素之後，你另有其他組合？具體來說，你要考慮的因素是你的目標、投資期間、個人財務狀況和風險耐受度。

決定好目標資產組合後，如果你想從簡，不用費太多心力也可以組成一個投資組合。要建構平衡、廣泛分散的投資組合，最簡單的方法就是去買一檔目標日期基金。這種基金一開始會以高比例資金投資股票，慢慢調降，隨著目標日期愈來愈近，會逐步調高債券的權重。這就是所謂的生命週期資產配置：基金會預設一個比率，隨著時間過去根據這個比率調整資產。而在投資人接近退休時，投資組合將會更保守。

目標風險基金（target-risk fund）、有時也稱為人生週期基金（life-cycle fund），是另一種可能的單一基金解決方案。這些基金

通常透過持有其他共同基金來投資股票和債券，與目標日期基金不同的是，這類基金的資產類別配置比例是靜態的。基金有各種不同的配置，從積極（80％的股票加20％的債券）、適度（60％的股票加40％的債券），到保守（20％的股票加80％的債券）皆有。

另一種比較傳統的選項，是找到符合你配置目標的平衡型基金。平衡型基金投資股票和債券，有些也有現金投資。你可以選擇持有股票多過債券的平衡型基金，反過來也行。或者，你也可以去找股票和債券各占50％的基金。有些平衡型基金非常嚴格執行配置比例，有些則會善用市場趨勢改變比例，這種方法風險比較高，但有可能賺到更高的報酬。

目標日期、目標風險和平衡型基金，都讓你能以單一投資標的布局股票和債券。這套策略很簡單，而且也非常穩健，維護成本也低。當然，你不一定要採行只買一檔基金的方法。你可以找出幾檔基金來建構投資組合，以打造更符合你個人需求的策略，而一開始能先從兩、三檔廣泛布局市場的共同基金下手。比如：股市大盤基金、債市大盤基金和貨幣市場基金，能為你提供所有必要元素。如果你想要設立的是60％股票加30％債券加10％現金的資產組合，可以將你的儲蓄方案設定為把60％的資金轉入股票基金、30％轉入債券基金、10％轉入貨幣市場基金。

我會提供一些選擇基金的指引，但要先聲明一點：任何人都不需要買到超過10檔基金。以持有基金來說，通常少即是多。

Step 2：以各個資產類別來看，要投資哪裡？

如果你希望投資組合裡除了大盤基金之外，還要有其他股票或債券基金，就要去看看這些基金的子類別。此外，貨幣市場基金也有很多不同類型。在此，我要用一般性的說法來說明，如何考量各主要資產類別裡的特定基金類別。你在選擇代表不同類別的基金時，就是在進行自己的子資產配置。

貨幣市場基金

貨幣市場共同基金是最安全的投資市場之一，但我必須強調的是，聯邦存款保險公司或其他政府機構並未替這些基金投保，因此，並不像銀行帳戶那樣有保障。即便如此，貨幣市場基金受到強力規範，必須遵循嚴格的分散、到期和流動性標準。這種基金必須投資極優質發行機構（例如大企業、銀行與聯邦政府）發行的極短期債務證券，以維持穩定的每股1美元價格。

當然，取捨之下，貨幣市場基金有資金安全性，交換的就是與其他固定收益投資相比時，殖利率較低。你投資這類基金的資金，不會大幅增長到明顯超越通貨膨脹。正因如此，就像我之前講的，你不應該把貨幣市場基金當成長期投資組合的核心，而是便利的輔助性現金管理工具。

美國貨幣市場基金通常分三類：

• 美國政府公債基金（U.S. Treasury fund）：這些基金最保

守，因為原則上僅投資美國政府公債，很可能是全世界最安全的投資。

- 美國政府基金（U.S. government fund）：也叫聯邦基金（federal fund），投資美國財政部以及／或者其他政府機構發行的證券。這些基金也可買進由美國政府背書的非政府機構證券。
- 普通基金（general fund）：又稱為優質基金（prime fund），原則上投資大型企業和銀行發行的優質證券。

在這三種基金類別中做選擇時，你的取捨是什麼？主要是風險和殖利率的比較。公債基金最安全，通常支付的收益最低；政府基金的收益高一點；優質基金則被視為三者中最危險的，因為主要投資的是企業證券，但通常是貨幣市場基金裡殖利率最高的一種。

如果你適用的稅率級距很高，你可能想要檢視第四種貨幣市場基金：市政貨幣市場基金（municipal money market fund），也稱為免稅貨幣市場基金（tax-exempt money market fund）。這些基金的收益無需繳交聯邦所得稅，有時候也不用繳交州政府和地方政府所得稅。但是當中也有取捨：其稅前殖利率通常低於要課稅的貨幣基金，因此要先做一點分析，才能判定以你的稅率級距而言，是否划算。（第10章會多談一點免稅基金，包括說明如何計算應稅等價殖利率〔taxable-equivalent yield〕。）

在本書第一版之後，有一種存在已久、但過去不太出名的基金類別引起關注，那就是超短期債券基金（ultra-short-term bond fund）。超短期債券基金主要投資一到兩年內到期的投資級別債券，殖利率多半高於貨幣市場基金。有些投資人受到這些基金的殖利率溢價吸引，將其當成貨幣市場基金的替代品，但它們不是。所以，如果有公司從這種觀點推銷，請小心。

超短期債券基金會有本金風險（亦即，投資組合裡的債券價格可能會下跌）和信用風險（亦即，投資組合裡的債券會因為信評被降級或違約而出現損失）。超短期債券基金不同於貨幣市場基金，前者的價格會波動。這並不是說你應該要避免這類基金，但同樣的，請務必記住取捨問題，高報酬的潛力都來自高風險。

債券基金

決定要投資債券基金之前，你要弄清楚，你希望債券在投資組合裡扮演什麼角色。這是因為以債券來說，之前提到的風險／報酬取捨，很可能導致大不相同的結果。以下用一個比較簡單的說法，來解釋某種程度上有點複雜的脈絡：如果你期望的是從債券當中得到最高的當期收益，就必須預期帳戶價值出現明顯的上下波動。如果你比較想要的是價格穩定，那請你降低對於債券收益的期待。

謹記這一點後，讓我們來看看主要的債券基金類型。如果你是剛接觸這些基金的新手，一開始需要的就是確實理解以下事項：

- 稅務狀態：應稅或免稅？
- 信用品質：高、中、低？

· 到期日：短期、中期、長期？

應稅債券基金包括投資美國政府公債、政府機構以及公司債的基金，而基金創造並分配給你的收益，都要課稅。另一方面，市政債券是州政府、地方政府以及政府機構發行的債券，收益免課聯邦所得稅（還有，很多時候也免課債券發行州的州政府所得稅）。

聰明的人一點就明：不要用個人退休帳戶、401(k)計畫，或是任何免稅帳戶，來投資免稅基金。還有，除非你適用的稅率級距相對高，而且已精算過、確定你的基金決定很明智，不然的話也不應將免稅債券基金，放在應稅帳戶裡。這是因為免稅基金的殖利率，通常低於同類的應稅基金。

而信用品質和到期日與風險／報酬的問題直接相關。在你理解基金在這些項目上的條件之前，不應買入任何基金，不管應稅或免稅。

圖9.1的投資風格九宮格，提供了檢視不同債券基金類別的簡單方法。舉例來說，主要投資長期政府公債（這類債券的信用品質經公認無懈可擊）的基金，會排在九宮格的右上方。主要投資短期「垃圾」債券（一般認為這類債券的信用品質低）的基金，會列入左下方。請記住，這張投資風格九宮格說的是基金主要的投資重點。但它並非完美的工具，因為某些基金會跨越不同類別。

信用品質：債券的信用品質和發行機構償付債券利息、以及最終到期償付本金的能力有關。信用評級低的債券通常支付較高的利息，以補償可能無法按時支付本金和利息的風險。反之，信用評

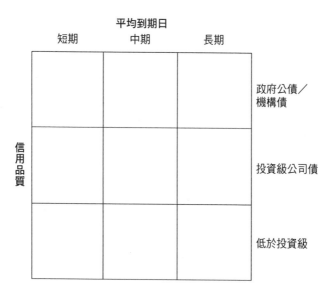

平均到期日

短期　　　中期　　　長期

政府公債／
機構債

信用品質

投資級公司債

低於投資級

圖9.1　應稅債券基金的投資風格九宮格

等高的債券，料將支付較低的利息。

　　主要的信用評等來源，包括穆迪投資者服務公司（Moody's Investors Service）和標準普爾公司。這些評等機構做分析，以判斷發行債券實體（例如公司、政府、大學等等）的信用價值。你不需要理解這些文字或數字評等的錯綜複雜之處，但大致上知道債券的信用水準會有幫助。其中，美國政府公債的信用品質最高，因為背後有美國政府的「十足信用」為其背書。信評列表的最底部是所謂的高收益債（high-yield）、也就是所謂的「垃圾」債券，由被認為有可能違約的公司發行。而基金通常都會在發起機構的網站上，出示投資組合的信用品質分布狀況。

平均到期日：這是基金持有債券到期的平均期間。如果是短期基金，平均到期日通常不到五年，中期基金則為五到十年，長期基金則超過十年。你可以想像得到，平均到期日愈長的基金，對於目前的市場利率就愈敏感。而要判斷利率敏感度，有個很好用的統計值稱為「存續期」（duration）（請見附錄的〈投資術語〉）。基金的存續期愈長，利率變動時，基金的股份價格變動幅度也就愈大。但期間較長的債券，通常支付的利率也高於較短期的債券，這是為了彌補投資人承擔的風險，因為未來事件（比方說利率上漲或出現通貨膨脹），可能侵蝕債券投資的價值。如果你想要取得到期日和存續期的資料，可以致電基金發起機構或是瀏覽其網站。

選擇債券基金：我們先來研究信用品質的取捨問題。我的建議是，絕大部分的長期債券配置都一定要放評級比較高的債券。這表示，要投資持有美國政府公債、優質公司債，及／或有擔保不動產抵押貸款債券的廣泛分散基金。如果你適用的稅率級距較高，而且買進免稅債券符合你的利益，那就只要聚焦在，財務體質強健的地方政府所發行的優質債券。

我建議把高評級債券當成你的主要焦點，這是因為持有債券的重點，就是要用來平衡持有股票的風險與獲得固定收益。你不會想用債券的核心配置，來賭價格會大幅上揚，或是用劣等債券來拉高收益。畢竟，你從股票配置當中也要承受類似的風險，但通常報酬潛力較高。

至於平均到期日，如果你的投資期間很長（亦即，超過十年），可以中、長期基金作為你的債券配置基準。這麼做時，請留

心中、長期基金的價格波動性，會高於較短期的債券基金。但你是為了能從中、長期基金拿到額外的收益，才承受這些波動性。

如果你的投資期間不到十年，就不要選長期基金。你拿到的收益，並不足以補償萬一股份價格在你要用錢時下跌的風險。反之，請替你的債券配置找一檔超短期、短期或中期基金。

股票基金

要成為深思熟慮的投資人，你需要了解股票如何分類。坦白說，有些詞彙會讓你覺得聽起來像天書。例如，「成長」與「價值」這些用語所蘊含的財務意義，不一定和大部分的人設想、或是基金經理人看待股票的觀點相同。但這些詞已經廣為使用，如果你想要理解你讀到或聽到的股票共同基金內容，就應該要理解這些詞彙。

股票基金通常用兩種標準分類：市值和投資風格。

市值：用這種標準來區分，告訴你的是一檔基金投資的公司規模有多大。如果是個股的話，市值就等於流通在外股數乘以目前股價；假如是基金，代表的是基金持有個股的中位數市值。股票基金通常分為大型股、中型股或小型股，這些詞並沒有業界通用的金額標準，但還好，涵義和我們的直覺還蠻符合的。比方說，你可以假設，一檔大型股基金手上的持股，多半是眾所熟悉的大企業。但是這檔基金也可以持有中、小型公司的股票。那麼，為何要在乎市值？其中一個理由是，市值是風險指標。整體來說，小公司的波動性向來高於大公司，中型公司則介乎兩者之間。因此，你不太可能

希望股票配置的核心僅有小型股基金。另一個要關心市值的理由，是為了分散：你希望能布局中、小型企業，因為有時候小型股的表現，遠遠超過大型股。

投資風格：基金也會以主要投資成長型類股、還是價值型類股來分類，如果兩者都有，則稱為混合型基金（blend fund）。成長型股票的營收與獲利成長前景看好，優於一般公司，通常支付的股利很低甚至完全不付。一般認為這類股票的本益比很高（不要把本益比中的「本」，想成是你買進時的股價成本，這個數值指的是，你為了每一元的盈餘，願意支付的價格成本），因此，投資人願意支付高一點的價格買進，期待公司成長的速度夠快，未來可以撐得起更高的價格。反之，價值型股票代表的是，市場並不期待該公司會快速成長。這些股票通常本益比較低。投資價值型股票背後的想法，是要找出價值被低估、或暫時不受市場青睞的股票，用低廉的價格買進。

股票基金有各種不同的組合，圖9.2畫出來的投資風格九宮格模型，是你最常見的一種。我把這種投資風格九宮格想成是魚池。如果你長期投資股票，你會想要池子裡所有的魚，因為總會有些時候，大型股的表現優於小型股（或是相反），又有的時候，價值型股票勝過成長型股票（或者相反），重點是每個地方都灑一點餌，隨時布局所有類型。要在每個池子裡都灑餌，你可以挑選一檔廣泛投資股市所有類股的基金，也可以挑幾檔分別投資不同類股的基金。

有些投資人對價值型或成長型投資深信不疑，大力主張自己

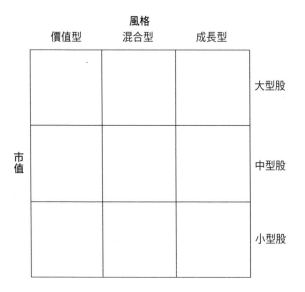

風格

價值型	混合型	成長型

大型股

市值

中型股

小型股

圖9.2　股票基金的投資風格九宮格

認同的方法具有長期的價值。但長期來說，成長型與價值型股票的報酬非常相似。我不會建議特別偏向哪一邊，總之在市值和風格這兩個面向上，廣泛分散投資就對了。

　　到目前為止，我們講的都是國內基金，以本書來說，就是投資美國國內股票的基金。你應該考慮以國際基金來分散你的投資方案。投資美國以外股市，你就可以搭上世界其他地方成長機會的順風車。而國際基金的類別包括：

* 全球型基金：投資美國與國際股市。
* 新興市場基金：投資總部設在開發中國家、或就在這些國

家的公司。

- 地區性基金：強調世界上某個特定地區的股票，例如亞洲、拉丁美洲、非洲或歐洲。
- 單一國家基金：僅投資單一國家的證券。坦白說，投資單一海外市場比較像是投機、而非投資。

國際股票有額外的風險，包括政治風險和貨幣風險，因此，我建議你的國際股票基金持股要有上限，不要超過投資組合中股票部分的30%。

我要談的最後一類股票基金，是專門型的基金，例如市場類股基金、因子基金（factor fund）和ESG基金。類股基金是投資單一產業或類股，例如房地產、公用事業、醫療保健、科技或黃金。這些基金很集中，因此報酬多半波動性極高，所以說，並不適合作為長期投資組合的核心持有部位。此外，使用類股基金必須適度，僅有在你仔細研究過風險，而且可以忍受波動，承受得了相對於大盤的績效不彰期間，才投資。

請記住，總會有一、兩種類股的表現比大盤好很多。而特定類股深受青睞時，報酬就很亮眼，你很可能會覺得很有吸引力。但遺憾的是，各種產業類股終究會退燒，而且通常在投資人開始把大量資金投入類股之後，很快就降溫了。

因子基金投資的是，展現類似特色或因子的股票（例如動能、品質、流動性）。因子基金的賣點是各種吸引人的名稱，比方說：Smart Beta基金或另類加權指數（alternatively weighted index）

基金。投資因子基金就跟類股基金一樣，需要耐性和堅韌。這類基金的績效，在不同的經濟與市場狀況之下，通常也截然不同。此外，投資人必須要受得了績效不振的期間，很可能比大盤長很多，這一點跟傳統的主動式管理基金很像。相對於指數型基金，因子基金通常費用率較高，在投資組合層級的交易成本也比較高，但是費用率和投資組合層級的交易成本，均低於傳統的主動式基金。

基本功：把價值觀融入投資的ESG基金

ESG指的是Environmental（環境）、Social（社會）以及Governance（公司治理）這三個英文單字的縮寫。你為了評估與選擇基金、辛苦忙碌做功課時，會愈來愈常聽到這組縮寫。你很可能也會聽到社會責任投資（socially responsible investing，SRI）、價值觀導向投資（values-based investing）、綠色投資（green investing）、永續投資（sustainable investing）和影響力投資（impact investing）等等的用語。ESG基金是很讓人困惑的類別，管制機關、資產經理人、特殊利益群體和學術界，對於ESG的流程和原則並沒有公認的定義，也無共識。

為了簡化，我通常使用先鋒集團的定義：ESG投資是一種投資相關活動，納入了環境、社會或公司治理考量。且讓我們分別檢視：

- 環境標準：檢視一家公司在管理自然環境方面的表現。例如：能源使用和環境保護、氣體排放和空氣品質，以及廢棄物管理。
- 社會標準：檢視公司對於員工、供應商、客戶和社群造成的衝擊，包括其營運業務，和如何管理與處理勞工與多元性實務、性別平等與人權。
- 公司治理標準：檢視高階主管薪酬、董事會多元性、投票權利、財務控制與風險揭露等面向，看看公司治理的情況。

　　不同的基金與ETF在管理上體現ESG的方式，也大不相同。有些指數型基金和ETF設法遵循基準指標，排除特定股票（或債券），例如蒸餾酒廠、菸草公司、槍枝製造商和化石燃料生產商。有些設法超越大盤績效的主動式管理基金，在選股流程中，會納入企業的ESG風險與機會。比方說，一檔基金很可能遵循大力支持ESG投資的「責任投資原則組織」（Principles of Responsible Investment）的指引，有些則會採行廣納式的策略，投資於管理公司（或指數公司）認定採行領先的ESG實務操作、或在ESG評比上得到高分的公司。舉例來說，某檔基金的重點，可能是已經承諾要實行永續商業實務的公司。

　　如果你希望投資方案能契合你的價值觀、信念及／或偏好，你考慮的群組中應該納入ESG基金。就和其他投資一

樣，你也要考慮基金的投資目標和策略、過去績效、成本、稅務效率等種種因素。ESG基金有利或有害於投資績效，眾說紛紜，但有一點是確定的：這類基金的績效會偏離大盤。

Step 3：選主動式管理基金、指數型基金，還是都投資？

打造投資組合時，你可以使用主動式管理基金或指數型基金，或者混合兩者。這兩種策略之間有些很有意思的差異，自1970年代開始推出指數型基金以來，兩者的相對價值也引來大量的論戰。我的立場是這樣：指數型基金大有優勢，你可以把這類基金當成投資組合的核心。確實，全部都是指數型基金的投資組合，也可以有很出色的績效。另一方面，如果你想要投資主動式管理基金，當成輔助角色來用就好。還有，僅投資成本低於平均水準的主動式基金，讓你搶占打贏大盤的先機。且讓我們看看這兩種方法的差異。

解析投資組合陷阱：不要買高成本的指數型基金

在此我要「買一送一」放送小祕訣。第一，請注意指數型基金的費用率，這類基金不見得成本都很低！你可以找到費用率低於0.05％（每投資1萬美元，收取5美元費用）的

大盤股市指數基金，但是有些收取的費用卻是這個金額的十倍。我就看到有兩檔的費用率是0.5%（每投資1萬美元，收取50美元費用）甚至更高。要謹慎。

第二，不要買進投資組合和基準指標難以區分、成本很高的主動式管理基金。業界將這種策略稱為祕櫃式指數化（closet indexing）。畢竟，若一檔基金的投資組合和市場平均非常相似，卻收取高額費用，這樣算下來，你能得到的報酬注定要低於平均值。請查核基金的R平方值（R-squared value），我會在下一章談到這部分。R平方值衡量基金報酬和基準指標報酬之間的相關性。如果你希望對應市場，就買指數型基金，而不是冒充市場的主動型基金。

主動型基金的經理人，會靠選出特定的股票和債券來打敗市場。經理人所做的決策不僅基於所受教育、經驗和市場敏銳度，也會根據周密的證券分析，和針對經濟、人口與其他趨勢所做的研究。

對照之下，指數型基金試著對應市場，而非打敗市場。為了達成此目標，基金會買進並持有全部（或者大型具代表性的樣本）既有市場基準指標中的所有證券。美國國內的股票型基金，追蹤的很可能是標準普爾500指數；國際股票基金追蹤的，也許是富時全球已開發市場（美國除外）指數（FTSE Developed All Cap ex U.S. Index）；美國國內債券基金追蹤的，或許是彭博巴克萊美國綜合

債券指數，另外還有幾十種知名的追蹤市場或某個市場區塊的指數。

　　但指數型基金有什麼好處？為何我會推薦你買進沒有巧妙選股、無須市場敏銳度、不用深入分析的產品？這是因為，歷史數據告訴我們，即便主動式基金經理人具備上述優勢，整體來看，他們的績效甚至有一半的時間都贏不了指數。他們之所以做不到，最明顯、最無法駁斥的原因，是成本：主動型基金要把錢花在研究、分析和交易費用上。然而，指數型基金沒有研究費用，交易相對也少，因此與主動式管理基金相比之下，有很大的成本優勢，這種優勢進而轉移到指數型基金投資人身上，讓他們有了領先的地位。畢竟，一檔基金從總報酬中拿來支應費用的部分少了，就可以把更高的市場報酬留給你。

　　在謹慎的投資方案中，應將指數化的部位設定到一定水準，而且你很難提出論點來反駁前述主張。但總有人鐵了心捍衛主動式投資，他們會設法駁斥指數化策略的學術基礎，並且否定它在現實世界裡達成的成就。你可能會聽到他們說，指數投資人屈就於平均或微不足道的報酬，他們也會問：為何不投資試著打敗指數的主動式管理基金，藉以賺得高於平均的報酬率？事實上，如表9.3所示，在有意義的期間內，能打敗基準指數的主動式管理基金少之又少。這一點指向，渴望成為「平均」是很有智慧的事，力行簡樸亦然。

表9.3 2000-2019年，主動式管理基金績效表現優於指數的比例

	混合型	成長型	價值型
大型	13%	23%	17%
中型	4%	42%	10%
小型	5%	22%	17%

績效數據截至2019年12月31日。（資料來源：先鋒集團使用晨星公司的數據計算。）代表股票的基準指標為以下各指數。大型混合型：截至2013年1月30日的MSCI美國優質市場750指數（MSCI U.S. Prime Market 750 Index），以及之後的CRSP美國大型股指數（CRSP U.S. Large Cap Index）。大型成長型：截至2003年5月16日的標普500／Barra成長指數（S&P 500/Barra Growth Index）、截至2013年4月16日的MSCI美國優質市場成長指數（MSCI U.S. Prime Market Growth Index），以及之後的CRSP美國大型股成長指數（CRSP U.S. Large Cap Growth Index）。大型價值型：截至2003年5月16日的標普500／Barra價值指數（S&P 500/Barra Value Index）、截至2013年4月16日的MSCI美國優質市場價值指數（MSCI U.S. Prime Market Value Index），以及之後的CRSP美國大型股價值指數（CRSP U.S. Large Cap Value Index）。中型混合型：截至2003年5月16日的標普中型股400指數（S&P MidCap 400 Index）、截至2013年1月30日的MSCI美國中型股450指數（MSCI U.S. Mid Cap 450 Index），以及之後的CRSP美國中型股指數（CRSP U.S. Mid Cap Index）。中型成長型：截至2013年4月16日的MSCI 美國中型股成長指數（MSCI US Mid Cap Growth Index），以及之後的CRSP美國中型股成長指數（CRSP U.S. Mid Cap Growth Index）。中型價值型：截至2013年4月16日的MSCI美國中型股價值指數（MSCI U.S. Mid Cap Value Index），以及之後的CRSP美國中型股價值指數（CRSP U.S. Mid Cap Value Index）。小型混合型：截至2003年5月16日的羅素2000指數（Russell 2000 Index）、截至2013年1月30日的MSCI美國小型股1750指數（MSCI U.S. Small Cap 1750 Index），以及之後的CRSP美國小型股指數（CRSP U.S. Small Cap Index）。小型成長型：截至2003年5月16日的標普小型股600／Barra成長指數（S&P SmallCap 600/Barra Growth Index）、截至2013年4月16日的MSCI美國小型股成長指數（MSCI U.S. Small Cap Growth Index），以及之後的CRSP美國小型股成長指數（CRSP U.S. Small Cap Growth Index）。小型價值型：截至2003年5月16日的標普小型股600／Barra價值指數（S&P SmallCap 600/Barra Value Index）、截至2013年4月16日的MSCI美國小型股價值指數（MSCI U.S. Small Cap Value Index），以及之後的CRSP美國小型股價值指數（CRSP U.S. Small Cap Value Index）。

資料來源：先鋒集團使用晨星公司的數據計算。基金分類以晨星公司的標準為準。數據截至2019年12月31日。所有數值未針對存續偏差調整，僅納入整段期間均存在的基金。

基本功：衡量市場表現的指數

你說不定從車子的收音機或夜間新聞裡，聽過道瓊工業平均指數的收盤價。該指數通常簡稱為道瓊指數，衡量美國30檔大型公司股票的表現，涵蓋運輸與公用事業以外的所有產業。很多人追蹤道瓊指數以衡量美國股市的表現，但是由於其用價格加權的方法建構指數，因此比較不常被指數基金和ETF，拿來當作目標基準指標。基本上，規模最大、最受歡迎的指數基金，都追蹤市值加權的基準指標。這代表了指數會根據各家公司的流通在外股票的市值，來排列公司股票。以下是一些指數型基金常用的目標基準指標。

股票指數

標準普爾500指數：追蹤大型股，占美國股市總值約82%。

標準普爾完整指數（Standard & Poor's Completion Index）：追蹤美股中未納入標普500指數的部分。

CRSP美國全市場指數：追蹤整個美國股市。

羅素1000指數（Russell 1000 Index）：追蹤美國大型公司股票。

羅素2000指數：追蹤美國小型公司股票。

富時全球全市值（美國除外）指數：追蹤已開發市場和新興市場的公司股票，但不含美國。

富時已開發歐洲全市值指數（FTSE Developed Europe All Cap Index）：追蹤十六個歐洲國家的公司股票，多半在英國、德國、法國和瑞士。

富時已開發亞太全市值指數（FTSE Developed Asia Pacific All Cap Index）：追蹤日本、澳洲、南韓、香港、新加坡和紐西蘭的公司股票。

標普500成長指數（S&P 500 Growth Index）：代表標普500指數中，股價淨值比（market price to book）高於平均值的公司股票。

標普500價值指數（S&P 500 Value Index）：代表標普500指數中，股價淨值比低於平均值的公司股票。

債券指數

彭博巴克萊美國政府公債指數（Bloomberg Barclays U.S. Government Bond Index）：追蹤美國政府機構債和公債。

彭博巴克萊美國公司債指數（Bloomberg Barclays U.S. Corporate Bond Index）：追蹤固定利率、不可轉換、投資級公司債。

彭博巴克萊美國不動產抵押貸款證券指數（Bloomberg Barclays U.S. Mortgage-Backed Securities Index）：追蹤美國政府國家抵押協會（Government National Mortgage Association，GNMA）、美國聯邦國民抵押貸款協會（Federal National Mortgage Association，FNMA）和美國聯邦住宅抵押貸款公

司（Federal Home Loan Mortgage Corporation，FHLMC）的固定利率證券。

彭博巴克萊美國綜合債券指數：追蹤整個應稅美國債券市場，包括公債、機構債、公司債、不動產抵押貸款證券以及美元計價國際債券。

彭博巴克萊高收益公司債指數（Bloomberg Barclays U.S. Corporate High Yield Index）：追蹤信用評等低於投資級別的公司債。

彭博巴克萊市政債券指數（Bloomberg Barclays Municipal Bond Index）：追蹤由州政府和地方政府發行的投資級免稅債券。

Step 4：評估基金

姑且假設你已經決定要投資特定基金類別了，可能是中期美國公債基金或是大型價值股票基金。現在，你需要知道如何找出基金、並評估是否與你的目的相符。

有個可行的辦法，是從信用卓著的知名基金公司當中選擇，然後比較這些公司提供的類似基金。做比較時請記住以下幾點：

- **確認你知道自己要買的是什麼**：請重複確認，你所考慮的基金，確實符合自身投資目標、是「在正確的池子裡釣魚」。儘管挑選共同基金時有一些以事實為基準的規則，但

是，主觀意見卻可能眾說紛紜，比方說「成長」和「價值」到底代表什麼意義，以及「高收益」或「資本增值水準高」要如何定義。你可以檢視最新的股東報告，或是基金發起公司網站裡列出的基金持股，去驗證某一檔基金所做的投資，確實符合你的期待。確認你很清楚基金投資哪些地方。例如：這檔基金是否持有美國證券？海外證券呢？還是兩者皆有？確認你明白基金投資標的招致的各種風險。

你可以在公開說明書中找到基金相關的重要資訊，如其投資政策、策略以及風險。公開說明書是法律文件，所以內容不會輕鬆好讀。但也會有簡短版的簡要公開說明書。就算無法讀完完整的公開說明書，我也很鼓勵在投資前，去讀一讀簡要版。如果想知道如何為付出的心力帶來報酬，請見後文的基本功欄位〈讀公開說明書的理由〉。

- **選擇低成本的基金**：成本會拖累投資報酬，你支付的成本愈高，拖累報酬愈嚴重。我們會在下一章再細談成本，在這裡我要講的重點是，你投資前一定要檢視基金的成本。你不一定要買成本最低的基金，但應該要精挑細選，評估基金每年的營運成本（有一個指標叫費用率）、佣金、交易手續費和帳戶相關費用。

我真的想不到，你有什麼理由要投資任何費用率高於平均值的基金。選擇債券和貨幣市場基金時，費用格外重要。確實，以貨幣基金來說，費用是決定你能否賺得具有競爭力報酬率的主導因素。由於這類基金大致上都投資同

一群證券，任何一檔的報酬率都很難大幅超越同業。因此，如果你要在兩檔非常類似的基金之間做選擇，請檢視成本。

多項研究強調，成本高會導致投資人拿到的報酬不佳。此外，2002年，金融研究公司（Financial Research Corporation）做了一項重要研究，分析基金各種指標（例如超額報酬值、風險貝他值、過去績效、晨星評等和費用率）的預測價值。研究人員得出結論，指出基金的費用率，是最可靠的未來績效預測指標。

- **評估管理品質**：請查一查管理基金的經理人是誰，以及管理了多久。經驗很重要。在專業資金管理的時代，永遠都有明星經理人。比方說：在牛市期間表現出色、在熊市期間做出了未卜先知的決策，或是猜對了市場裡的某個熱門類股，但可惜劃過天際就殞落。要做對一次其實還蠻容易的，但長期下來持續做對就難多了。要確認你把自己的辛苦錢，交託給長期下來已經證明自己本事的經理人。請從公開說明書或基金發起公司的網站上，查一查他們的任職期間、經歷和學歷。

- **驗證基金是否長期一貫地實行政策**：基金最近是否有變更經理人、投資組合或基本投資政策？若有，務必找出背後的理由。基金不一定要遵循某一種投資策略才能賺錢，但必須長期堅守策略，才能為長線投資人創造佳績。在投資期間，基金必須經歷投資方法創造出好成績的時候，也要

撐過績效低於平均水準的時候。有時候，因為面臨某段艱困時期迫使基金改變策略或更換經理人，但最後會證明這樣的改弦易轍並不適時。有一個方法可以查核，就是去查一下晨星提供的資訊，這家公司提供的基金現況速覽會包含投資風格歷史。（有時候就算基金沒有變動也會被重新分類，因此你要進一步查詢。）如果你看到一檔基金的實務做法或投資組合顯然已經改變，你大可致電基金公司，問問看這麼做的理由是什麼。

- **基金的發起機構是否為歷史悠久可信的大公司**：身為潛在投資人，你在考量的問題事實上相當於，是否要和基金公司締結合夥關係。你的目標是要建立起讓人滿意的長期夥伴關係。因此，買進任何基金之前，應該要先判定你能不能安心和這家公司做生意。畢竟，提供共同基金和ETF的好公司很多，但不見得都一樣。如果你不向歷史悠久的優質公司買進你要的基金，反而去買一檔名不見經傳的同類產品，那就是不必要的風險。然而，有些專精產品會不會只有特定公司才有，因此有時候你需要和小型、或是新成立的基金公司往來？當然會。但是，我認為，你向非主流的供應商購買核心債券基金、貨幣市場基金、指數型基金或平衡型基金，是很沒有道理的事。你很可能要支付較高的成本，得到的服務也有限。而且，你絕對無法肯定這家基金供應商可以穩定營運下去，在投資人規劃的漫長投資期間，都能屹立不倒。

- **檢視過去績效**：我在本章開頭時就提到，過去的績效不應該是你在選擇基金時首先考量的條件。然而，在某個時候，你一定會想評估候選基金的過去績效。過去的報酬率雖然並非未來績效的保證，但它仍是一個指標，告訴你基金到目前為止的表現是否一致，以及與基準指標和同類基金相比之下的表現如何。

    美國證券交易委員會要求，所有討論到績效的基金行銷文獻、廣告和網頁，都要提報截至最近一季（日曆制）的一年、五年和十年總報酬。事實上，在判定兩檔基金的相對價值時，一年總報酬不太有參考價值。因此，如果你比較兩檔基金，請看一下十年的報酬。除了十年的平均年度總報酬率以外，也要檢視報酬的年度變化率，以了解基金的績效長期下來如何變化。請記住，根本的金融與經濟環境永遠都會影響報酬。舉例來說，2010年之後，大多數的股票基金，都受惠於絕對報酬大幅上揚。然而，2020年初新冠病毒疫情肆虐時，多數也經歷了嚴重、但短暫的大跌。

    你也會想知道，如何拿一檔基金和基準指標指數、以及其他類似的基金做比較。以主動式管理基金來說，基金相對於基準指標的報酬率，會告訴你基金經理人是否為你增添了價值，讓你賺得比投資指數基金更多。我要提醒你兩件事：比較基金時一定要用最相關的指數。（請見前文的〈衡量市場表現的指數〉基本功說明欄。）另外，也請注

意，指數基金的報酬並不會完全和目標指數相符，因為基金會有營運成本和交易費用，但未受管理的指數沒有。

- **查核資產規模**：查核基金的資產數量可以獲得一些資訊。第一，大型基金很可能歷史悠久，也有過去的績效紀錄，讓你可以查核績效。但在此同時，這種基金說不定規模過大，尤其如果績效很好、很受投資人歡迎的話，更容易大幅膨脹。以主動式管理基金來說，如果短期內引來太多資金投資，反而會讓投資組合經理人綁手綁腳，很難好好發揮、有效率地配置資金。同樣的，當基金規模成長到太過誇張，經理人一開始獲得青睞的績效表現，很可能無法保持下去。很多時候，大不一定好。有些負責任的基金供應商，會限制基金銷售或完全封閉，以便讓經理人更能落實基金策略。

然而，規模大的好處是，大型基金可以用更大的資產基礎來攤提成本。規模經濟可以省下費用，轉化成更低的費用率。（反之，如果是一檔新的基金，資產基礎相對小，費用率或許就高於同類基金。）但是，基金發起公司不一定會這麼慷慨，很可能選擇將基金的費用率維持在目前的水準。說到底，很多基金供應商都是公開上市公司，努力為基金的股東創造利潤的同時，也會照顧自家股東。

基本功：讀公開說明書的理由

買進共同基金的股份或個股時，你不只是購買幾張紙而已，而是成為一家公司的部分所有人。（請記住，基金也是一家公司。）因此，在評估潛在的投資時，最好把自己想成業主。

身為可能的業主，一開始要先讀基金的公開說明書，我知道，公開說明書聽起來像天書，代表了無聊無趣。但是，熟悉公開說明書、進而熟悉基金，是你身為投資人要做的功課之一。如果你沒有時間把整份公開說明書從頭讀到尾，也要花10到15分鐘細讀一下，確實找出以下問題的答案。（你會在公開說明書或簡要版公開說明書中，比較靠近前面的「基金概況」段落裡，找到很多答案。）我保證，你讀完之後，會成為資訊更充分的投資人。你可以向基金發起商索取公開說明書，也可以去網站上讀PDF版。同時我也建議你去讀一讀基金給股東的報告。以下是你要從公開說明書裡，找出答案的問題：

- **基金的投資目標是什麼？**確定你理解這檔基金要達成什麼目標。貨幣市場基金的目標是保有穩定的本金；積極成長基金的目標是要讓資本增值，因此會設法買進價值長期來說會提高的股票；平衡型或是股票收益基金，很可能要想辦法同時創造當期收益與長期資本增值。

- **基金如何替你賺錢？**檢視「投資策略」的部分，以了解基金經理人要如何達成宣示的目標。原則上，這裡會說明基金通常持有哪些類型的證券，也會有一些資本資訊，解釋經理人的選股方法。如果你覺得很難理解某一檔基金的策略，你要多問問題，至少要大致理解基金如何運作，之後再投資。

- **你會面臨哪些風險？**閱讀「主要風險」的部分，並記下公開說明書講到的所有風險。這些都是貨真價實的風險，我可以保證，基金公司可不是一時興起才列出那些內容！事實上，這是規定要有的部分。但請注意，你的目標不是避開所有風險，而是要知道你將會面對哪些具體風險。而每一檔基金都有風險。

- **誰負責操作基金？**公開說明書裡面會有一個部分，講到投資組合經理人。你會想知道經理人操作這檔基金多久了。如果最近才變更經理人，基金過去的績效可能沒有太多意義。你可以看看，經理人在投資業的年資有多長，以及向來的評價如何？

- **你要支付哪些費用？**你可以在制式的收費表裡找到完整清單，列出基金所收取的手續費和費用，包括費用率和任何銷售佣金、申購與贖回手續費、低餘額管理費，諸如此類的。為了幫助你理解箇中的影響，會有圖表解釋，假設你投資1萬美元，要支付多少費用。

- **基金成立多久？**市場上有很多擁有長期績效紀錄的歷史悠

久穩健基金。雖然新基金可能是很好的投資標的，但是你要知道的是，這類基金過去的績效紀錄不太能說明什麼。此外，小型的新基金一旦時間拉長且規模壯大，將難以維持本來的績效。一般來說，非常大型的主動式管理基金很難超越基準指標。

- **基金的發起公司提供哪些服務？**確認基金的發起公司會提供你想要的服務，而且你也知道成本是多少。比方說，你希望隨時隨地都能存取帳戶嗎？你想要基金選擇指南嗎？你需要經紀以及慈善捐贈選項等其他服務嗎？

- **基金的績效如何？**我把這一項放在最後面，是因為過去的績效其實並非預測基金未來表現的良好指標。公開說明書會告訴你基金過去一年、五年和十年期間的平均年報酬率，並提供有用的比較，把這些成果拿來和作為基準指標的市場指數相比。記住，要同時比較稅前和稅後的報酬，以理解基金分配的收益和資本增值，對於你要支付的稅金有何影響。

總括而言，以下是你最終希望基金能提供的益處：

- **低成本**：你無法預言績優基金未來仍能表現良好，但你可以預知高成本的基金將繼續拖累績效。因此，請避開高成本基金，著眼於費用率低於平均值的基金。

- **穩健的績效**：「要投資同類中名列前茅的基金」是一種誤導，但是把選項限制在某個有意義的投資期間內、績效排名至少在前半段的基金，卻很有道理。我要提醒一件事：任何期間最頂尖的基金，很可能都是因為承擔了額外的風險，才賺到亮眼的報酬。此外，也要避開充數的濫竽。績效排在最後四分之一的基金，多半在長期績效排名中也墊底。這是因為這些基金多半營運成本高，而這是持續拖累績效的因素。
- **一致的績效**：你想要的基金，是過去的報酬相對可預測的基金。與投資目標相似的同類基金相比之下，如果一檔基金的報酬變動很大，很可能代表缺乏紀律、沒有堅守基金宣示的政策與策略。

總結

請遵循以下的四步驟流程，打造合理的投資組合：

- **決定資產組合比例**：你要在股票、債券和現金上各配置多少資金？
- **在各資產類別內配置資金**：你要挑選哪些股票基金、債券基金和貨幣市場基金？
- **權衡指數化策略以及主動式管理策略**：你要投資指數型基

金、主動式管理基金,還是兩者都投資一點?

- **比較與評估特定基金**:在你找出來的類別中,哪些基金的成本低、長期報酬紀錄穩健,且績效表現一致?

| 10 |

留得下來的報酬才重要

投資本來就是風險很高的活動，而且充滿不確定性。事實上，身為散戶投資人的我們，無法掌控會影響到自身投資績效的市場力量和經濟景氣循環。然而，我們可以掌控幾項重點。這些就是本章和下一章要談的主題。

投資，就是你的帳戶裡留下來的錢。你能留下多少，和三件很簡單的事有關：一、你的投資能賺多少錢；二、你要付多少錢給你的投資公司，以及三、你賺到的錢要課多少稅金。表10.1說明，成本和稅金對於假設的基金帳戶會帶來可觀的影響，強調的重點是，你的獲利是扣除成本和稅金之後的金額。

所有投資都有成本，多數利得早晚都要課稅。你無法完全避免成本和稅金，但是你可以做一些事，把這些要拿出去的錢降到最低，而且，你不用具備會計學或法律學位也可以做到。如果你在建構投資方案時，記住幾個簡單的要點，就能多留下一些報酬。在本章中，我會說明：

• 如何選擇低成本且具有稅務效率的基金。

- 如何避免在稅務和成本上會對你造成傷害的行為。
- 如何審慎判斷在有稅務優惠的帳戶裡要持有哪些基金、在應納稅的帳戶裡又該持有哪些基金。

表 10.1　假設投資 1 萬美元，成本與稅金如何影響報酬

	所得
投資總報酬（尚未扣除 10% 的費用）	$1,000.00
－基金費用（收費比率為 0.63%，平均帳戶餘額為 1 萬 500 美元）*	−66.15
投資淨利	$933.85
－應納稅額（30%）	−280.16
稅後獲利	$653.69

資料來源：先鋒集團。

* 根據晨星公司的數據，2019 年所有共同基金（不含 ETF）的平均資產加權費用率為 0.63%。

投資方程式的關鍵要素

1982 年我剛踏進投資業時，業界的慣有做法，是買進共同基金股份要收取 5% 或更高的銷售佣金。另　方面，後收佣金（back-end load）也很常見，指的是投資人贖回股份基金時才收取 1% 到 2% 的費用。如果不計算銷售佣金，股票型基金的平均費用率是 1.07%（每投資 1 萬美元要收 107 美元）。以今天的標準來看的話算非常高，現在如果你投資股市大盤指數基金，費用率最低可以低至 0.03%（每投資 1 萬美元收 3 美元）。

過去四十年來，成本大幅下降。而對於敏銳且更審慎的投資人來說，如今成本不太是個令人頭大的問題。為何如此？原因有幾個：基金公司之間競爭激烈、消費者受到更好的教育，以及愈來愈多人接受指數型基金和ETF等低成本產品。因此，投資人的資產現在大部分都投入成本較低的基金。2019年年底時，費用率落在最低四分之一的共同基金，持有的淨資產在所有股票共同基金中占80％，費用率落在其他部分的基金，只分到剩下的20％（資料來源：美國投資公司協會。）

共同基金投資人通常支付「低於牌告」的價格（請見圖10.1）。2019年股票共同基金費用率的簡單平均數（所有股票型共同基金的平均值）為1.24％，平均資產加權費用率（股東實際支付的平均值）更低，僅有0.52％。這都要歸功於投資人，他們愈來愈

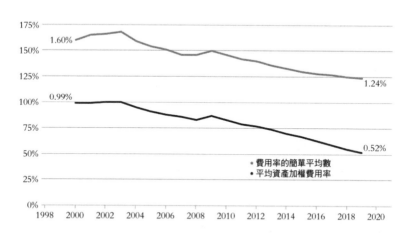

圖10.1　投資人支付的費用低於牌告價

資料來源：美國投資公司協會。

理解到，成本是投資方程式裡很重要的一環。

你是不是提著破了大洞的投資桶？

雖然投資業的成本普遍下降，低成本的基金也唾手可得，但身為財務創業家的你，還是要對成本保持警覺。很多投資公司希望你忽略他們向你索取的費用，他們把行銷方案的重點放在投資績效或是星級評等，好像這些東西一定物超所值。在此同時，金融產品供應商會層層疊疊收取費用，或是先用低成本的產品引誘投資人買單、日後再賣給他們費用較高的產品，有些投資人因此無法完整追蹤他們支付給公司的總費用。還有很多散戶投資人根本不太關心成本，不像看待其他因素這麼慎重。看到人們這麼辛苦工作存錢投資，之後卻不太在乎成本，真是遺憾。他們就好比是提著破了大洞的投資桶到處走。

如果有人告訴你成本不重要，你可以問問對方為何機構投資人（退休金基金、捐贈基金等等）會這麼積極和投資公司協商，壓低管理費用和顧問成本。機構投資人早就知道成本會侵蝕投資報酬率，透過複利效應，長期下來的效果還會放大。

有大量的證據指出，成本很重要。第9章提過，金融研究公司所做的研究指出，費用率是唯一和共同基金未來績效之間，有可靠關係的因素。研究人員檢視共同基金的十項特徵，以判定這些因素能否用來預測基金在特定期間的實際表現。這些特徵包括：過去績效、晨星評等、費用、週轉率（turnover rate）、經理人年資、銷售

淨額、資產規模，以及四項風險／波動幅度指標。研究人員檢視了
五大類基金，發現費用低的基金「無論期間長短，未來幾乎都能創
造出高於平均的績效」。該研究說，低費用率是債券基金績效的
「出色預測指標」（exceptional predictor），是股票基金績效的「良
好預測指標」（good predictor）。

　　所有基金都有成本，這是不爭的事實，但持有某些基金會比
其他更加昂貴。2019年共同基金的平均費用率為0.63％，然而，市
面上也有收費高達2.00％的基金。除了費用率之外，某些基金還會
加收銷售費或其他手續費。美國投資公司協會指出，40％的基金都
有要收取銷售費的股份類別。

檢驗拉低報酬的費用率

　　你支付的所有手續費和費用，會直接拉低你的投資報酬，因
為基金會先扣除這些成本，才把報酬給你。每一檔共同基金都有費
用率，而且必須公開報告。費用率代表基金特定期間內，用來支付
營運費用的資產比率，這些費用包括法律與會計服務費用、電話服
務費用、郵寄費用、其他行政成本以及投資管理費用。在身為股東
的你能拿到報酬前，會先從基金的投資總報酬裡，扣除這些費用。

　　多數主動式管理基金的費用率介於0.50％到1.5％之間，換算
下來，投資1萬美元，每年大概要付出50到150美元不等。你可以
預期要支付給主動式管理基金的費用會稍微高於平均，因為這些產
品（如積極小型股基金和國際型基金）需要用到大量的投資管理資

源與研究。但如果基金的費用率高於同類型的平均值，那就要存疑。你可以料想到，支付給指數型基金和ETF的費用率會低很多，有些甚至低至0.02％到0.03％（投資1萬美元支付2到3美元）。

基本功：費用率的基本原則

講到不同類別的基金費用率，以下是通則：

- 股票基金的費用率，通常高於債券基金。
- 小型股股票基金的費用率，通常高於大型股股票基金。
- 國際型與全球型基金的費用率，通常高於國內基金。
- 主動式管理基金的費用，通常高於指數型基金和以指數為準的ETF。
- 共同基金的費用率，通常高於ETF。

「但那只是一點點而已⋯⋯」

也許你會想，差距不過百分之一而已，不太值得擔心。2010年代的十年間，有七年股票都有雙位數的漲幅，很多投資人或許根本絕少注意基金的費用率。當你看到雙位數的報酬率，1％到1.5％

的費用率顯得微不足道，但是等到報酬趨於平均水準，成本的殺傷力就會顯現出來。總報酬為20％時，1％的費用率相當於侵蝕掉二十分之一的報酬。成本無論何時何地都很重要，但在報酬較低的環境下與貨幣市場和債券產品等低報酬的投資類別中，格外明顯。

長期來說，即便是小額成本都會造成極大影響。還記得複利效應嗎？會複製的不只是報酬而已，成本造成的損害也會。表10.2顯示，成本長期對於三檔投資1萬美元的假設基金造成的衝擊：

- A基金是指數型基金，費用率為0.05％。
- B基金是主動式管理基金，費用率為0.65％。
- C基金是成本比較高的主動式管理基金，費用率為1.25％。

二十年後，A基金成長到4萬6,146美元，超過成本為中間值

表10.2　成本長期如何影響報酬

	A 基金	B 基金	C 基金
原始投資金額	$10,000	$10,000	$10,000
多年後的價值……			
5 年	$14,657	$14,222	$13,798
10 年	$21,482	$20,226	$19,037
15 年	$31,485	$28,766	$26,267
20 年	$46,146	$40,910	$36,242

資料來源：先鋒集團，使用美國證券交易委員會的成本計算器（Cost Calculator，請搜尋：https://www.sec.gov/investor/tools/mfcc/get-started.htm）。本範例假設年報酬率為8％、再投資股利，而且淨費用每年複合計算。

的B基金累積出來的財富（4萬910美元），更大幅超越C基金（3萬6,242美元）。你會比較想把資金投入到三檔基金中的哪一檔？低成本基金創造出的超額報酬，幾乎等於原始的投資金額。成本很重要。

身為投資人的你，要投入資本並承擔風險，將費用降到最低合情合理，這樣一來，你才能賺到大部分的報酬，而不是被投資產品供應商賺走。基本原則是：選擇低成本的基金。

好用的查閱工具

在做慎重的比較時，要怎麼樣才能知道手續費、費用率、週轉率等重要的基金特性？還好，這很簡單，你可以在基金的公開說明書、給股東的年報或半年報，或是晨星等公司提供的資料當中，找到所有資訊。你也可以查閱基金發起商的網站或應用程式。或者，你可以直接打電話到公司洽詢。美國證券交易委員會也有好用的成本計算器，可供你比較不同基金的成本（網址為：https://www.sec.gov/investor/tools/mfcc/get-started.htm）。

前一章也提過，公開說明書是特別好用的資料來源。因為美國證交會要求共同基金都要以標準化的表格，揭露所有手續費和費用，並放在文件比較前面的地方。費用表會顯示，假設投資人投資1萬美元，設定年報酬率為5％，在第一、三、五以及十年要支付的所有費用。

基本功：了解成本

持有基金和ETF時，費用率很可能是最大的單項成本，但投資基金還會有其他的成本，如果你透過券商、投資顧問、財務規劃人員、保險經紀或銀行代表等中介單位投資的話，更是如此。當然，專業有價，但有時候他們還會以間接的方式收錢。

- **前收佣金**（front-end load）：這是你買進基金股份時，要支付的銷售佣金。舉例來說，如果你拿2萬美元投資一檔收取5％前收佣金的基金，這代表事實上一開始你就要損失1,000美元。在你拿出來的2萬美元中，基金只會用1萬9,000美元來替你投資，這1萬9,000美元第一年要賺到5.3％，才能讓你的原始投資還本。（有些公司連買ETF時都會收取佣金，但最大型的券商多半沒有這一項。）
- **後收佣金**：這是投資人出售共同基金股份時，才收的銷售佣金。有時候也稱為「條件式遞延銷售手續費」（contingent deferred sales charge）。有些基金會對持有基金多年的投資人，逐步免收後收佣金。
- **交易手續費**：用來支應投資人買入或出售股份時發生的交易成本，而收取的申購或贖回手續費。這些費用通常不高，也不是支付給銷售基金的專業人士的薪酬，而是為了補償所有基金持股人為了交易而支付的成本，公平地向造

成這些成本的投資人收取費用。因此，這種成本算是好事。

- **12b-1手續費**（12b-1 fee）：12b-1手續費是直接根據基金資產，來收取行銷與經銷相關費用的方法。（手續費的名稱，來自於美國證交會核准本項實務操作的法規條文。）接近一半的共同基金都會收取12b-1手續費，但通常會把大部分的費用留下來，把其中一部分轉發給銷售基金給你的專業人士。你會看到基金的12b-1手續費列在費用率列表裡，通常為基金淨資產的0.25％到1％之間。如果你被收取0.50％的12b-1手續費，代表帳戶裡的每1萬美元，在每一年得支付50美元的費用。

- **免收費用**（fee waiver）：有些基金免收管理手續費或行政費用，讓基金更具成本競爭力，並提高基金的收益和總報酬。然而，多數的免收都是暫時性的。要小心採行免收費用的股票和債券基金。當免收期結束之後，如果你想要挪出資金，可能會發現自己雖然省了免收費用，卻得讓資本利得稅侵蝕掉你省下來的費用。（請注意，貨幣市場基金很可能會免收費用，尤其在利率極低的時期。這主要是為了讓收益高於零。如果是這樣，免收費用是好事。）

表10.3有一個典型的費用表範例。在本例中，基金發行多種股份類別，每一種都各有成本架構，費用率和佣金都不相同。至於

你在不同期間要支付多少錢，也以兩種不同的情境來說明：持有基金股份與出售基金股份。你可以看到，類別I的股份費用率為0.99％，不收銷售費用，長期來說對投資組合的損害程度較低。一般而言，要避開收費標準複雜的基金，還有經紀人推銷費用率高、但不收佣金的基金，也要特別注意。

公開說明書裡面的費用表讓你可以比較基金成本，假設性的範例則讓你能感受到成本的金額。請注意，公開說明書裡的費用表裡，可能包含了要支付給投資顧問或財務規劃人員的薪酬，像是佣金或是12b-1手續費。但並未反映出和顧問人員相關的其他費用，比方說以資產為標準的手續費或支付給財務顧問的時薪。

把成本想成每個月的帳單

雖然基金揭露了這麼多和成本相關的訊息，但是要判斷你要為了基金投資支付多少錢，可能還是很困難。確實，共同基金不一定要像電力公司、串流服務公司和手機供應商一樣，每月都寄帳單給你，但是把這些費用想成每個月都要支付的款項，或許有助於你透視投資成本。

然而，要把基金成本想像成每月的帳單有幾項挑戰，一是你的帳戶餘額可能每個月都不同，還有，你持有的每一檔基金可能費用率也不盡相同。你可以自己算一下，查一查你的餘額，然後乘以基金的費用率，比方說：$50,000 × 0.05％ = $25。表10.4顯示，總投資金額15萬美元的投資組合中，各基金的成本金額。

表10.3 假設性股票基金的公開說明書費用表

股東手續費（直接從你的投資裡支付的手續費）

	A 類別	C 類別	I 類別
購買時收取的最高銷售費用（佣金），以發行價的百分比（%）計算	5.25%	無	無
最高遞延銷售費用（佣金），以股份原始成本的百分比（%）計算	無	1.00%（低於 100 萬美元）	無

基金每年營運費用（你每年要支付的費用，根據投資價值百分比收取）

	A 類別	C 類別	I 類別
管理手續費分擔（根據 12b-1 法規）	0.68%	0.68%	0.68%
手續費	0.25	0.75	無
其他費用	0.42	0.43	0.41
服務費	0.25	0.25	0.25
剩下的其他費用	0.17	0.18	0.16
基金每年營運總費用	1.35	1.86	1.09
免收費用及／或費用回扣	(0.11)	(0.12)	(0.1)
年度基金營運總費用扣除免收費用及／或費用回扣後的年度基金營運總費用	1.24	1.74	0.99

表10.4　透視成本

基金	餘額	費用率	你的成本
A 股票基金	$50,000	0.05%	$25
B 股票基金	$30,000	0.70%	$210
C 股票基金	$20,000	0.89%	$178
A 債券基金	$25,000	0.17%	$42.50
B 債券基金	$15,000	0.62%	$93
貨幣市場基金	$10,000	0.26%	$26
總計			**$574.50**

　　美國金融業監管局基金分析器（FINRA Fund Analyzer）是另一種很好用的工具，可以幫助你判定成本對於基金和ETF的衝擊。你能輸入投資金額、報酬率以及持有期間，這項工具就會算出你未來的投資餘額以及總成本。請搜尋：https://tools.finra.org/fund_analyzer/，便能找到該工具。

　　這項練習會把費用率的百分比換成金額，讓你更清楚掌握你支付多少錢給基金供應商。比方說，如果你和財務顧問合作，對方每年根據資產收取1％的手續費，若你的投資組合價值15萬美元，每年就要額外支付1,500美元。這樣一來，你的總成本就會超過2,000美元（亦即，基金成本約575美元，再加上1,500美元的顧問費用。）

用簡單的指標，了解交易成本

基金買賣證券時就會產生交易成本。券商佣金是其中一類交易成本，其他的成本諸如一般的買賣價之間價差、或是特定債券的買價和賣價差異。這些成本不像費用率，不是明確宣告的成本，但是同樣都會拖累投資報酬。買賣證券的相關成本會反映在基金的績效上，而且很難精準量化。此外，基金愈常買賣證券，交易成本很可能愈高。而壓低這項成本是指數型基金的優勢之一，與主動式管理基金相比之下，指數型基金相對少做交易。

你可以用很簡單的方法，了解一檔基金的交易成本是否高於正常水準（也因此可能創造出高額的應稅資本利得）。要知道一檔基金多常買賣股票，可以去查一下週轉率，這是一個交易活動指標，會在基金相關資料和基金發起公司的網站上提報。如果一檔共同基金的週轉率是100％，代表持有股票的平均期間為一年，有些基金的週轉率會高至300％、400％。另一種極端，是某些基金的週轉率低至5％，這表示，平均來說，他們會持有股票二十年。請記住，你不一定要跳過週轉率高的基金。畢竟，積極管理的基金會大量買進賣出，以實現其宣示的目標。

從基金層級來說，頻繁交易的附帶效果，是有可能從出售基金持有的證券來實現獲利，這聽起來是好事。但等到你明白，你必須為了基金分配的資本利得支付稅金時，可能就不這麼想了。我會在下一節，討論投資成本中的稅金。

為自己創造更高的稅後報酬

多數共同基金經理人的焦點，都是要為投資人創造最高的稅前報酬。因此，你能拿到多少稅後報酬，是你自己要注意的事。身為基金投資人，你有三個方法可以盡量避稅，我會在後文討論。

方法 #1：抗拒頻繁交易的衝動

投資界有個老掉牙的笑話，說如果想要賺得一筆小錢，那就一開始先投入一筆大錢，然後經常交易。這話說得太對了，另一方面，稅金也是吃掉獲利的原因之一。如果你經常交易基金或ETF股份，恐怕要面對高額的稅賦。我們很快來複習一下：當你出售部分或所有股份、而且有獲利，或是你用一檔基金的股份去換另一檔的股份，你就賺得資本利得，必須要付稅。至於你要支付多少稅金，則由你適用的稅率級距和你持有股份的時間長短，來決定。

舉例來說，假設你以每股20美元買進100股ABC基金的股份，六個月之後以每股22美元全數賣出，你獲利的200美元，必須繳交短期資本利得稅。如果你適用的邊際稅率是24％，那就要支付48美元給政府。然而，如果你持有超過十二個月之後才出售，你的利潤就被視為長期資本利得，這時，課稅的最高稅率為20％，你要支付的稅金不超過40美元。美國現行的稅法獎勵有耐心的人。

基本功：稅賦和共同基金

身為共同基金投資人，你會在三個時刻支付稅金：

- 基金分配收益股利。這些分配利益，反映的是扣除基金的營運成本之後，基金所有持有部位（無論是現金投資、債券或股票）賺得的利息和股利收益。
- 基金出售證券、並分配資本利得。這些反映的是，基金出售證券時賺得的利潤。基金賺得這類報酬時，我們就說基金實現（realize）了資本利得；基金以低於買價賣出證券時，就是實現了資本虧損。如果基金的總資本利得高於總資本虧損，就有已實現的淨資本利得，能分配給基金股東。
- 在有獲利的情況下，出售或交換基金股份。

無論你配發到的是現金，還是以額外的基金股份再投資，都必須支付稅金。但也有幾種例外情形。美國政府公債的利息收入免繳州政府所得稅，市政債券基金的利息收益免繳聯邦所得稅，可能也不用繳州政府所得稅，因此基金分配下來的利息收益也免稅。

你要為了分配利益支付多少稅金，有一個很重要的因素是持有期，亦即，基金在出售證券之前持有了多久。一年內獲利賣出的基金稱為短期資本利得，一年後才出售的話就稱為長期資本利得。

共同基金會為你提供必要資訊，讓你在課稅時正確提報分配利益。收益（例如利息和股利）與短期資本利得，通常以普通所得課稅，適用你的邊際稅率，視你的整體所得和當年的婚姻申報狀況，從10％到37％不等。長期資本利得的最高稅率為20％。（調整後總所得低於4萬美元的納稅人，無須支付資本利得稅。）

方法 #2：選擇具稅務效率的投資工具

多數投資人都沒什麼感覺，但是他們投資美國股票基金時，有一大部分的稅前報酬，最終都會以聯邦所得稅的形式轉進國庫，而不是進他們的口袋，除非這些報酬放在有稅務優惠的帳戶裡。對於適用高稅率級距的人來說，這是特別重要的議題。

怎麼會這樣？這是因為共同基金必須把他們從手上的證券賺到的任何收益或資本利得分配給你，接著，這些利益就變成「你的」所得或資本利得。在你申報年度報酬之前，你感受不到繳稅的心痛，因此很多人從來沒有把這兩件事連在一起。

經濟研究人員到了1990年代，才開始明白，基金的管理方式會對股東的稅金造成極大的影響，共同基金的稅務效率也才變成熱門議題。還好，基金必須揭露稅賦對於報酬的所有潛在影響。基金要提報稅後報酬，特定期間內分配的收益和資本利得、以及投資人因為出售股份而實現的利得（或虧損），就要適用現行稅率。想要知道本項資訊，你可以查閱基金的網站，或是公開說明書與年報。

若基金報酬普遍很高，你不會太看重稅金負擔。但等到市場下挫，你可能會覺得手上的基金已經在虧損了，收到的分配利益還要繳交資本利得稅，著實令人惱怒。

表10.5顯示稅金對兩檔先鋒集團股票基金的影響：先鋒探索者基金（Vanguard Explorer Fund）和先鋒全股市指數基金（Vanguard Total Stock Market Index Fund）。雖然某種程度上來說，這並非同類型的比較（亦即，拿主動式管理小型股基金和全股市指數基金相比），但我想要凸顯稅務效率的重點。你可以看到，在所有期間，主動式管理基金扣除分配利益稅金後的報酬（returns after taxes on distributions），都遠低於稅前報酬。相比之下，投資指數型基金的損失就少很多。

雖然多數基金在管理上都不以壓低稅金為目標，但可能因為本質關係或經過特別設計，有些基金在稅務上就是比較有效率。如果你在找稅務上比較有利的產品，可以考慮兩類基金：

- **股票的指數型基金和ETF**：由於實務上採買進並持有，連結大盤指數的基金稅務上通常極具效率。這些基金的週轉率極低，但是偶爾也會分配資本利得，比方說，目標指數剔除某一檔股票、因此基金必須出售該個股時。如果已實現的損失並沒有抵銷掉這項利得，基金就必須進行分配。有一件事我要正式聲明：理論上來說，如果大批投資人決定贖回股份，像是面對市場大跌時有所行動，股票的指數型基金可能會被迫實現可觀的資本利得。還好，多數指數

型基金投資人都是買進並持有的人，過去幾十年來，不管我們面對什麼樣充滿挑戰的市場環境，都沒有發生過這種事。（請注意，債券的指數型基金稅務效率不算太高，因為長期來說它們的報酬以收益為主，而非資本利得。）股票ETF會因為投資組合層級的實物交易（in-kind transaction）而受益，多數情況下會全數抵銷利得。

- **免稅基金**：也稱為市政債券基金，產生的收益免課聯邦所得稅。在某些情況下，連州政府和地方政府的所得稅也無須繳納。但我想要強調，不是每個人都適合買進市政債券基金，其中的取捨是，市政債券基金的殖利率通常低於應稅債券基金。一般來說，除非你適用的稅率為30%或更高

表10.5　評估稅前與稅後報酬

	1 年	3 年	5 年	10 年
先鋒探索者基金投資人股份				
稅前報酬	13.58%	12.05%	13.61%	13.05%
分配利益稅後報酬	12.29%	9.53%	11.30%	11.14%
分配利益稅後留下來的報酬百分比	91%	79%	83%	85%

	1 年	3 年	5 年	10 年
先鋒全股市指數基金海軍上將股份				
稅前報酬	14.99%	11.64%	13.68%	13.48%
分配利益稅後報酬	14.47%	11.13%	13.14%	12.99%
分配利益稅後留下來的報酬百分比	97%	96%	96%	96%

資料來源：先鋒集團。資料截至2020年9月30日。

級距，不然的話，你無法因為持有市政債券基金而受惠。

如果想知道你應該投資市政債券基金、還是類似的應稅債券基金，你必須做一些簡單的計算。多年來，我看到很多投資人根本連算都不算，就選了市政債券基金，多數人也因為這樣做而損害了自己的利益。這些納稅人決心要避稅，因此即便無法因為免稅獲益，他們也要投資殖利率較低的市政債券基金。如果他們至少挪出一點資金投資應稅債券基金，本來可以替自己賺得更高的報酬。

因此，在投資市政債券基金之前，要替自己算一算。你需要去看「應稅等價殖利率」這個指標數值。而利用以下的公式，你可以得出數值。這條公式解釋起來會比動手計算複雜一點。

應稅等價殖利率＝（市政債券殖利率）／（1.00－〔你的稅率〕）

且讓我為你示範一次。首先，把你的州政府和聯邦政府稅率換成小數形式（比方說，30％的稅率變成0.30），然後，用1.00減去上述這個小數值（以我們的範例來說，1.00－0.30＝0.70）。接下來，用市政債券基金的殖利率除以你得出的結果。以我們的範例來說，如果市政債券基金的殖利率是2％，那除數就是0.70：2％÷0.70＝2.86％。這告訴我們，市政債券基金的應稅等價殖利率是2.86％。這樣一來，在評估市政債券基金的殖利率，與應稅債券基金的殖利率時，就可以做同類型的比較了。

方法 #3：在對的地方持有資產

資產配置聽起來很時髦，但多年來，已經成為愈來愈重要的投資議題。概念是，你要思考一下整體投資組合的稅賦敏感度，選擇在對的「地方」持有資產，亦即，要好好權衡具有稅務優惠的帳戶與應稅帳戶。

順應稅法規範，在應稅帳戶裡持有某些資產、在401(k)與個人退休帳戶等具稅務優惠的帳戶持有其餘資產，是很聰明的配置。關於退休帳戶，我要說的第一點是，因為這些帳戶目前都不用支付稅金，因此戶頭裡的錢可以更快增值。（如果是羅斯個人退休帳戶，假設你遵守規則，未來也不用支付稅金。）基於這一點，你應該盡可能提撥最高金額到這類具稅務優惠的帳戶裡。

但如果你有意盡量降低目前的稅金負擔，那又是另一個要思考的難題。你的整體投資計畫中，可能有某些基金讓你必須承擔更重的稅賦。那麼，哪些基金在稅務上的效率比較低？請記住，收益分配和短期資本利得適用的稅率，高於長期資本利得。因此，債券基金和支付利息的收益型股票基金，以及週轉率很高的積極型股票基金，很可能加重你的稅金負擔。如果可以的話，用你的退休方案或是個人退休帳戶持有這些基金。

總結

　　關於投資的未來績效，你很難有什麼著力之處，但是你可以控制要付出的成本和稅金。遵循以下的小祕訣，可以強化身為投資者的你可賺得的獲利：

- **選擇費用率低的基金**：2019年時，共同基金的平均費用率為0.63％，但有很多基金收取的費用遠低於此。請偏重費用率較低的基金。
- **抗拒頻繁交易的衝動**：用應稅帳戶頻繁交易，很可能會產生稅金。即便沒有稅金上的考量，要靠不斷交易致富也很困難。
- **注意你把資產配置到哪些地方**：要以策略眼光來決定，具稅率優惠的帳戶要持有哪些類型的基金、又該用應稅帳戶持有哪些基金。

風險：來做做膽量測試

到目前為止，我一直在談，身為投資人的你可以賺得的長期報酬。但前提是你要願意承受適當、且讓你覺得安心的風險水準。例如，不要把錢放在銀行，改為投資貨幣市場基金，就是一個承受適當風險水準、能帶來值得報酬的範例。這是指你的現金投資，能賺得相對高的收益。在這個範例中，風險很低。另一個明智之舉的範例，是選擇把你的長期退休資產，投資到分散得宜的股票基金上，而不要全數放在貨幣市場基金。雖然股票市場絕對有風險，但多數長期投資人發現，只要適當分散，並且能忍過動盪的期間，很值得為了潛在的報酬承擔這項風險。在以上兩種投資情境中，風險其實是你的盟友，在你努力時幫助你提升財富。

風險可以是敵人，也可以是朋友。因此，明智的投資人在建構投資組合時，要仔細關注風險。我在本章會把重點放在管理風險的兩個面向：

- 如何才能得知你整體投資組合的風險水準、以及如何才能做到不要因為特定持有部位的風險而提心吊膽。綜觀全局

的理由是，某些持有部位的風險因素可以減緩其他部位的風險。舉例來說，貨幣基金市場的價格穩定性和收益，就能抵銷部分股價的波動性。

- 如何評估哪一種程度的風險是你可以承受的。你可以用百百種統計工具和歷史數據來衡量投資的風險，但是，到頭來，你的膽量是最簡單、很可能也是最準確的風險耐受度測試方法。

度量投資的風險

廣義來說，你的投資風險，是你最後無法累積出能滿足長期目標的足夠財富，無法過著舒適的退休生活，或供不起孩子上大學。但另一種思考風險的脈絡是，在你努力追逐目標時，你能忍受基金價格與帳戶餘額不時下跌的幅度是多少。如果你無法承受這一路上必會有的崎嶇波折，你就無法堅守投資方案到達成目標為止。因此，你必須權衡取捨，比較「無法達成目標的風險」與「這一路上價格下跌的風險」。

風險不一定顯而易見，但是金融業的專家一直汲汲營營，想盡辦法定義並量化風險，他們針對特定的風險面向訂出了各種風險名稱，請參見後文的〈風險是隻多頭怪獸〉基本功欄，裡面列出了一長串的風險名稱清單。研究人員也開發出數學衡量方法，來量測某些類型的金融風險。這些指標的名稱聽起來很嚇人，但是並不是真的複雜到難以理解和應用，它們的著眼點是股價或基金在過去的

某一段期間內，波動幅度有多高，或是報酬有多貼近大盤。在比較基金時，雖然這些都是很好用的數字，但是當中也有一些缺失，我等一下會說明。如果你不想知道這些資訊，可以直接跳到本章的下一節也沒有關係。

- **標準差**：衡量過去三年基金報酬和平均報酬的差異幅度。例如，假設A基金過去三年的報酬率分別為－5％、＋10％和＋25％，代表它三年期間的平均報酬率為＋10％，標準差為15。B基金的報酬率分別為＋5％、＋10％和＋15％，賺得的平均報酬率同樣是＋10％，但標準差僅為5。根據標準差來看，A基金的風險比B基金高三倍。
- **貝他值**：衡量一檔基金對於大盤的表現有多敏感。以股票基金來說，衡量貝他值時通常是以標準普爾500指數，或是威爾夏5000全市場指數（Wilshire 5000 Total Market Index）為基準。至於債券基金，多數的基準指標是彭博巴克萊綜合債券指數。貝他值為1.0的話，代表基金亦步亦趨跟著市場；貝他值為1.5，代表基金的波動幅度比市場高1.5倍，市場每上漲1％，基金多半會賺到1.5％，以及很重要的是，市場每下跌1％，基金也會下跌1.5％。另一方面，一檔貝他值為0.50的基金，波動性顯然低於基準指標。很可惜的是，如果基金和用來當作衡量標準的基準指標之間少有共同之處，貝他值就不太有用。這時R平方值就派上用場了。

- **R平方值**：衡量大盤上漲或下跌時，基金報酬的漲跌幅度。（同樣的，大盤也是以適當的指數來代表。）R平方值的數值從0到1.00。一檔基金的R平方值為0，表示完全和市場的動向無關；基金的R平方值為1，代表大盤漲時基金就一定跟著漲，大盤跌時基金也會跟著跌。R平方值若低於0.70，指向這檔基金和用來作為比較基準的相關市場，兩者相關性很低。

你不應該使用當中的任何一種指標，當作你主要的風險衡量指標。這些指標共同的缺點是，它們都是以過去的情況為基準，當時的環境條件很可能已經不再適用。另一項缺點，是你很難利用這些指標，輕鬆評估出投資組合的整體風險水準。尤其如果當中包含了股票、債券和貨幣市場投資，更是困難。

解析投資組合陷阱：不要因為怕虧損就遠離市場

偶爾，我會和趨避風險的人談話，這種人非常害怕投資。2008年到2009年的全球金融危機之後，即便我們經歷了表現強勁的牛市，還是有很多投資人就算知道自己應該投資股票以達成長期目標、而且也有很多時間去布局，仍因為恐懼而沒有任何行動，就怕下一次的大跌會讓他們一窮二白。

長期來看，如果你希望累積財富，避開風險到這種程度本身就是非常危險的事。假如你不把一部分的資金放到股市或債市，你無法戰勝通膨。到最後，你的帳戶餘額數字可能看起來比以前高，但是能買的東西卻比以前少。

而股票與債券混合的平衡型基金，給了很多趨避風險的投資人定心丸。平衡型基金是溫和的投資工具，目標是提供成長、收益和保本等綜合益處。另一種有用的戰略，是慢慢開始投資。比方說，一次沾一點點風險就好。畢竟，時間是你的好朋友，我們會在第14章再來談這個概念。

存續期：債券的風險指標

我在第9章裡談到了債券基金的平均到期日，能了解和這有關的資訊是好事，另外還有一個統計值叫「存續期」，這個比較複雜一點，但它是更好的指標。了解債券基金的平均存續期，你就更能關注其利率風險。換言之，知道市場利率波動時，股份的價格將如何變動。

平均存續期會以年表示，但實際上並非衡量時間的指標，而是告訴你市場利率每變動百分之一，債券基金的股份價格會漲多少或跌多少。舉例來說，如果利率上漲一個百分點，一檔平均存續期為五年的基金股價會下跌大約5％；假如利率下跌一個百分點，這檔基金的股價大約會漲5％。

要計算債券的平均存續期，會牽涉到計算基金持有資產支付

利息的現金流。簡單來說，就是很複雜。還好，你不用自己算存續期，而是可以從基金公司得到本項資訊。一旦你拿到數值，你就可以很輕鬆地比較不同的債券基金。做比較是明智之舉，因為就算兩檔基金的平均到期日相似，平均存續期可能大不相同。

以下範例說明債券的風險／報酬取捨，標準是2020年6月，三檔低成本的美國政府公債基金實際殖利率。在讀表11.1時，請記住你可以善用平均存續期的數值，預估一檔基金的價格會因為利率的漲跌幅而上漲或下跌多少。如果市場利率上漲一個百分點，長期公債基金的價格約會下跌18.5％，中期基金約跌5.1％，短期基金約跌2.1％。

表 11.1　債券基金和存續期

政府公債基金	殖利率	平均存續期 （年）	利率上漲 1%對於資 產淨值造成的影響
短期	0.30%	2.10	−2.1%
中期	0.40%	5.10	−5.1%
長期	1.30%	18.50	−18.5%

資料來源：先鋒集團。資料截至2020年6月30日。

中期政府公債基金的殖利率，比短期公債基金高了0.10％，換算下來，每投資1美元約多了33％的收益。然而，如果要賺到這多出來的收益，投資人必須承擔高兩倍的利率風險：其存續期分別為5.1年和2.1年。長期政府公債基金的殖利率為1.3％，創造出的收益高了225％，但存續期指向其利率風險比中期公債基金高了三倍。

長期投資人很可能不太顧慮利率風險比較高這件事。為了長期基金賺得的殖利率高於中期和短期債券基金，他們可以忽視短期的價格下滑。如果利率上揚、債券基金的股價下跌，投資人也會安心再投資收益，賺取更高的殖利率。投資1,000美元並持有十年，並且將收益再投資，如果每年的殖利率為0.3％，將增值為1,030美元；假如殖利率為0.4％，增值為1,040美元；倘若殖利率為1.3％，則增值為1,138美元。本世紀第二個十年與如今的第三個十年都是利率極低的期間，是很公允的說法。有些觀察家說，利率不會再低了，只能上揚，但大家都在猜利率何時才會走高。（我們會在附筆〈從收益看投資〉，更深入談這個主題。）

　　這個範例清楚顯示，想要賺得額外收益，最大的機會來自於從中期債券轉移到長期債券，而不是從短期債券轉移到中期債券。但不管是哪一種，背後的概念都是要檢驗取捨，這樣才能針對風險與報酬之間的平衡，做出周延的判斷。想追求更高收益的投資人，要確認自己可以從容面對當中明顯更高的風險。

用簡單的方法查核波動性

　　有一個很簡單的方法可以衡量基金的波動性，只要檢視過去的報酬即可，最好期間長一點。請記住，一檔在上漲時波動幅度很大的基金，下跌時很可能也同樣動盪。我可以利用先鋒成長指數基金（Vanguard　Growth Indes Fund）來說明這一點。如圖11.1所示，如果你在2008年初考慮投資這檔基金，你可能會認為之前三

年的報酬率非常激勵人心。但2008年時這檔基金大幅下跌，之後在2009年則有可觀漲幅。然而，並非所有基金的報酬都會呈現這樣大幅的變異。一般來說，成長型、積極成長型和國際股票基金的報酬比較可能大幅波動。

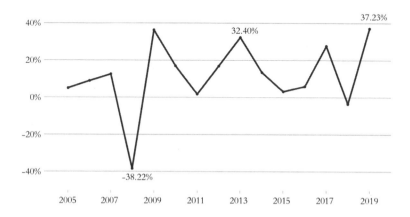

圖11.1　2005-2019年，先鋒成長指數基金年度報酬率
資料來源：先鋒集團。

來一場膽量測試

　　一旦你評估過考慮中的個別基金，還需要針對整體投資組合做一次我所謂的膽量測試。你組合起來的投資從帳面上來看或許很不錯，但是只有你才有資格說受不受得了整體的風險。要得出答案，你需要稍微了解自己，以及你有多少能耐，可以忍過波動期間和短期虧損。

表 11.2　1926-2019 年，資產組合與過去績效

資產組合目標	組成要素	平均年報酬率	表現最差年度的跌幅	94 年期間出現虧損的年數
穩定	10%股票 80%債券 10%現金	5.8%	−6.7% (1969)	9
收益	20%股票 80%債券	6.6%	−10.1% (1931)	13
保守成長	40%股票 60%債券	7.8%	−18.4% (1931)	17
平衡成長	50%股票 50%債券	8.3%	−22.5% (1931)	18
適度成長	60%股票 40%債券	8.8%	−26.6% (1931)	22
成長	80%股票 20%債券	9.6%	−34.9% (1931)	24
積極成長	100%股票	10.3%	−43.1% (1931)	26

資料來源：先鋒集團。代表美國股票的是，1926 年到 1974 年的標準普爾 500 指數、1975 年到 2005 年 4 月 22 日的道瓊美國全股市指數、到 2013 年 6 月 2 日的 MSCI 美國市場指數，以及到 2019 年的 CRSP 美國全市場指數。代表美國債券的是，從 1926 年到 1968 年的標準普爾投資級公司債指數、1969 年到 1972 年的花旗集團優質指數、1973 年到 1975 年的雷曼兄弟美國長期信評 AA 級公司債指數、1976 年到 2009 年的彭博巴克萊美國綜合債券指數，和到 2019 年的彭博巴克萊美國綜合流通性調整債券指數。代表現金的是，1926 年到 1977 年的 Ibbotson 一個月美國國庫券指數，以及 1978 年到 2019 年的富時三個月美國國庫券指數。

　　歷史報酬會讓你有個大致概念，知道可以對你的廣泛資產組合懷抱什麼期待。表 11.2（你之前在第 7 章看過這張表）顯示，不

同的範例投資組合（model portfolio）過去的績效。假設你在衡量適度成長型投資組合的風險，有60％的資產投資股票、40％投資債券。如上述數據所示，你知道以這個比例組成的假設性投資組合，在過去九十四年只有二十二年出現虧損，應該會安心一點。但你也應該自問，1931年這樣的投資組合價值損失26.6％時，你能否好好面對。

如果你認為，投資組合在艱困的市況下價值大幅蒸發，會讓你夜不成眠，選擇波動性較低的保守資產組合是很聰明的做法。確實，比較保守的資產組合代表你必須存下更多錢才能達成目標，但是，如果你不用擔驚受怕，更有可能在艱困時堅守投資方案。

然而，多高的風險算過高？這完全看你自己。有些人對於市場大幅震盪不以為意，聳聳肩就算了。有些人不行，市場波動時，他們會非常擔心損失，進而讓情緒主導、做出自己日後會後悔的決定。正因如此，我建議投資人不要太頻繁檢視自己的帳戶餘額，尤其是新手投資人。利用投資產品供應商的應用程式看到餘額後，很容易因為看到帳戶出現大筆損失，而採取行動。然而，你的投資是要持續三、四十年甚至更久，每一季（或者，更好的是每一午）查一次餘額，已綽綽有餘。

好的市況會哄騙你，讓你以為自己很堅強、很能面對風險，但等到市場風暴真正來襲時，卻不是這麼一回事。市場走揚時，大家都認為自己對風險的耐受度很高，他們看到的是風險／報酬取捨中的報酬這一面。比如，1990年代末期就是這樣。當時股市長期走揚，很多投資人都覺得上漲趨勢絕對不會停歇，或者，至少走跌

的時間將會非常短暫。他們不覺得有什麼理由要擔心投資風險。在
2000年春天過後的幾個月，市場改變走向，這些投資人發現，他
們根本不像自己所想的那樣耐得住風險。走跌的震盪和上漲的波動
在感受上大不相同。2008年和2020年時我們又看到同樣的戲碼上
演。在這方面，我很相信一套沒有科學根據的理論：「損失的痛苦
比得到的歡愉強烈十倍。」這句話或許不是百分之百正確，但以我
這一輩子和投資人對話的經驗來看，我相信方向是對的。

　　認為自己可以採取「變色龍取向」來面對風險，只要市場環
境變化就改變投資策略，是常見的投資錯誤。我們在前文提過，要
長期抓對市場時機，是極為困難的任務。

基本功：風險是隻多頭怪獸

　　每項投資都有一定程度的風險。而風險的類型也很多，
會因為投資特質的不同而變化。以下是你在基金網站和公開
說明書上，會看到的主要風險項目：

- **市場風險**：證券市場很可能整個大跌，把你的投資也一起
  拉了下去。如果投資股票，這是你要面對的最重大風險之
  一，但這基本上是短期威脅。歷史告訴我們，股價在相對
  短期會飆漲或重挫，但如果用幾十年來看的話，趨勢是穩
  定上漲。這是因為企業獲利以及美國和全球經濟長期都在

成長。

- **特定風險**：這是「把雞蛋放在同一個籃子」的風險。把投資組合集中在幾檔個股或是一、兩個市場類股，會提高虧損機會，因為特定公司或單一產業群體很可能會出問題。此外，不同的類股會忽然之間就變成股市的領頭羊，比方說，從科技股一下換成能源股，然後又變成金融股。即便成績向來超級亮麗的好公司都可能跌一跤，或是因為無法預測的情勢發展而受到影響。而減低特定風險的最好方法，就是投資廣泛分散的ETF和共同基金。

- **利率風險**：如果利率上漲，你的債券投資價值很可能下跌。而債券的到期日愈長，利率風險愈大。儘管你可以利用投資較短期的債券基金來降低利率風險，但無法完全消除。請注意，利率風險和收益風險兩者剛好相反，某種程度上來說，正好互相抵銷。如果你的債券基金價格因為利率上漲而下跌，基金賺得的收益長期來說會提高，以反映更高的利率。很重要的是，要體認到我們已經歷了幾十年的利率下跌，因此很多債券投資人對於債券價格可能下跌這一點，幾乎無感。

- **信用風險**：債券發行機構如果違約，你就有可能虧損。還有，如果發行人的信用評等遭到調降（有時候這種事會因為合併、收購或接管等事件一起發生），你的投資也會損失價值。這些事件之所以觸發調降信用評等，是因為公司可以選擇新發行大量債券，來取得資金、進行重整，這些

新的債務很可能威脅到公司償付現有債券的能力。然而，如果是投資許多債券的基金或ETF，可以減緩單一公司違約或評等改變，所引發的信用風險。

- **經理人風險**：為你管理共同基金的專業人士很可能不斷做出很糟糕的選擇，導致虧損或是創造出的報酬低於一般標準。事實上，所有主動式管理基金都有這個風險因子，但若是投資指數型基金，基本上能消除這種風險。

- **收益風險**：如果利率下跌，你從債券或者貨幣市場基金收到的收益恐怕會跟著減少。貨幣基金的收益風險比債券基金高，短期債券基金的收益風險也比長期基金高。這是因為短期投資比較快到期，迫使基金無論目前的利率多高多低，都必須再投資這些資金。

- **投資風格風險**：以特定類型的證券為基礎的策略，很可能表現不彰或是不受青睞。此外，市場區塊（比方說小型股股票）、投資風格（價值型與成長型）和產業（例如科技、消費用品等等）都有循環週期，表現也許比大盤更好或更差。過去，週期循環的時間可能長至幾年。因此，如果你把所有的資金都投入成長型基金或價值型基金，這就是你要承擔的風險。然而，只要確認自己的投資包含小型、中型和大型公司，而且廣泛分布在多項產業中，就能降低這種風險。

- **通膨風險**：你的投資蘊含的購買力很有可能下滑。而且，這種出於商品與服務價格上漲的風險，比很多人想像的更

嚴重。舉例來說，如果有五年的通貨膨脹率都是3％，那麼，固定支付的100美元利息換算成實質購買力，只剩下86美元。通貨膨脹風險是投資貨幣市場基金與債券基金時的主要考量，你可以藉由在投資組合中持有一些股票來減緩這種風險。股票為何能減緩通貨膨脹風險？因為股票有潛力以高於通膨的速度來提高價值。同樣也很重要的是，幾十年來，公司支付給股東的股利成長率遠高於通膨，因此，這種股利就是絕佳的避免通膨風險工具。總而言之，就像我之前提過的，歷史報酬顯示，以非常長期來看，股票的報酬率可以贏過通膨，幅度大於債券或現金投資。

- **流動性風險**：基金經理人如果很難在市場上做交易，也會有損你的報酬。舉例來說，有時候，要買進或賣出海外股票的挑戰性很高，部分原因是，某些海外交易所的交易量低於美國的交易所。因此，你可以把焦點放在，投資金融市場成熟的國家的基金，藉以降低這類風險。另一方面，債券基金也可能無法以設定的價格，及時出售某一檔證券。一般來說，長期債券基金的流動性風險很高。

此外，國際投資還有一些額外風險：

- **貨幣風險**：匯率的動向也可能損及你從海外的共同基金，所賺到的報酬。若美元對其他貨幣走揚，對美國投資人來說，以外幣計價的投資價值就下跌了。而且，美元走強或

轉弱，通常是長期趨勢。但是，持平來說，匯率動向對於
國際投資而言，並非長期報酬中的關鍵要素。

- **國家風險**：特定國家發生的事，像是政治動盪、金融問題
或是天然災害，都可能導致在這些市場裡交易的公司證券
價格下滑。你可以選擇投資許多國家的國際型基金，以及
著重已開發國家、而非新興市場的基金，以便降低這種風
險，但無法完全消除。

「如果你的投資組合價值蒸發＿＿％」

投資業已經發展出各式各樣的診斷方法（測驗、問卷，諸如
此類的），幫助你衡量風險耐受度。但對我來說，試著使用客觀指
標來衡量很主觀的事物，先天上就是有限制。風險耐受度並不像血
壓或是膽固醇這麼容易就能量出來，到頭來，你還是得相信自己的
膽量。我常做一些線上測驗，最後得出的分數說，我是風險耐受度
很高的投資人。但我很了解自己，因此不相信這些分數的表象。不
過，由於我向來以量入為出的原則過生活，我確實可以安心承受更
高的風險（比方說，比和我同年齡的人更大量投資股票），但我並
不是天生就是這樣。而且，我一直都嚴格控管風險，像是執行平均
成本法等策略。

要評估自身的風險耐受度，請自問以下的問題：

- 如果你的投資組合價值在一天內就蒸發了20％，你覺得怎

麼樣？1987年10月19日，道瓊工業平均指數一天就跌了22.6%，這是美國股市有史以來最大的單日跌幅。

- 如果你的投資組合在市場長期下跌期間價值穩定減少，你覺得怎麼樣？過去就發生過這種事，未來也可能再度出現。2007年到2009年的熊市持續了十七個月，債市從1971年3月一直跌到1975年9月，長達五十四個月！

- 標準普爾500指數不到一個月內就跌了34%，你會有什麼反應？2020年第一季就發生這種事。反之，當股價反彈、12月來到歷史高點，你又做了什麼？

漫長且痛苦的熊市很難模擬，你可以去做任何你想做的測試。但是如果你所知道的艱難市況僅限於書上讀到的，事實是，你並不知道萬一真的碰到了，你會怎麼辦。

當市場測試你的勇氣

在接下來這一節，我要針對風險提一些最後的看法。

如果你覺得你真的是很能承受風險的投資人，你也打算根據這一點做投資，那記住以下因素，可以在市場測試你的勇氣時，幫助你堅守方針：持有平衡、分散得宜的投資組合；控制你的成本；繼續存錢並投資；時間將會是你的盟友（我會在第14章中更細談這一點）。

如果你判定自己確實是風險趨避者，請明白，你並不需要因

為身為保守的投資人而感到羞愧。我有位密友是投資專家，私底下的他是非常保守的投資人。他知道自己做的這一行報酬高，但風險也高，而且很容易受到市場週期影響。對他來說，這代表他必須盡量降低個人的財務風險。他是比我還保守的投資人。雖然他是投資管理公司的高薪資深合夥人，但他不投資股市，而是把長期資產放在貨幣市場基金。他的同事取笑他的策略，畢竟就連1980年代和1990年代的恭逢牛市盛況，他也堅守不碰股票。然而，等到長期的熊市接續牛市而來時，他的做法就顯得很聰明。有人笑他時，他不斷複述的名言就是：「不管股市發生什麼事，我晚上都可以睡得很好。」他是確實知道自己膽量有多大的人。但我要說清楚的是，因為他的專業，他有優勢，可以靠自己的方法獲得財務穩定，然而多數人沒有這樣的餘裕。一般人需要遵守財務紀律並靠著投資成功，才能達成自己的目標。

總結

你可以使用很多客觀的工具，來評估投資組合的風險。但說到底，最好的衡量標準非常主觀：在達成目標的過程中，很可能出現種種波折，你受得了嗎？建構投資組合時，請考慮以下因素：

- **一般來說，你的風險承受度有多高？**你比任何人都了解自

己，請根據你對自己的理解來選擇投資工具。

- **你會如何因應（或者你曾如何因應），過去動盪的市場？**
  檢視特定基金或特定類型投資組合的過去績效，問問自己
  會如何（或曾經如何）因應這些情境。

| 12 |

你需要投資教練嗎？

我成為先鋒集團的總裁時，很意外收到一通道賀電話，來電的是一位年長的男性，他兩個女兒是我的兒時玩伴。姑且稱這位先生為鮑伯，他說了一些先鋒集團的好話，提到他只投資了一檔平衡型的先鋒威靈頓基金，就替兩個女兒（就叫她們卡拉和艾莉森吧）存夠了大學的教育基金。鮑伯不一定只能做這麼簡單的投資，他自己是證券營業員，有很多投資選擇可以組成平衡且分散的投資組合。但他很聰明，知道簡單的美好與成效。我總是記得他說的話：「卡拉和艾莉森就是靠威靈頓基金上大學。」一檔基金，二十年。很簡單，也很有效。

何時要尋求財務顧問的協助？

本書的前提是，只要有一點知識、信心和紀律，你就可以靠自己投資成功。我認為，這特別適用於，為了達成退休等長期目標而累積資產的投資人。但是，不見得每個人家裡，都有財務專業人士可以提供投資指引和基金建議，也不是每一個人的情況都像鮑伯

這麼簡單直接：他訂下了一套時間很確定的方案，就是要為了女兒的教育籌資。因此，很多時候，去找財務顧問或數位諮詢平台（通常稱為機器人顧問）尋求建議，是合情合理的行動。

那麼，你怎麼知道自己要不要去找顧問協助？這是很個人層面的決定，以下列出幾個應該尋找顧問協助的理由：

- **處理人生要事**：生活中總有些時機需要徵詢顧問。如果你願意的話，想一想一個情境：夫妻其中一方，是家中的主要財務決策者、也是家中的投資管理人，但此人過世了。留下來的另一方，少有擔負這些任務的經驗，可能就會想要尋求專業人士協助。我曾協助過幾位密友的寡妻，幫她們和值得信任的顧問建立起關係。就我的經驗來說，這是幫助她們過渡到人生新階段很重要的一步。而且，說實話，我現在去問候她們時，我都很高興當時可以卸下她們心中的憂慮。確實，多年之後，她們不僅財務狀況穩定，也很平靜自在。

    若你離了婚，或是你的配偶喪失認知能力，無法做出適當財務決策，也是類似的情境。而像過世的父母留給你一大筆遺產，或是出售企業拿到一大筆錢時，顧問的建議也很有用。

- **尋求安心**：投資過程中，有時候你會想要問一問顧問，確定你的方向是對的。假設你現在30多歲，已經投資了約十二年。顧問可以分析你的投資組合和儲蓄率，拿來比對你

的投資目標，然後在相對早期提出必要的修正方向。富蘭克林說過：「失去的時間再也找不回來。」我也會在稍後證明時間與複利的力道。有些顧問也可以針對保險和醫療保健的儲蓄選擇，為你提供建議。

退休前幾年，是另一個你可能要尋求建議的階段。舉例來說，假設你現在50歲出頭，你在思考何時是適當的退休時間。顯然，你的財務狀況是這項決策中的關鍵。顧問可以提出「第二意見」，向你保證從財務觀點來看，你已經做好準備，迎接未來的二十五到三十五年。或者，他們會指點你要提高儲蓄率、管理醫療保健成本，或是調整投資組合，以便實現你的退休夢想。

• **處理複雜的面向**：我在本書中都推崇以「簡單」作為投資策略，但有時候人生以及投資相關的事物可能很複雜。且讓我們回到上一個例子，假設現在的你大概30多歲。你和配偶正在為了退休而儲蓄，你們有三個孩子，未來十二到十八年間要上大學。在此同時，你還想搬到市郊，換比較好的學區，但這樣你就要背負更高額的房貸，並承擔更高的房地產稅金。此外，你還要償還為了讀MBA而申請的助學貸款。然而，家中最大的孩子十二年後就要讀大學，你是否應該把大學儲備基金設為最優先，而不是提撥最高額度到雇主資助的退休計畫？但存大學儲備基金的最佳工具是什麼？又得存多少錢？清償助學貸款以減輕負擔這件事呢？如果你準備先清償學貸，會不會錯過買下夢想的房子

和把孩子送進好學校的機會？而顧問可以幫助你回答這些問題，訂出穩健的策略並確實監督，好讓你的財務井井有條。

- **管理退休生活**：我確信多數人在退休時，某種程度上都應該去找位顧問談一談。我的這番看法來自於許多人的經驗，包括我自己、我的家人、朋友、共事多年的同事等眾多來到退休階段的人。這是一段很複雜而且通常讓人害怕的期間，也很讓人情緒化。此時要做好多決定，你或許需要靠你存了一輩子的存款（到那時應該是筆大數目了），來過之後的幾十年。另外還有各式各樣的問題：

- 我要先動用哪一個帳戶？401(k)、個人退休帳戶還是應稅帳戶？
- 我應該何時接受社會安全福利金？
- 如何判斷資金可以用多久？
- 應不應該一次領出退休金？
- 我要繳的稅會減少嗎？
- 如果熊市到來，我應該做什麼？
- 我要不要用收益型年金（income annuity）來搭配我的投資組合？
- 我要如何支付醫療費用？

顧問會提出一套最適方案，來管理這些複雜的議題，還有，

很重要的是，給你一定程度的安心和信心。有一些55歲到75歲的人來徵詢我的意見，我對他們做了一番研究，發現多數人對於自己在累積財富階段所做的投資，都感到很滿意。而之後我們討論到，在挪用資金階段聘用顧問的好處與壞處時，大部分的人都選擇尋求專業。

請以「你」為出發點

講到評估顧問意見、以及找到適當的對策，這些事龐雜到足以寫成一本書，我會盡量聚焦在「替自己選擇合適顧問」的關鍵面向。首先，請以你為出發點。我的意思是：

- **你的需求**：你的需求是否相對簡單直接？如果你需要有人針對「如何善用稅務上的好處建構投資組合」提供建議，去找僅收手續費的財務顧問並和他談一次，或許就夠了。（之後我會再多談顧問的薪酬架構。）反之，如果你需要有人幫忙選擇投資標的、管理投資組合、盡量避稅、妥善的保險規劃，與處理各種不同的目標，可能就要和財務顧問建立起持續性的關係。
- **你的情況**：你的投資組合規模多大？你現在來到哪一個財務階段？你是不是才剛起步、只存了一點錢？那個時候你需要的可能不是建議，一檔目標日期基金也許更符合你的需要。還有，如果你的投資組合規模很小，說不定還達不

到顧問的最低資產要求。然而，若你的資產很可觀，但是沒有時間或意願管理自己的財務，或許可以選擇聘用財務專業人士。

- **你的偏好**：你是很樂於自己動手做的人，還是偏好把某些事情委託給別人？比方說，你會利用軟體自己報稅，還是請會計師幫你報？這個問題的用意，是要判定你能不能安心使用線上工具或數位解決方案（例如機器人顧問），對這些科技有沒有信心。對照之下，說到錢，無論是買保險、存支票還是尋求財務指引，我這一輩有很多人比較喜歡和真人面對面。

真人、機器人……如何選擇財務顧問？

過去十年來最棒的發展之一，就是個人和家庭的選擇多到爆炸，更容易找到專業人士來協助他們順利投資。最後的結果是，消費者有更多選擇，而且價格也更優惠。有些過去大家不認為是主流的顧問服務公司，例如先鋒、富達（Fidelity）、嘉信（Schwab）以及其他大公司，現在也做得很好，以具有吸引力的價格提供各式選擇。而幾千家註冊在案的投資顧問公司和獨立作業的顧問，也提供額外的選擇。還有，過去十年來，科技導向的機器人顧問也快速成長、演變。因此，在尋求財務建議上，選擇太多了，更重要的是，成本很低。就像我之前提過的，有太多收費的個人和機構，想要為你提供財務建議和管理你的資金，比方說會計師、保險經紀、

證券經紀、財務規劃師、投資顧問、財富教練等等，不勝枚舉。顧問很可能任職於券商、銀行或是共同基金公司。或者，顧問也可以獨立運作，單獨開業或和其他顧問與支援性員工組成團隊一起合作。機器人顧問也是一樣，有很多一開始是出自於獨立的新創公司，較近期，前述的老字號財務服務公司，也開始推出相關的應用。

如果你做了研究，你會聽到很多種不同的專業資格縮寫，比如CFP（Certified Financial Planner，認證理財規劃顧問）、CFA（Chartered Financial Analyst，特許金融分析師）、RIA（Registered Investment Advisor，註冊投資顧問）、CRP（Certified Risk Planner，核准風險評估策劃師）、RFP（Registered Financial Planners，註冊財務規劃師）和 CPA（Certified Public Accountant，註冊會計師）。當中某些資格，要滿足一些條件並通過全國性專業組織的考試才能取得，有些則由監理機關發給，還有一些只是代表是某個機構的會員。美國金融業監管局提供了很好用的線上資源，列出各種專業性和認證性的資格，我建議你在做研究時去查一下，網址為https://www.finra.org/#/。

你也會想要查一下顧問的學歷、經歷、證照、過去的就業紀錄、法規紀錄和信託狀態。（信託是指有責任根據客戶的最佳利益行事。）如果是機器人顧問，你要實質調查背後的公司，看看公司的歷史、過去紀錄、規模、聲譽，諸如此類。你可以使用美國金融業監管局的「經紀人查核」（BrokerCheck）功能，來查核在美國證交會和各州政府註冊的投資顧問，這麼一來你就能確定某位顧問是

否持有執照，可銷售證券、提供投資建議，或是兩者並行。

同樣重要的是，要知道一位顧問是否有可以掌控你帳戶的「代操權」（discretionary），這是指對方能夠做出買賣決定，也可以代表你執行交易。如果有這種權力，只要是根據客戶明示的投資目標，顧問就可以在不用徵詢你、或不用取得你的同意之下進行交易。非代操帳戶則是由你去做交易決策。

成本 vs 價值，投資教練值多少？

若要判斷顧問的服務是否有價值，重點是要知道你能得到什麼，以及要花多少成本。你得到的是一次性資產配置計畫和基金建議，還是包括監督投資組合、損失時賣出以節稅（tax loss harvesting），以及再平衡等更全面性、個人化且持續的服務？還有，你也要查一下顧問的投資哲學、推薦的產品類型、表現，以及你會收到的報告。請顧問提供簡稱為 CRS 表（Form CRS）的客戶關係摘要表（Client Relationship Summary），這份文件會以白話描述財務專業人士為你提供的服務性質，也會說明成本。

至於顧問服務的收費，無論是金額還是架構，都有很大的差異。同樣重要的是，要知道顧問如何賺得薪酬。以成本來說，我鼓勵你去思考你要付出多少錢買服務，以及要付多少錢買標的投資產品，以組成你的投資組合。我在第 10 章也提過，我把這些費用稱為總成本。以下摘要你在評估服務供應商時，可能會看到的收費架構：

- **僅收手續費**：僅收取手續費的顧問，賺到的就是客戶為了買進服務、執行方案與持續管理而支付的費用。一般來說，僅收取手續費的顧問以時薪計費、以一份一份的計畫收費，或是收取聘用費。僅收手續費的顧問不會因為你買了推薦的產品而收到費用或薪酬，但你購買推薦的基金時還是要支付基金的內扣費用。如果要做比較的話，把僅收手續費的顧問費用轉化成百分比，會很有幫助。比方說，假設你的投資組合是10萬美元，顧問每年收取的手續費是1,000美元，那就是1%。

- **根據資產規模收取手續費**：最常見的收費方式之一，是顧問根據他代表客戶管理的資產，收取某個比例的費用，費率通常從資產的0.25%（投資10萬美元，要收250美元）到1.5%（投資10萬美元，要收1,500美元）或更高。很多顧問會使用遞減的標準，根據資產的級別逐步調降費用。舉例來說，投資組合的規模如果是10萬美元到50萬美元，收取1%，50萬1美元到100萬美元收取0.75%，超過100萬美元收取0.50%。基金的成本則是外加。顧問薪酬會因公司不同而有差異，有些顧問領薪水，有些則是從他們自己的業績裡抽成。

- **根據資產規模收取手續費，再加上佣金**：有些財務專業人士經過註冊、可以提供顧問與經紀服務，因此，他們可能會根據資產規模向你收費，同時因為你買了推薦的基金，而收取佣金和內扣費用。這些佣金可能是明講的（例如前

收佣金），或是以12b-1費用的形式內含在基金的內扣費用裡。這項費用是內扣費用的一部分，是顧問銷售基金股份賺得的薪酬。而顧問會不會因為賣給你特定基金而賺到錢，是很值得知道的訊息。

- **訂閱制收費**：有些公司或財務顧問採取訂閱計費制，這表示你要支付一筆年費或月費，或者兩項都得繳。但同樣的，針對建議投資組合中的基金或ETF標的，你還是要支付相關費用。

- **「免費」**：有些大型的投資產品供應商提供免費的線上顧問服務，可以用來建構、並監督由基金或ETF組成的多元分散投資組合。但請體認到一點：沒有什麼是真的免費的。雖然你不用一直支付手續費或佣金，但是你要付推薦給你的投資產品內扣費用，就像你自己打造投資組合時一樣。要小心。有些公司可能會使用低成本的指數產品，但是在投資組合中加上公司內部成本較高的主動式管理產品，這些基金有時候收取的費用比傳統指數型基金或ETF高了十倍，比方說，可能是0.03％對比0.39％。有些公司也會建議你買進他們公司內部殖利率很低的貨幣市場產品，用這種形式持有大量現金，這是隱藏的機會成本。我還要再多提一條警告：這些提供顧問服務的公司很可能會不斷轟炸你，進行各種「追加銷售」（upsell）或「交叉銷售」（cross sell），想要你加入比較昂貴的財富管理服務，或說服你買進其他產品與服務。

評估顧問時，務必確認你很清楚你要支付的全部費用以及相關的薪酬安排。在揭露費用和討論薪酬時，名聲好的顧問會抱持完全開放與直率的態度。

讓我們回到價值的部分。這更讓人想起劇作家王爾德對於憤世嫉俗者的定義，他說這種人「很清楚每一項物品的價格，但完全不懂價值」。你付錢購買專業服務時，也一定會得到某些價值。有些價值很明顯，例如：明智的計畫、審慎的儲蓄分析，或是推薦給你的低成本、廣泛分散基金列表。如果雙方培養出正確的關係，你應該能從關係中得到價值。顧問的功能就好比是參謀和教練，幫助你順利走過艱困的市況，並阻止你犯下嚴重錯誤。值得信任的顧問可帶來安全感和安心，請別忽略這種情感上的益處。

用合理的成本，選出優質服務

要選出合適的顧問方案，你得做實質調查。當然，你也應該這麼做，因為你把一部分的未來財務規劃責任，轉交給另一個人或實體。你可以仰賴家人朋友的推薦，也能接受會計師或律師建議的人選。有些專業性組織，例如美國理財規劃顧問認證協會（Certified Financial Planner Board of Standards, Inc.）、美國理財顧問認證協會（Financial Planning Association），或全美個人財務顧問協會（National Association of Personal Financial Advisors）等等，都提供很好用的線上搜尋工具。

根據剛剛討論過的因素來刪減你的人選名單，最後再篩選出

可能的顧問。請和對方面談，多問問題，如果有不清楚或不了解的地方，就再探問。請去感受一下，看看自己能不能相信此人（如果是機器人顧問的話，就看看能不能信任背後的公司）。到頭來，你要找的解決方案，是能以合理的成本，為你提供全面且優質的服務。

總結

有些人沒有時間、意願或能力管理自己的財務，如果你發現自己需要把這項責任交託出去，請好好做選擇。

- **接近退休時，做個深思熟慮的決定**：離開職場前，請考慮請個顧問。人生到這個階段，財務本來就很複雜，這是強而有力的尋求專業協助理由。
- **衡量自己的需求**：你的目標是什麼？你需要對方為投資做檢查，還是給予持續的建議？數位解決方案還是真人專家比較讓你安心？
- **審慎選擇**：選項又多又讓人困惑。但你有很多資源可以用，幫助你尋找與甄選顧問。
- **權衡成本／價值的取捨**：顧問的成本可以是「免費」，也可以很高昂。然而，能提高成功機率的最佳財務規劃，以及伴隨而來的平靜自在，價值很可能是「無價」。

PART III

以專注和紀律管理投資

Manage Your Investments with Focus and Discipline

| 13 |

讓「買進並持有」變魔法

1997年，某天晚上我去匹茲堡參加一場先鋒客戶研討會，有位先生跑過來自我介紹，說了一個很驚人的故事。回到1958年，當時還是青少年的他，賺到了1,200美元，然後他問爸爸應該怎麼處理這筆錢。這對父子徵詢了一位財務顧問，對方建議他們投資一檔新的共同基金叫威靈頓股票基金（Wellington Equity Fund）。接下來的三十九年，這筆錢就一直放在那裡，以平均每年13％的報酬率成長、並累積再投資的分配利益，到了1997年，這位先生如今持有的先鋒溫莎基金（Vanguard Windsor™ Fund，這檔基金現在已經改名）帳戶成長到14萬5,000美元，比他原始的投資高了一百倍以上。他只是想過來跟我道謝！我回報了這份感激，對他說他正好提供真實範例，說明為何要及早投資，以及耐性真的可以帶來可觀的成績。

如果你下定決心要投資成功，首要之務就是：成為買進並持有的投資人。就像這位匹茲堡投資人的故事所展現的，挑選穩健的投資然後長期持有，確實能奏效。這套簡單的策略不僅能帶你走上累積財富之路，你也不用投入很多時間精力去管理投資，可以好好

過生活。

　　在本章，我要討論為何買進並持有的策略可以成功，以及如何在你的投資組合裡落實這套策略。之後，我會非常坦白地談兩項無效的短期策略：頻繁交易和擇時進出。

超越漲跌的有效投資策略

　　你可以透過平均成本法，來養成買進並持有的習慣。這是指，根據設定好的時程投入一筆固定的金額，買進指定的投資商品。平均成本法能為你建立投資紀律，在此同時，也幫助你避開擇時進出與頻繁交易的誘惑。

　　平均成本法還有更好的優點：特定期間，你買到的股份會比你以該期間的平均股價所買到的股份更多。這聽起來不合理，但且聽我解釋。關鍵是，無論市場漲或跌，你都定期投資固定金額到同一檔基金、或同幾檔基金。由於金額固定，價格跌時買到的股份多，價格漲時買到的股份少。舉例來說，假如你每個月投資250美元買共同基金。如果第一個月你買的基金資產淨值是每股10美元，你投資250美元就可以買到25股。倘若第二個月價格下跌成每股8.50美元，同樣投資250美元就可以買到29.4股。

　　因此，你的每股平均成本，會低於同一投資期間的每股平均市價。在上述的兩個月投資範例中，每股平均市價為9.25美元，但你買進54.4股的平均價格為每股9.19美元。表13.1和表13.2顯示兩種不同的平均成本法情境差異。

表13.1 平均成本法在市場上漲時如何發揮作用

月	投資金額	股價	購得股數
1	$400	$5	80
2	$400	$8	50
3	$400	$10	40
4	$400	$10	40
5	$400	$16	25
		總購得股數	235
		總投資金額	$2,000
		平均每股價格 *	$9.80
		平均每股成本 **	$8.51

資料來源：先鋒集團。

* 平均每股價格＝$9.80（$5＋$8＋$10＋$10＋$16＝$49；$49÷5個月＝$9.80）。
** 平均每股成本＝$8.51（$2,000÷235）。

表13.2 平均成本法在市場下跌時如何發揮作用

月	投資金額	股價	購得股數
1	$400	$16	25
2	$400	$10	40
3	$400	$8	50
4	$400	$8	50
5	$400	$5	80
		總購得股數	245
		總投資金額	$2,000
		平均每股價格 *	$9.40
		平均每股成本 **	$8.16

資料來源：先鋒集團。

* 平均每股價格＝$9.40（$16＋$10＋$8＋$8＋$5＝$47；$47÷5個月＝$9.40）。
** 平均每股成本＝$8.16（$2,000÷245）。

平均成本法不一定代表你得記住每個月要撥款。事實上，你很可能已經在使用這套策略，只是不自知。舉例來說，你加入了雇主資助的退休金方案，固定從薪資中扣款。你也可以在其他帳戶套用平均成本法，排定固定日期將存款自動轉帳到基金帳戶，或是設定程式，將資金從貨幣市場基金轉到股票和債券基金。透過這種方式，你可以輕鬆且自動進行投資。

要讓平均成本法發揮效果，請記住兩件事：

1. 不管什麼情況，你都必須持續買進，就算市場下跌也要買。從心理上來說，要做到這一點很困難。但很重要的是，要提醒自己你一開始為何要運用平均成本法：為了採行一套有紀律的投資法。

2. 你必須堅守相同的資產配置。比如，每個月都撥出固定金額購買相同的投資標的，是平均成本法。然而，投資固定的金額，一個月買債券，下一個月買股票，就不叫平均成本法。

當然，平均成本法無法消除金融市場的投資風險，也不能確保獲利，更不保證市場下跌時，你不會遭受損失。但多年下來，這對很多投資人來說確實有效，包括我自己和我的家人。

不要輕易放棄買進並持有策略，除非……

很多時候，你會對投資組合裡的某些基金感到不滿，現實就

是這樣，有時候投資對你來說就是不再有效，你必須脫手。但同樣也成立的是，每一檔好基金時不時都會碰到壞時機。發生這種情況時，你可能會質疑自己挑選基金的能力。我還是先鋒集團的執行長時，收到很多投資人的來信，如果你也和他們一樣，也會質疑投資組合經理人的能力，更不會放過執行長了！

身為買進並持有的投資人，除非你有很好的理由假設某項投資對你來說已經不再是穩健的標的，不然的話，你應該不太想出脫。以下有三個出售基金的合理理由：

1. 基金大幅變更策略、持有部位或投資方法。

2. 過去替基金創造出績效的投資組合經理，被調離基金或離開公司。

3. 基金與基準指標和其他同類基金相比之下，績效不彰的期間太長。短期表現不佳並非出售基金的好理由，因為所有基金都會經歷無法贏過市場或同類基金的時期。請記住匹茲堡那位投資人的故事：耐心會帶來報酬。

為何頻繁交易沒勝算？

根據那一句已經被人說到煩的老話，要在市場裡賺到錢，方法就是「買低賣高」。顯然，這是個好主意，你只要找到什麼標的會漲，先買下來，等到價格來到高點再賣掉就好了。只要一次又一次重複這個過程，你就能靠著交易累積出大量財富，而且愈快愈

好，對嗎？

很可惜，知易行難。然而，就因為這套理論很簡單，而且潛在的報酬看起來很豐厚，無怪乎有很多人會對自己說：「我是聰明人，我可以看出股票何時漲、何時跌，這又不是什麼高深的學問！」很快的，他們就開通了線上券商帳戶，每天買賣股票。或者，有些人可能沒這麼積極，但他們覺得，能根據自己從談話性節目、部落格或線上社群打聽到的消息，一個月進出市場多次，買賣股票基金或ETF，是很酷的事。

我們在2020年時看到線上交易又再度興起，某些券商平台把投資「遊戲化」，讓交易個股變成兼具娛樂效果的趣事。但請不要去嘗試，你沒有勝算。

以股票交易來說，就算是專業人士也很難打敗市場，這些人可是有專精的知識、資源和研究做後援。你沒有這些優勢，想要在交易這件事上勝出，幾乎得是靈媒才辦得到。加州大學戴維斯分校（University of California at Davis）兩位教授布拉德·巴博（Brad Barber）和泰倫斯·歐丁（Terrance Odean），找來6萬個家庭（他們都是某一家低價券商的客戶），研究從1991年到1996年之間，頻繁交易對投資報酬的影響。他們的發現如下：交易頻率最高的人，賺的年平均淨報酬為11.4％，交易頻率很低的人則賺得18.5％。而這還是牛市期間的表現，這段期間內股市上漲17.9％。當市場環境變得更嚴峻，頻繁交易者的報酬率會更低，甚至出現虧損。

頻繁交易基金的人，成功的機會也很低。當中的困難是，要

事先找到哪些基金會有出色的表現，而且要在廣大的市場裡，找到績效好到有一定差異的基金。要分析為何難以成功，我們要將股票共同基金與其公開說明書上的基準指標相比較，期間為至2019年12月31日的十五年。圖13.1顯示美國國內股票基金的超額報酬分布，請注意，有大量基金的報酬都落在公開說明書上指稱的基準指標左方，這代表超額報酬為零。如果考慮合併基金與清算基金，有一大部分基金的績效都低於基準指標，這表示，超額報酬為負值比超額報酬為正值更常見。有意義的超額報酬（亦即1％以上），不如小幅超額報酬（亦即不到1％）常見。

多數頻繁交易的人無法成功，理由有二：市場難以預測，以及成本和稅金造成拖累。

沒有人能預測市場

有些人宣稱，他們有一套系統可以挑出績效出色的證券或類股。但事實是，至今沒有誰證明過自己有天賦，可看到未來的市場或個別基金或股票會怎樣。即便是傳奇性的投資人，也會犯錯。看看科技股熱潮結束時，吃了大虧的專業人士就知道了。還有，誰預測到2020年初會有新冠病毒疫情，徹底攪亂了全世界的金融市場？我沒算到，你可能也沒有。

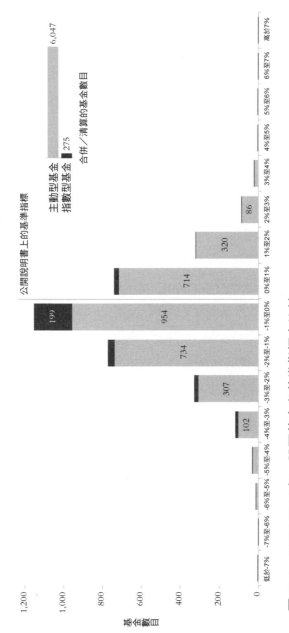

圖13.1　2005-2019年，股票基金與基準指標之比較

資料來源：先鋒集團使用晨星的數據計算。

成本的懲罰

無論你交易的標的是基金還是個股，成本議題都很重要。如果你經常交易基金，就會有短期交易成本或交易手續費，而假如你是透過中介機構交易，說不定還有其他手續費。假設你經常交易個股，可能要支付券商的經紀費用，而且也要吸收買賣價差（bid-asked spread），這是證券的潛在買家提出的「買價」，與潛在賣家願意賣出的更高「賣價」之間的差額。金額看起來可能微不足道，但我保證，這些成本會快速增加，長期的效果還會放大。這是因為，拿去付掉成本的資金不會透過複利成長。

更大的衝擊可能是資本利得稅。若你出售應稅帳戶中的股份且獲利，就要支付資本利得稅（但假如你用有稅務優惠的帳號做交易，像是個人退休帳戶或401(k)計畫，那就不用）。有賺到錢的主動型交易者通常會實現短期利得，適用的稅率從10％到37％不等。反之，持有一年以上的證券資本利得是長期利得，最高稅率為20％。如果短期資本利得是5,000美元，適用最高稅率級距的投資人要支付1,850美元的稅金，比長期資本利得的稅金高了近兩倍。

別猜「正確」的投資時機

很多擇時交易的人試著猜測何時該跳入市場，何時該完全退出。他們會等到股市或債市看來很有吸引力時才投資，等到大浪即將來襲，他們會轉身退出市場。基本上，你要兩次都做對。

擇時交易者決定進出場的「系統」，可能是計算各式各樣財務比率、或是根據過去的模式檢視信號的精密電腦程式。或者，擇時交易者只是根據某些金融專家或通訊刊物的說法進出市場，甚至也有可能全憑自己的直覺行動。

不管這套理論如何美好，前提如何有理，事實是，它無法一直讓採行的人致富（或許除了負責擇時交易者帳戶的證券營業員以外）。如果擇時操作長期下來真的有用，那麼，這些操作者應該會在全球富豪榜上名列前茅。而且，想必你也不會看到像巴菲特這種買進並持有型的投資人，躋身財富領先群。

這個世界太難預測，不能指望過去有用的模式、動能或合理假設，在未來也同樣有用。很多操作精巧避險基金的極聰明、極富有人士一下子破產，就是因為市場的動向難以預測、恐怕也很不理性，而他們精密的電腦模式沒有算到這些事。

此外，即便很多擇時交易者會進行分析，但他們多半也和一般人一樣，會受到情緒性的決策影響。太常見的情況是，他們要不是在價格下跌時非常恐慌、在虧損之下出脫持有部位（2020年時股市和債市都出現這種情況），要不然就是太晚才上車（1990年代末期科技股的情況就是這樣）。

擇時交易的另一個問題，是市場通常忽然間就反彈，而且期間很短。如果你剛好在這些時候退出市場，你就會錯過當年多數、甚至所有的漲幅。下頁表格中的數字，顯示了在錯誤的時間點離開市場的風險有多高。從表13.3可看出，從2010年到2019年這段期間，如果錯過股市大盤表現最好的六個月，你的平均年報酬率會減

表 13.3　2010-2019 年，退出股市的損失

	最終價值	10 年年化報酬率
整段期間	$353	13.4%
減去表現最好的 1 個月	$316	12.2%
減去表現最好的 2 個月	$289	11.2%
減去表現最好的 3 個月	$266	10.3%
減去表現最好的 4 個月	$247	9.4%
減去表現最好的 5 個月	$230	8.7%
減去表現最好的 6 個月	$215	8.0%

資料來源：先鋒集團。代表股票的是，到2013年6月2日的MSCI美國市場指數，以及之後的CRSP美國全市場指數

表 13.4　2010-2019 年，只在市場邊觀望的債券投資人的損失

	最終價值	10 年年化報酬率
整段期間	$145	3.8%
減去表現最好的 1 個月	$141	3.5%
減去表現最好的 2 個月	$138	3.3%
減去表現最好的 3 個月	$135	3.1%
減去表現最好的 4 個月	$133	2.9%
減去表現最好的 5 個月	$130	2.7%
減去表現最好的 6 個月	$128	2.5%

資料來源：先鋒集團。代表美國債市的是彭博巴克萊美國綜合流通性調整債券指數。

少將近40％，從本來的13.4％變成8％。（表中的數字代表，在這段期間，一開始投資100美元。）

　　退出債市的風險同樣很高。如表13.4所示，錯過這十年期間

債市大盤表現最好的六個月，你的平均報酬率會從3.8％降為2.5％。（表中的數字代表，在這段期間，一開始投資100美元。）

我想起有一個朋友在1987年股市崩盤時慌了，賣掉股票出場。他做投資銀行這一行，你可能會以為，他比別人知道的更多。然而，他沒有再回到市場，這又放大了他的失誤。他抱著現金，等著「正確」的投資時機，然後在市場強勁反彈時，付出了大筆的機會成本。他最後打電話給我，希望我能向他保證股票是很好的投資標的。那時已經是1994年，在短期間內，股市漲幅已經超過100％。我的回答是：「我不知道這個月或今年會怎樣，但既然我們都40歲了，我會說現在是好時機，正適合為了未來的四十年投資。」

頻繁交易者和擇時進出者比較算是投機者，而不是投資者。你可能認為自己會是少數的成功者。但請自問，你真的希望用預期的退休金或捨棄其他重要財務目標，來賭一把嗎？我的建議是，忘了時機，且讓時間和複利變魔法吧！

總結

一旦你建構好合理的長期投資組合，就讓買進並持有的策略主導你的投資方案。雖然持有買進的投資標的，不見得是能輕鬆堅持下去的策略，但這是經過證實、可以累積財富的辦法。

- **定期買進**：使用平均成本法，定期定額買進基金股份，無論市場上漲還是下跌都要買。要抗拒誘惑，不要自以為可以選對何時該投資、何時又該出場觀望。你的勝算不大。
- **長期持有**：請持有投資標的數年、甚至數十年，不要嘗試頻繁交易。頻繁交易是投機而非投資，這是輸多贏少的賽局。

| 14 |

時間是你的最佳盟友

　　從事投資這一行將近四十年後，複利的神奇仍能讓我感到驚異。我在複利上學到的第一課，是我身為銀行家的父親幫我開了一個戶頭。多年後，等我又見到複利時，我已經成為大學裡的經濟系學生，保羅・薩繆爾森（Paul Samuelson）的經典教科書《經濟學》（*Economics*）裡就有講到這件事。1982年我加入先鋒集團，又再度見識到複利的魔力。

　　用以下這個練習來測試你的複利知識：如果一個18歲的人在個人退休帳戶裡投資6,000美元，放著不動，每年的複合成長率是8％，五十年後會變成多少錢？你可以大膽猜一下，然後翻到本章結尾看答案。我猜你會嚇呆了。我到現在還是。多數人低估了時間在投資方案中的價值，也可能不明白，在朝向目標邁進時，時間累積出了最大的動能。在上述範例的半途中（亦即，6,000美元的投資放了二十五年之後），價值僅有4萬1,091美元。然而，在最後九年，這個帳戶的最終價值成長了一半。

　　在本章，我要討論如何讓時間幫你一把。如果事與願違，你不屬於及早開始投資的那群人，我也會提供一些小祕訣，告訴你如

何盡量善用你有的時間。

和時間結盟

如果你很年輕就開始存錢，時間會是你最好的盟友。年復一年，你的投資會賺到利息和股利，這些報酬又會幫你賺到更多的獲利。如果你等到人生比較晚的階段才開始存錢，時間就會變成你最大的敵人。你的投資方案幾乎不可能達成同樣的成績。

假設你的目標，是要在65歲之前累積到10萬美元。如圖14.1所示，如果你到60歲才開始存，而每年的年報酬率為8％，要達成目標的話，你需要每個月存1,361美元。反之，如果你早一點開始存錢，比如35歲，在年報酬率相同的條件之下，你每個月只要存67美元即可。換言之，及早實行投資方案，你的財富出自於複利的部分愈高，你從口袋裡掏出來存的愈少。

及早開始是一大優勢，以下是另一個用來說明這一點的假設性案例：

- 威爾30歲就開始為了退休而存錢，他每年投資1萬美元，時間長達十年，每年的報酬率為8％，之後就不再存了。
- 康納和威爾同年，直到40歲才開始為了退休存錢。他每年存1萬美元，存二十五年，報酬率同樣是8％。

他們65歲準備退休時，誰的錢比較多？不管你信不信，答案

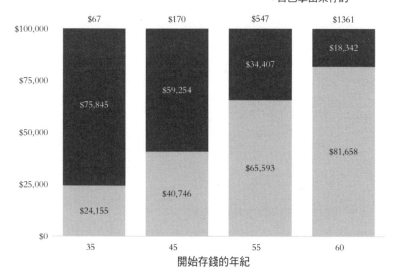

• 投資賺的
• 自己拿出來存的

圖14.1　每個月要存多少，才能在65歲前累積到10萬美元資產

資料來源：先鋒集團。

是威爾。如圖14.2所示，威爾自己存的10萬美元，經過多年的複利之後，增值為107萬1,477美元。康納總共存了25萬美元，增值為78萬9,544美元。威爾在二十五年間少存了15萬，但是累積的財富卻多了28萬美元以上！

讓市場與時間為你效命

在降低風險上，如果你投資股票，時間站在你這一邊還可以

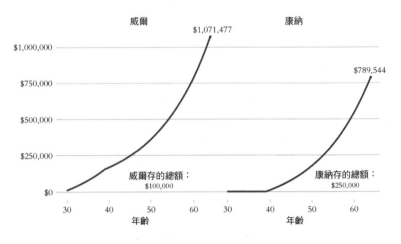

威爾　　　　　　　$1,071,477　　　　康納

$1,000,000

$750,000　　　　　　　　　　　　　　　　　　　　　$789,544

$500,000

$250,000

　　　　　　　威爾存的總額：　　　　　　康納存的總額：
　　　　　　　　$100,000　　　　　　　　$250,000
$0

　　30　　40　　50　　60　　30　　40　　50　　60
　　　　　　年齡　　　　　　　　　　年齡

圖14.2　誰在65歲擁有的資產比較多？

帶來很有意思的額外益處。我們在這本書裡一再說明，以單一年度來說，股票是風險極高的投資。但是你可能不明白，如果期間拉長（前提是你持股分散），相對風險會大減。選擇穩健的投資工具、然後長期持有，基本上一定會賺錢。而這都要歸功於獲利再投入，以及股票的增值。

　　假設你從1995年到2019年，持有一檔大盤市場指數基金。你的一年持有期間，報酬率會從1995年的漲36％到跌37％不等，這是很大的區間！然而，如果你檢視五年、十年與二十年滾動報酬，如圖14.3所示，高點與低點的差異就會縮小很多。這裡要講的就是，讓市場與時間為你效命，是降低投資組合風險的最好辦法！

　　讓我們來看另一個範例，就知道報酬率和時間如何影響投資的增值。如圖14.4所示，如果你一年投資5,000美元、投資期間二

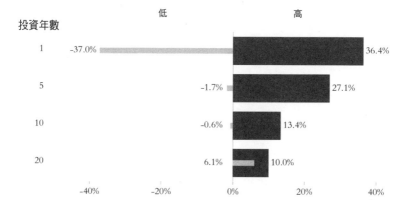

圖14.3　1995-2019年，美國股市的報酬區間

資料來源：先鋒集團。代表美國股市的是，1995年到2005年4月22日的道瓊美國全市場指數、到2013年6月2日的MSCI美國市場指數，和到2019年的CRSP美國全市場指數。滾動曆年期間如圖所示。

十五年，一年只需要賺5％，就能達到「資產累積到25萬美元」的目標。如果你投資的時間稍短一點，比方說二十年，你就需要高一點的報酬，每年要賺到8％，才能達成差不多的目標。

如何彌補錯過的時間？

　　如果你一直到事業生涯的相對後期才開始投資，那會怎麼樣？是不是為時已晚，來不及為了退休存錢？答案為否，絕對不是。永遠不嫌遲。

　　如果你52歲，現在正在讀本書、並追悔沒有及早為了退休存錢。要知道，你雖然落居下風，但並不孤獨。美國聯準會在2018

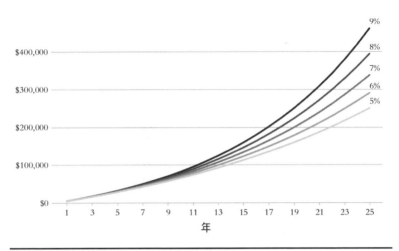

年度成長率				
年	5%	6%	7%	8%	9%
1	$5,250	$5,300	$5,350	$5,400	$5,450
5	$29,010	$29,877	$30,766	$31,680	$32,617
10	$66,034	$69,858	$73,918	$78,227	$82,801
15	$113,287	$123,363	$134,440	$146,621	$160,017
20	$173,596	$194,964	$219,326	$247,115	$278,823
25	$250,567	$290,782	$338,382	$394,772	$461,620

圖14.4　在不同成長率與期間，每年投資5,000美元的增值狀況

資料來源：先鋒集團。

年時指出，約有64％的美國人認為自己還沒存夠穩當的退休存款，有將近四分之一的人根本沒有退休金。如果你是後者，我鼓勵你現在開始存。

　　事實上，你也別無選擇。百年前，一般人要面對的最嚴重財

務風險，就是太早過世無法供養家人。而人壽保險產業大幅成長，滿足了這方面的需求。如今，人類的預期壽命更長，這代表對多數人而言，我們最大的財務風險是人還活著、但儲蓄已經花光了。這話聽來冷酷，但是在人生後期才開始採行投資計畫，簡而言之，只剩下以下這個選擇：看看你是要現在多存一點，還是要冒上人還活著、錢卻不夠用的風險。

你的退休生活可能長達二十年或三十年，因此，重點並不是你能在65歲之前，存到多少錢。根據美國政府的精算表，如今65歲的美國女性平均可以活到86歲，65歲的美國男性則預計可以活到將近83歲。要在這麼長的期間都有存款可用，你需要非常謹慎配置你的投資，並規劃你退休時的花費。

24歲開始投資的人，和52歲才著手的人採取的是不一樣的策略。而投資期間的差異，將主導資產組合。24歲的人應該考慮全部投資股票，52歲的人則要考慮平衡型的投資組合，以基金組成相對保守的風險與報酬配置。但是，他們也有一些共通之處。舉例來說，羅斯個人退休帳戶的條款極具吸引力，兩種人都應該使用。過了59歲半之後，如果持有該帳戶至少五年、並滿足其他基本條件，從羅斯個人退休帳戶提領就免稅。

對52歲的人有利的是「追加」提撥（"catch-up" contribution）制度。如果你已經50歲、而且符合所得限制，你可以提撥7,000美元投資，比不到50歲的投資人多了1,000美元。

雇主資助的退休方案也有追加條款。如果你超過50歲，可以去問問看雇主，查查看可以提撥多少薪資到401(k)或403(b)計畫。

儘管不同的計畫規定也不一樣，但如果可以善用追加條款，你或許可以為了退休多存很多錢。

即使你起步晚，少了幾十年的複利優勢，但是時間短、複利報酬比較低，不應該成為你退卻、不想為退休儲蓄的因素。我花很多時間擔任兒童袋棍球（lacrosse）隊的教練，我總是對我的球員說，能鏟起球和能妙傳一樣重要。以袋棍球來說，好好地鏟起球看來平凡無奇，但最擅長這種任務的球隊總是會贏。同樣的，以投資來說，看起來不起眼的報酬，長期下來也會創造出大不相同的局面。如果你一年可以賺到6%，大約十二年資產就可以翻倍。

無論你的處境為何，不要錯失了叫你的孩子、或是親友的孩子，及早部署投資方案的機會。用以下這份簡單、但極具力道的數據，讓他們目眩神迷。表14.1顯示，如果目標是65歲時，擁有100萬美元這麼一大筆的財富，每個月要存多少錢。我假設投資賺得的平均年報酬率為8%，為了便於說明，我跳過了稅務的影響。

來回答本章一開始的問題：投資6,000美元到免稅帳戶裡，放著不動而且每年以8%的複利增值，五十年後會達到28萬1,410美元。

表14.1　投資目標：到65歲時擁有100萬美元

開始存錢的年齡	為了達標，每個月需要存的金額
出生	$38
5	$56
10	$84
15	$126
20	$190

25	$286
30	$436
35	$671
40	$1,051
45	$1,698
50	$2,890
55	$5,466
60	$13,610

資料來源：先鋒集團。

總結

　　如果你及早開始並持續投資，可以達成讓人非常驚訝的成績。

- **複利加持**：你的投資會賺到利息和股利，把它們再投入又能賺得額外的獲利。
- **時間是你的盟友**：股票以單年度來看，雖然是風險很高的投資，有時候表現也落後於其他資產。但長期而言，績效仍勝出。
- **永不嫌遲**：如果你很晚才開始執行退休儲蓄方案，也不要裹足不前。你仍然可以讓時間為你效命。

| 15 |

定期保養投資組合

如果你有養車，你就了解（或者說，你應該會了解）適當保養的重要性。好好保養的車子跑起來很順，每公里的油耗量也較低，也比較不會故障。要讓車子運作順暢，你要定期把車開回車行保養，有必要時也要檢修。

同理，你的投資組合也會因為定期查核和養護而受益。好消息是，你的投資組合跟引擎不一樣，你應該很清楚裡面有些什麼。

而在以下兩種情況下，你需要調整投資組合：

1. 你的個人財務狀況有變。
2. 市場波動改變了你的資產組合（有時改變的幅度非常大）。

本章的焦點會放在再平衡投資組合以及相關的養護，我也會討論如何在必要時做出改變。

重新評估財務計畫是好事

在我認識的成功投資人中，從沒有任何人是放任計畫自動運行。為什麼？因為個人財務狀況會改變。如果你失業或退休，你的所得會下降。假如你繼承了一筆錢或賣掉公司，你的財富會增加。此外，生活中也有其他事件，例如結婚、喪偶、孩子離家等等，都會導致你的財務狀況改變。無論何時，當你面對變化，重新評估你的財務計畫都是好事，你要看的包括你的保險範疇、遺囑和投資組合。

你需要調整投資組合的風險水準，或是採取必要作為提高流動性。舉例來說，如果你失業，你很可能需要動用應急存款，暫時不再提撥投資資金到其他帳戶。但假如你換了工作，換到薪資更高、但穩定性差一點的工作，你可能會決定提高儲蓄率，把更多錢放到應急基金裡，以防之後的發展不如人意。

當你愈來愈接近投資目標，也可能會改變一下投資組合。舉例來說，多數投資人在快要退休時，會轉換成比較保守的資產組合。還有，如果你是在為孩子存教育基金，一旦繳納學費的時間逼近，最好不要寄望股票市場的善意。換言之，要把一些錢改放在債券、一些放在貨幣市場基金，以保本支付學費、食宿費用和雜費。

生活裡的事件不一定會導致你的投資方案改頭換面。有些聰明成功的投資人堅守同樣的方案，月復一月、年復一年，穩穩達成目標。然而，如果你想成為其中一員，你要定期查核，確保你是基於穩健的好理由而放著不動，而不是因為不關心或惰性。

為投資組合做「引擎調整」

雖然多數人不需要經常變更投資方案，但非常長線的投資人仍應不定期再平衡投資組合。再平衡就相當於引擎調整，代表要把你的投資組合調回目標資產配置。如果你最初決定要把資產平均分散在股票和債券上，早晚你會發現自己的組合已經不再是一半一半的配置了。兩種資產類別的報酬差異會改變比例。舉例來說，如果你在2014年初把10萬美元存在退休帳戶，一半投資股票、一半投資債券，到了2016年結束時，你的投資組合會變成54％的股票加46％的債券。這不算大幅度的變化。但且讓我們來看看，如果你不再平衡，之後四年市場會如何改變你的資產配置。

如圖15.1所示，你分成一半股票一半債券的投資組合，到了2019年時會變成61％的股票加39％的債券。你可能會想：「誰在乎呢？看看我賺了多少？」沒錯，這六年間帳戶價值漲幅很大，成長到將近15萬7,333美元。但這個投資組合潛藏著風險，2020年初時就會現出原形。如果你想的話，你可以把這叫做風險怪獸。

新冠病毒疫情導致股市在2020年第一季大跌，你的帳戶餘額少了1萬8,037美元。然而，如果你在2019年年底時再平衡目標資產配置，回到當初的50％股票加50％債券，你的投資組合損失就會少一點，僅為1萬3,926美元。

當然，根據後見之明，我們會看到市場之後反彈，這些極短暫的帳面損失會消失，甚至還轉虧為盈。即便如此，如果你當時正要退休、或是剛好要支付學費，在市場的黑暗期，你很可能對自己

的投資組合感到很不安。

　　下一節我們要探討再平衡的風險／報酬取捨。不做再平衡的風險是，投資組合可能發生嚴重的虧損，導致你在情緒牽動之下，採取會造成反效果的行動。而做了再平衡的報酬是，讓投資組合的變動更平緩一些，同時為你帶來平靜安詳。

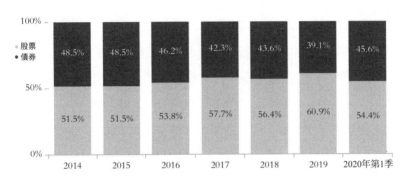

圖15.1　市場如何讓投資組合亂了套

資料來源：先鋒集團　。代表美國股市的是CRSP美國全市場指數，代表美國債市的是彭博巴克萊美國綜合流通性調整債券指數。

這麼做，是為了馴服風險怪獸

　　很多人常常只用「賺錢」的角度來看投資。的確，賺錢是我們投資的理由，但在現實中，如果你忘了在這一路上也要做好風險管理，就沒辦法好好賺錢。**再平衡的重點在於管理風險，而不是追求最高報酬**。如果你不管理風險，萬一你過度布局的某類資產類別面臨嚴重逆境，到頭來你的長期報酬可能變得極低，你只能放棄

計畫。

我們來思考一下再平衡如何影響長期持有的投資組合。以另一個假設性的投資組合為例，同樣也是股票和債券各投一半，從1980年1月到2019年12月，每六個月再平衡一次。在這麼長的期間裡，以績效來說，有些時候很好，有些期間很糟。每年再平衡投資組合兩次，在這段期間創造的平均年報酬率為9.9％，比從不調整的投資組合賺得的10.3％稍微低一點。然而，這代表再平衡「輸了比賽」嗎？除非你是鐵石心腸的人，不然就絕對不是。

事實上，再平衡大幅降低了投資組合的波動性。如果不調整，以六個月為期來看，投資組合約有8％的時間會下跌5％或更多。做了再平衡之後，同一期間內，僅有大約3％的時間會出現同樣跌幅。試問，哪一種投資組合會讓你焦慮到夜夜難眠？哪一種會幫助你在市場失衡時仍保有自己的平衡？

解析投資組合陷阱：再平衡時別忘記其他的資金桶

還記得我們在第3章提過，那些代表財務目標的資金桶嗎？你在查核投資組合時，也會想要把那些資金桶放在心裡的。假設你的投資組合，包括退休投資和為了孩子存的大學費用。而如果你使用桶子法，你可能會針對個別的投資方案，設定不同的資產配置，那你就要分別檢視，不要把它們當成整體投資組合中的一環。

此外，檢視資產權重時，要全面性地去看退休儲蓄桶裡的所有項目。我注意到投資人在心態上經常用帳戶類別，來區分退休金。比方說，他們把個人退休帳戶和401(k)帳戶，視為兩個不同的資金桶，而不是同一份養老金。（假如你使用不同的供應商提供的帳戶，特別容易切割，各自為政。）還有，如果你很幸運可以擁有年金資產，千萬別忽略這筆錢，即便每個月只有一小筆年金，也相當於是用一大筆存款賺到的獲利。舉例來說，一年1萬美元的年金，相當於你從25萬美元的投資組合中，每年拿4%出來用。這是很可觀的「隱藏資產」。

　　而討論退休收入時，應該把社會安全福利金視為另一個桶子。雖然本書不會去討論社會安全福利金，但它是一筆一定會有的收入（並會隨著通貨膨脹調整），而且「餘額」不會隨著金融市場變動。這是很重要的退休收入基底。美國社會安全局（Social Security Administration）指出，一般退休的美國員工一個月大約可領1,500美元，這個金額的年金資產，就相當於你從45萬美元的資產中，每年提領4%出來用。同樣的，你在檢視自己的資產負債表時，這也是一筆要考慮的大錢。

　　要確認你看清局面，定期查核投資組合時，清點所有財務資源是個不錯的主意。把你全部的資源清清楚楚寫在紙上，就像我在第7章中建議你寫的投資策略宣言那樣。把所有資產桶子加起來。另一方面，將所有資訊攤開在眼前，你

就有了評測的依據，長期下來，你很容易便能看出自己是否朝著原定目標前進。

再平衡該怎麼做？

何時應該再平衡、又該如何去做，取決於你的個人條件，比如年齡、淨資產以及稅率級距等等。你也可能會想和財務顧問或會計師，商討一些決定。而以下是通用的基本原則：

- **定期（每季、每半年或每年）安排再平衡**：先鋒集團的研究指出，再平衡的頻率並不是重點，換言之，不管你是每季、每半年還是每年再平衡一次，最後的結果並不會有太大差距。重點是你怎麼做。以多數人來說，最適合的是每年再平衡一次。例如，選擇你的生日、紀念日或其他固定日期（例如報稅截止日）來做，這會替再平衡流程設立一些紀律。要不然，你可能會任憑外在事件、短期市場波動或是情緒，來左右你決定何時再平衡。
- **僅在你的資產組合偏離目標5%以上，才進行再平衡**：如果偏差很小，再平衡的益處不大，不值得去做這件麻煩事。
- **不要太在意小事**：有些投資人會針對投資組合裡特定的市場區塊設定精準的權重。比方說，他們會要求美股與國際股票、成長股和價值股、大型股和小型股，或特定類型與到期日的債券要維持一個比例。然而，這些旁枝末節不應

該是再平衡的最急迫議題。請確定整體的資產組合確實符合目標之後，再來想這些事情。同樣的，這裡也適用偏離目標5%之後，才進行再平衡的原則。

當稅務怪獸和風險怪獸聯手

如果你的資產放在有稅務優惠的帳戶裡，要做再平衡相對簡單。畢竟，你在個人退休帳戶和401(k)之間挪移資金，不會引來任何資本利得稅或其他的稅賦。但是，或早或晚，你都得對課稅帳戶的資產執行再平衡，這就會對稅賦造成影響了。假設你要在10萬美元的投資組合中，將股票的比例從80％降為75％，你判定，最好的做法是把5,000美元的股票基金賣掉、改買債券基金，但是你賣股票基金很可能會有資本利得，這代表要繳稅。在這種情況下，通常最好的辦法就是硬著頭皮去做，賣掉股份，支付稅金。這個時候，不要本末倒置比較好。所以我建議，不要讓稅務上的考量，影響整體投資策略。

有一個好方法可以降低再平衡時引發的稅務負擔，那就是改變你的投資模式，而不是將現有資產從某種基金挪移到另一種基金。舉例來說，你可以在你想要增加的投資組合當中新增投資。或者，由於你領到的股利和資本利得分配都已經課過稅，你可以把這些收益從績效很好的資產類別裡挪出來，投資到權重低於你設定目標的類別。

不容許情緒作怪的再平衡紀律

再平衡最大的挑戰，就是要找到執行上的紀律。對某些人來說，再平衡投資組合沒什麼道理。如果股票大漲、債券表現不佳，你可能會自問，為何要把投資組合中的股票配置挪到債券上？畢竟，看來勝券在握時，很難看出洗牌有什麼道理。

請記住，資產組合是決定投資報酬的重要因素。你一開始是因為幾個特定理由才訂下資產配置計畫，其中一個就是風險管理。你要相信自己的判斷是對的，並強迫自己定期再平衡。如果你不做，你的投資組合風險到最後，很可能比你預期中高很多。

身為投資人，你要一直學習，我便是從過去四十年來的親身見證，才學到再平衡的寶貴價值。看到基金經理人也會做再平衡，更說明了其中的道理。我是從散戶投資人的角度，來談要有紀律地執行再平衡，會面臨哪些挑戰。但經理人也會面對相同的情境，只是規模又更大一點。

在我事業生涯早期發生了一件事，讓我特別看重紀律嚴謹的再平衡能帶來的價值。事情發生在1987年10月20日，前一天美國股市創下有史以來最嚴重的單日跌幅，10月19日美股重跌超過22％。不管是專業人士還是非專業人士，在10月20日這一天都對股市感到非常恐慌，但先鋒威靈頓基金的經理人買進了價值好幾百萬美元的股票，以回到設定的65％股票加35％債券組合。股市重挫，使得他們的股票配置遠低於公開說明書上規定的目標，因此必須再平衡，賣掉債券、補回股票。倘若他們任由情緒而非紀律主宰

行動，很可能就錯過隔天的大幅反彈。對於當時年輕的我來說，這確實是非常美好的學習體驗。

在2001年9月17日那一週，不容許情緒作怪的紀律又再一次展現價值。證券交易所之前因為911恐攻事件關閉、暫時中止運作，到了那個星期才又重新開張。市場一開盤就大跌，再接下來幾天，威靈頓基金又必須買進股票以維持配置目標。然而這並非試著擇時交易，只是很簡單的再平衡行動，但在接下來那個星期股市起漲時，這看來是非常有先見之明的布局。

我們在第6章也討論過，威靈頓基金是平衡和分散的典範。自1929年成立以來，這檔基金的平均年報酬率為8.3％，相較之下，股市大盤的報酬率為9.5％，但是威靈頓基金的風險低了近35％。再平衡是很重要的機制，能夠創造優異的風險調整後報酬。

投資不是收集蝴蝶標本

定期查核投資組合時，也應檢視你的基金持股。傳統想法認為，如果X基金很好，那就要多持有X基金，但這並不成立。如果你手握超過10檔基金，那可能太多了。「簡約」的最極致表現，是僅持有兩、三檔廣泛分散的全市場指數基金，然後就停手。

畢竟，投資的基金數目太多，會造成問題。首先，如果你手上有多檔基金，追蹤起來就很困難，而且要有成效、有效率地監督並再平衡投資組合，就會變成一樁極複雜的工作。其次，多檔基金很可能會營造出假象，讓你誤以為你做足了分散投資。第三，用多

檔基金組合起來的投資組合或許可以模擬市場指數的報酬，但是成本會高於可達成相同目標的指數基金或ETF，稅務效率也更低。

但是，很多投資人還是會犯下這種錯誤。我們最近在查核自2019年起的先鋒集團確定提撥制方案，發現有超過9,000位參與先鋒集團方案的人投資了20檔以上的基金。我們的基數有幾百萬人，這一群人相對來說算少數，但仍讓人憂心。更讓人煩惱的是，有超過300位投資人持有超過45檔基金，列表中的一位甚至握有116檔。我無法想像此人要怎樣，才能追蹤所有基金的績效。

在晨星擔任多年研究總監的約翰·瑞肯薩勒（John Rekenthaler）認為，手上握有多檔基金的投資人，就像是把投資當成收集蝴蝶標本，他說：「像蝴蝶這樣美麗又輕拍著雙翼的東西，就會吸引他們的目光。因此，像雜誌上的文章，或是亮出優異總報酬數字的廣告，會讓他們感到興奮，然後買下那檔基金。這不叫投資策略，這叫投資機會主義。」[1]

動手整理雜亂的投資組合

投資人如果手上有一堆類似的基金，通常都是追逐績效的後果。我們很容易理解為什麼會發生這種事。在某個特定期間表現出色的基金，常常都遵循類似的投資風格或目標。這些基金會出現在金融網站或雜誌的排行榜前面，管理基金的經理人也常會被報導或

---

1 "An Interview with Morningstar Research Director John Rekenthaler," In The Vanguard shareholder newsletter, Autumn 2000, page 1.

接受訪談。這些基金彷彿綴上了五顏六色的霓虹燈飾，上頭不斷閃動著「買我吧，現在就買我吧」的動人話語。然而，唯有抗拒追逐績效，才可以避免持有一團混亂的投資組合。

另一方面，假設你已經打造好投資組合，但不知道要不要修整，可以自問以下這些問題：

- 你是否知道持有每一檔基金的理由？每一檔基金都應在投資組合中扮演明確的角色。
- 你的基金當中，有沒有兩檔以上的投資目標或是投資風格相同？若有，你可能要思考是否賣出其中一檔。
- 如果你現在才開始投資，會買進目前持有的基金嗎？某種程度上，你多持有一檔基金一天，就像是再度買進它。

假如你的回答可以說服自己刪掉一、兩檔基金，那很好。但是，請先評估之前討論的潛在稅務議題再行動。除了出售基金之外，你還可以捐給慈善機構。這樣做的話，你可以避免資本利得稅，同時還能做善事。

當然，「一切從簡」就是整理混亂投資組合的最好理由。畢竟，從交易機制來看，要管理、紀錄十檔股票基金再加上四、五檔債券基金，已經夠累人了。每季都來好幾張對帳單更讓人頭痛，而且你還要就每一檔基金配發的利益報稅。你應該還有很多事要做，不要浪費大把的時間管理投資組合。簡化投資能讓你自由，這樣你才能好好過生活。

總結

你要定期查核投資組合，以確認它仍符合你的需求。以下是幾個考量點：

- **生活中的事件可能會主導一些變化**：如果個人財務狀況有變，或是逼近投資目標時，或許就要調整投資組合。
- **長期下來，市場變動會導致投資組合的配置偏離目標**：最好是大約一年查核投資組合一次，如果偏離資產配置目標5%以上就再平衡。
- **要簡單**：你可以用兩、三檔全市場指數基金，組成分散得宜的平衡式投資組合。
- **確定每一檔基金在投資組合中均有各自的使命**：如果你的投資組合裡有十檔以上的基金，請考慮刪掉一些。

聰明投資人碰上的愚蠢數學把戲

如果你熱愛美國的深夜脫口秀節目，你很可能記得有個節目講過一個主題叫「愚蠢的寵物把戲」（Stupid Pet Tricks），邀請寵物主人上節目炫耀自家寵物的滑稽之舉。不管你信不信，投資上也有很多「愚蠢的數學把戲」。當然，這些把戲實際上並不愚蠢，了解這些把戲還蠻有趣的，而且很實用。以我個人來說，還比看一隻會跳繩的狗有意思。我用這一章來談一些投資上的數學把戲，這可以幫助你在挑選金融產品與服務時，成為眼光更銳利的買家。

1. **你的錢包裡裝的是錢，不是百分比**：投資管理業以百分比來衡量成本與績效。然而，以實務決策來說，把這些百分比換成金額大有用處。舉例來說，假設你的投資組合價值10萬美元，平均費用率為1.00％。你可能不在乎支付1％，但是如果告訴你一年要付1,000美元，你覺得怎麼樣？用金額來算，是更接地氣的評估價值方法。

2. **用「72法則」火速算出估計值**：你知道你的錢多久會翻倍嗎？這不需要計算機也算得出來。首先，估計一下你每年的報酬

率，然後用72來除，得到的商數就是你的投資價值要翻倍需要的年數。而且，不管資金數值是多少，這條法則都適用。

「72法則」是很巧妙的公式，除了讓朋友驚豔之外，還有別的用處。假設你在想如何配置一筆10萬美元的長期投資。如果你把錢拿來買債券基金，平均年報酬率為3％，你的資產大約在二十四年後會翻倍（72 ÷ 3 = 24）。但假如你拿同樣的金額投資股票基金，賺得的長期平均年報酬率為9％，你約在八年後就會累積到20萬美元（72 ÷ 9 = 8）。（為了簡化，我舉例時並未計入稅金的問題。）

「72法則」也大力證明了小小的報酬差異，長期下來會創造出大不相同的局面。來看看兩檔總報酬（亦即，尚未扣除成本之前的報酬）相同、但費用率不同的共同基金，兩檔的平均淨報酬率分別為8％和7％。「72法則」告訴我們，報酬率為8％的基金在九年後價值就會翻倍，7％的基金則要耗費十年以上才會倍增。由此可見，壓低成本可以拉高你的報酬率，讓你的資金在更短的時間內就增值成兩倍。

表16.1　不同（稅前）報酬率之下的投資增值情形

年報酬率	3%	6%	9%	12%
需要經過幾年，投資的價值才會翻倍	24	12	8	6

資料來源：先鋒集團。

3. **即便已經是破盤價，還是有些東西根本一文不值**：回到網路股火熱的時代，有人給了我一件T恤，上面印有一家聲名大噪的

網路公司名號。這家公司的股票後來從每股180美元，跌至不到50美元，我算了一下，我這件T恤值10股該公司的股票。我和一位金融圈外的朋友分享我的心得時，他很認真地說：「看來我應該買那家公司的股票。現在50美分一股，我還能虧多少？」

答案是：「全部虧掉。」（這家公司是另一個我所鍾愛的投資警世故事。）如果某項投資風險很高，一股是50美分還是50美元並非重點，你仍然要面臨全數虧損的風險。投資人有時候會被騙，誤以為一檔跌了很久的股票最後一定能帶來價值，但他們忘了，目前的跌幅很可能只是序幕。2000年科技股泡沫破裂之後，這種心態特別明顯。雖然很多股票當時都在跌，但是與傳統標準相比之下，這些股票的市價仍然甚高。只有極少數的投資人明白，這些價格當中依然蘊藏著危機。

4. **上漲100%、但下跌50%，就會讓你回到起點**：假設你投資一檔基金，股價從50美元跌到25美元，跌了50%。如果你希望回到原點，需要上漲50%，對嗎？錯，需要上漲100%。數字是一樣的，但是起點是另一邊。一檔股票從25美元漲到50美元，漲幅是100%，但是如果下跌50%，你就回到了起點。

這一點很重要，要記住，在股市大好的時候更不能忘。在這些時候，百分比對投資人來說特別複雜，很可能是因為投資人滿腦子想的都是市場快速飆升。如果有人想要對你推銷波動性很大的投資，並強調其上漲的幅度大於下跌的幅度，此時，愚蠢數學把戲四就能讓你站穩立場。請記住，一檔快速上漲100%的股票，很可能也在短期內下跌50%，讓你剛剛好回到起點。

5. **跌幅愈大，需要愈長的時間復甦**：一旦股票或基金的價格下跌了一定程度之後，通常需要很長的時間才能復甦。（2020年股價快速反彈是這條規則的例外。）保守型的投資人直覺上就能理解這種愚蠢的數學把戲。假設股價下跌了60%，從每股100美元跌到每股40美元，這是很大的跌幅。如果你本來就有買這檔股票，可能會說這根本是一場災難。如表16.2所示，即便這檔股票強勁復甦、每年上漲10%，也需要十年才能漲回到原來的價格。

了解數學上的下滑與回升動態，會讓你用新的觀點來看財經訊息。比方說，在本世紀之交，那斯達克指數在2000年3月10日時從5,048.62高點大跌，2001年9月21日時來到低點1,423.19，所有名嘴都在猜，那斯達克會不會很快就再度漲回5,000點。用最保

表16.2　復甦可能需要很長的時間

年	起始價值	變動幅度	期末價值
0	$100	–60%	$40
1	$40	10%	$44
2	$44	10%	$48
3	$48	10%	$53
4	$53	10%	$59
5	$59	10%	$64
6	$64	10%	$71
7	$71	10%	$78
8	$78	10%	$86
9	$86	10%	$94
10	$94	10%	$104

資料來源：先鋒集團。

守的話來說，這是數學上的一大挑戰。雖然那斯達克指數僅用了不到四年，就從1,423點漲回到5,048點，但若以比較合理的成長率（每年10％）來算，指數需要十三年才能重返高點。相反的，下跌到低點只需要六個月多一點。

市場漲跌的數學動態也證明了，等待「重返損益兩平點」是愚行。就像賭徒輸的時候會求翻身一樣，某些投資人也覺得他們一定要堅守波動性大的投資，直到回到損益兩平、也就是當初買進的價格為止。但是，若一項投資的價值大幅蒸發，要回到損益兩平是極困難的事。某些投資人永遠等不到。我在之後會用一章來談如何處理虧損。但我在此要指出，樂觀是一種情緒，可是你永遠不應該讓情緒凌駕於數學計算之上。

6. **累積報酬率可能會造成誤導**：一檔基金提報累積報酬率時，揭露的只有從起點到終點的價值，完全沒有講到中間到底發生過什麼事。一檔號稱二十年來累積報酬率達250％的基金，會不會對你產生吸引力？這聽起來很棒，不是嗎？但是，如果你算一下，你會發現這檔基金的平均年報酬率為6％，聽來就不怎麼傑出了。因此，評估基金績效時，請聚焦在平均年報酬率，而不是累積報酬率。平均年報酬率為11％的投資標的，二十年下來的累積報酬率為706％。

7. **如果你是長線債券投資人，價格下跌或許是好事**：多年來，我和投資人一對一談過幾百次，這是我最難說服投資人接受的數學把戲。利率上漲時，債券基金的價格會下跌。如果你從線上查閱帳戶詳情，或是收到郵寄來的對帳單，可能會覺得價格下跌是壞

事。但是，如果你是長線投資人，實際上這是好事。

如圖16.1所示，長期來看，債券基金多數的報酬都來自於再投資基金股份賺得的利息收入，而不是債券價格的增值。假設因為利率從3.5％漲到5％，使得你的債券基金價格從每股10美元跌到每股9美元。由於你是長期持有，股價對你來說不重要，事實上，你應該高興。在這個範例中，每再投資1美元的股利，可以多買到11％的基金股份。基本原則如下：如果你是長線的債券基金投資人，不要擔心因為利率走揚造成的基金股價下跌。事實上，有太多投資人不了解當中的數學道理，陷入了買高賣低的陷阱。然後利率一漲、債券基金股價下跌時，就恐慌不已。

這項愚蠢數學把戲還有反面：利率下跌帶動債券基金股價上漲時，不要加入大批忽然想要持有債券的投資人行列。利率下跌意味著債券的殖利率下跌，因此，你再投資的股利能賺到的收益也會減少。

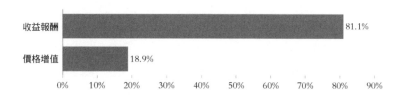

圖16.1　2010-2019年，某債市大盤指數基金的總報酬組成因子
資料來源：先鋒集團，使用彭博巴克萊美國綜合流通性調整債券指數的數據。

總結

　　你思考投資時不一定要隨身帶著計算機，但是，身為買進投資產品的客戶，你需要理解交易中的某些數學把戲：

- **善用「72法則」快速推估**：用72除以你的年報酬率，就大概是投資翻倍需要的年數。
- **不要被百分比所迷惑**：為了價值10萬美元的投資支付1%的費用聽起來不多，但是那代表1,000美元的辛苦錢。
- **檢視時跳過累積報酬率**：評估基金績效時，把重點放在平均年報酬率上，而不是累積報酬率。

PART IV

保持正軌

Stay on Course

| 17 |

這是一個瘋狂世界

我在本書一開始時就主張，投資成功的關鍵，是要把幾個重點做對、並且避免犯下代價高昂的嚴重錯誤。我已經討論過你要養成的種種好習慣，像是存錢、定期投資、堅守買進並持有的策略、把成本降到最低等等。現在，我要把注意力轉向可能會有損投資計畫的環境條件和誘惑。

在本世紀的前二十年，我們已經見證了金融市場為投資人帶來的種種挑戰，包括股市大跌和之後的反彈大漲，以及來到歷史低點的利率。說跌後的反彈大漲是一大挑戰聽起來有點矛盾，但等一下我們就會看到理由何在。

身為投資人，你要面對的不僅是市場帶來的測試。 你會聽到一些讓你脫離正軌的建議，偶爾你也會被自己的情緒或行為偏誤所影響，進而傷害到你的決策，遮蔽了你的判斷力。此外，看來很有吸引力的機會也會誘惑你。在本書的第四部，我的目標是檢驗這些誘惑與衝動，在你踏上投資這趟旅程時，努力為你提供防禦武器。

我希望一點點的知識可以幫你抵禦誘惑，避免犯錯。本章將會著眼於過去出現的狂熱與泡沫。借用經典電影的片名，毫無疑

問，我們身處在「瘋狂世界」（"mad, mad, mad, mad world"）。身為投資人，你一定碰過有人報明牌、答應讓你的資金翻好幾倍、邀請你參加「就連專業人士都不知道的祕密」的研討會，甚至可能招攬你加入非法的老鼠會。我希望你已能做好準備，抵抗這些不可輕信的花言巧語。畢竟，時不時，可能會有更具誘惑力的事物來引誘你，比方說某檔個股、市場裡某個產業的投機熱，或是某個「絕對不能錯失」的快速獲利機會。你當然會試著冷靜以對，但過不了多久你就會覺得自己被邊緣化。在你緊抱著看來過時的投資箴言時，其他人似乎都致富發財了。你會想，也許他們是對的，你才是錯的。你可能覺得應該變更投資計畫，跟著別人一起跳上車。但是，且讓我引用作家吉卜林（R.Kipling）的名言：「若你能保持冷靜，冷眼看舉世倉皇……」

染上「泡沫」傳染病

投機泡沫是一種社會性的傳染病。而且，吹捧某些股票或某些資產的言論，很快就會在人群中傳開。而所謂的泡沫指的是，把價格一波一波推高的，是投資本身帶來的熱情，無關乎其基本價值。之後，現實就會明明白白顯露出來。一旦投機泡沫破裂、價格崩盤，頓時會讓人覺得，居然有這麼多人被騙，真是不可思議。

歷史上，投機熱曾多次猖獗，我在這裡要引用幾世紀之前的範例。事實上，有很多不同的事物都會引發泡沫，包括股票、房地產、黃金、石油、白銀等等，還有，不管你信不信，連豆豆娃

（Beanie Babies）、棒球卡和鬱金香也會。每個投資人都要對泡沫有一點了解，這很重要。如果你很熟悉過去一些讓人虧錢的瘋狂事物，未來當你碰上了類似的狂熱，或許更能把持住。我會分享幾個和泡沫有關的小故事，讓你感覺一下某個主題（不管是鬱金香、貴金屬還是股票）引發熱潮時，便是在發送信號叫你要謹慎。

鬱金香狂潮

在17世紀初的荷蘭，投資人瘋狂追逐鬱金香球莖。有人發現某些球莖可以開出顏色很特別的花朵之後，就爆發了這股熱潮。（當時的人並不懂，但這些球莖都感染了一種不會致命的嵌紋病毒〔mosaic〕。）人們把這些生了病的球莖價格推高到不可思議的地步，有些球莖的賣價在當時甚至高過房價。各行各業的人，在鬱金香熱的高峰時都在交易鬱金香球莖。和我共事多年的老同事墨基爾在其投資寶典《漫步華爾街》，也講到了「鬱金香熱」的結局：

顯然，就像所有投資狂熱一樣，價格到最後拉到太高，有些人判定賣掉球莖才是明智之舉。很快的，其他人也起而效尤。球莖的價格就像雪球滾下山坡一樣，下跌的速度愈來愈快，一時之間便引發恐慌。（即便政府嘗試平抑恐慌，也無力遏阻）價格繼續往下掉，愈來愈低、愈來愈低，直到多數球莖都差不多一文不值為止，能夠賣的價錢不會比尋常洋蔥高多少。

瘋狂黃金熱

多年來，貴金屬在投資泡沫中也占有一席之地。一旦爆發危機，如股市重跌、通膨攀高或是美元走弱等等，就會有人把黃金和其他貴金屬視為資金的避風港。然而，1970年代末期，便發生一場近代最大型的黃金熱潮。當時通膨高漲，美元不斷下跌，1980年1月，倫敦市場的黃金飆到每盎司850美元，相比之下，一年前的價格是每盎司208美元。（局外人插話：我在當年稍晚結婚，當時我是扛著高額負債的研究生，在那種價格水準之下，我根本買不起金戒指送給妻子。我之後還錢還了好幾年，等到我的財務狀況比較好時，黃金的價格已經跌了六成！）彼得·伯恩斯坦（Peter L. Bernstein）在《黃金的魔力》（*The Power of Gold*）書中這麼說：

> 在每盎司35美元、甚至100美元以下買進的人，很少能持有到850美元才賣出。大多數的早期買方無疑已經落袋為安，早在高峰期前就出場。要漲到850元這個水準，可以說是一條崎嶇波折的路。很有可能，在金價接近850美元時、或是來到這個價格不久之後才踏入黃金市場的人，多過於金價在40美元左右盤旋時高瞻遠矚進場的人。

黃金除了在1987年股市崩盤之後短暫飆漲，對於瘋狂炒作黃金的人來說，黃金的表現最好也就只有1980年這一年了，之後直到2008年為止的幾十年，金價都未曾再漲破每盎司800美元。今

天，黃金的價格已經接近歷史高點，另一次的泡沫很可能正在成形。就像石油和其他大宗商品一樣，金價也是漲漲跌跌。但是，不同於石油的是，黃金的經濟價值有限。還有，如果你還不清楚的話，我要特別聲明，我不太熱衷於持有黃金作為投資。

「紅心國王」的全民瘋網路世界

我最鍾愛的其中一部電影是《紅心國王》（*King of Hearts*），電影講述一位蘇格蘭士兵在一次大戰期間被派到一處法國村莊，去拆除德軍設定要在午夜引爆的炸藥。那是村民早離去的廢棄村落，現在只有附近一所療養院的病患住在那裡，照護人員離去之後，就任憑他們自生自滅。扮演士兵的是艾倫・貝茲（Alan Bates），他不明白為什麼當地的店鋪主人和其他住民的行為如此怪異。（比方說，有一家熙來攘往的理髮廳店主說，他之所以擁有這麼多顧客，是因為他付錢叫他們來。而動物園管理員會打開獅籠的門，說這頭大獸已經習慣被囚禁，根本不會想逃跑。）面對危險時看到身邊有這麼多奇奇怪怪的事，這位士兵在想自己是不是瘋了。

1990年代末期，有些經歷網路以及所有冠上網路公司的新發行股票熱潮的人，會覺得自己就好像是貝茲在《紅心國王》扮演的角色。無論我們多麼堅信分散投資和紀律等穩健投資原則，多麼看中獲利和現金流等股票基本面，都會開始認為自己是不是失去判斷力。但事實上，失去判斷力的是我們身邊那些放棄理性思維的人。獲利或營收掛零的企業忽然之間被視為出色的投資標的，唯一的理

由僅是公司從事電子商務。各家的執行長大言不慚，說自家公司的營收和獲利在可預見的未來將以每年25％以上的速度成長。如果你算一下，就會知道那是不可能實現的預言，因為隨著公司規模壯大，同樣是多成長一個百分點，需要的營收成長幅度要更大。不管老不老練，所有投資人似乎都不再懷疑，在致富的前景之下看不見風險。網路股（以及大多數股票）的慷慨報酬導致很多人瘋狂搶購，不斷買進股票，希望能繼續賺得高額報酬。

等到網路股泡沫一破裂，不到一年就蒸發了幾兆美元的財富，成為了「史上最嚴重的投機熱潮之一」。還好，雖然網路股崩盤殃及所有投資人，但顯然多數老百姓並未把退休金全數投入網路股。親身經歷過網路泡沫的他們，現在已經做好更充分的準備，面對未來可能出現的其他投機熱。

關於投機熱，我要提出最後一點：有時候投資的價值會回升，有時候不會。很多穩健的科技公司在2000年之後仍在業界屹立不搖，之後更蓬勃發展。至於黃金，我之前提過金價在泡沫破裂之後也曾經再度高漲。鬱金香球莖則否。但重點是，要小心泡沫。

投機精神不死

當你讀到鬱金香熱潮這樣的故事，很可能會覺得那是古早以前的奇聞妙談，都是因為古代人比較蠢笨好騙，現代人可不一樣了。但是，不久之前的事件告訴我們，文明的演進並未改變人性的某些面向。以下是所有泡沫的共通之處。

投資人的樂觀其來有自：帶動泡沫開始膨脹的熱血亢奮通常建立在實質的基礎上，可能是罕見又美麗的鬱金香球莖的需求強勁、高漲的金價令人神往，或是善用網路等技術創新，蘊藏著無窮潛力。然而，隨著買家湧入，價格開始乘著自身的動能上漲，走勢就與商業基本面脫節了。另一方面，有句早就被說爛、但務必記住的投資格言是：「樹不會長到天上。」

貪婪助長狂熱：一旦泡沫開始膨脹，很多人會純粹為了投機而跳進來。他們對於投資標的並不感興趣，只相信買進然後再以高價賣給其他人可以賺得暴利。這是所謂的比傻理論（greater fool theory），指雖然價格看來已經很高，但是買家總是可以找到另一個更傻的人，願意用更高的價格買進。這是吹大泡沫的主要因素。我們在近期的炒房行為中也看到這種現象。

「這次不一樣」：出現泡沫時，相信資產價格會不斷飆高的人，把非同路人斥為沒救的不合時宜人士。在網路股泡沫的高點，我們聽到人們大談特談「新經濟」，認為股價估值的舊概念已經不再適用，世事早已不同。然而，十五年前，多數人想像得到網際網路是怎麼一回事嗎？更實在地來說，誰又預言到了蘇維埃和平倒台、全球商務興起和全世界疫情肆虐？然而，環境改變不代表明智的投資核心原則要改變，也因如此，「這次不一樣」才會變成投資世界裡最危險的一句話。

哪有什麼風險？有一句老話說，華爾街只懂兩種情緒：恐懼和貪婪，但是人們通常在投機性泡沫出現時忘掉了對風險的恐懼，只看到謹慎小心發不了大財。在本世紀之交科技股接近高點時，

《華爾街日報》引用了一位年輕投資人的話，他說：「不投入市場比擔心下跌更可怕。」這種情緒我們今叫做「FOMO症候群」，也就是「錯失恐懼症」（fear of missing out）。如果你回應這種情緒，虧錢的機率會遠高於致富的機會。

多年來，我心裡一直放著一件事。1990年代末期某天傍晚，我跑完波士頓馬拉松之後返回費城住家，途中我在康乃狄克州的一家速食店停了下來。雖然我還穿著跑步的服裝，但是兩對在餐桌前喝咖啡、看著餐廳電視播報財經新聞的退休夫妻仍認出我來，我們就一起聊聊。他們告訴我，他們家裡沒有裝有線電視，因此每天晚上都會在這裡碰頭，一起收看財經新聞。這讓我很驚訝（也有一點驚嚇），這些長輩顯然負擔不起在家中裝設有線電視的費用，但是他們仍積極地亦步亦趨追蹤每天的股票市場脈動。

有些投身投資熱的人很有自信，認為自己能夠在泡沫破裂前脫身。這是很危險的妄想。1990年代，一些研究市場多年的聰明之士很確定自己看到了泡沫，但是沒有任何人有辦法預測泡沫將如何或何時才會結束。最後的結果揭曉，2000年時泡沫以極讓人震驚的方式破裂。儘管熱潮會因為廣泛的經濟因素、或是熱潮中心的某家公司出現壞消息而消退，但是都要等到事後，我們才能明顯看出泡沫以及刺破泡沫的那根針。

且讓我們把時間快轉幾年，來到2008年，此時我們會看到避險基金泡沫破裂。全球金融危機一起，就敲響了很多基金的喪鐘。2007年8月，根據各基金提報給理柏TASS避險基金資料庫（Lipper TASS Hedge Fund Database）的數據來看，掛牌基金有超過

8,400檔，短短兩年之後，只剩6,100檔。我會在第21章，探討避險基金以及其他比較精巧複雜的投資標的。

為自己戴上投資護身符

一旦向來和你聊家庭、運動、嗜好或是其他興趣的朋友或熟人改變話題，談起他們在石油期貨、航太類股、白銀、水岸住宅、加密貨幣上賺了多少錢時，你就知道投機泡沫正在成形。1920年代末期，有一則和約瑟夫・甘迺迪（Joseph Kennedy）有關係的有趣傳聞（但真實性不可考）。有一天早上，這位未來美國總統之父兼波士頓富裕人士停下腳步給鞋童擦鞋，據說，擦鞋童悄悄地靠過來，推薦一檔股票給他。誠如故事所說，甘迺迪自忖，「當你開始聽到擦鞋童報明牌，就代表該退出市場了。」

如果有人告訴你某一種非常可靠的科技一定能賺大錢，不要輕信。就算新科技能帶來美好前景，也不表示業內每一家公司都能因此獲利。比方說，鐵路和商用飛機革新了交通運輸，但也沒有讓一般投資人賺到大錢。此外，讓人興奮的新科技通常會引來可觀的競爭，很多本來應該具備「先發優勢」的公司也無法生存下來。

確實，有些人在投機泡沫中賺到錢，但大部分都沒有。多數人要不是太遲才加入因此無法賺到大錢，不然就是在賽局裡留得太久，最後被困在裡面出不去。舉例來說，很多想要快速致富的人在1849年加州淘金熱期間進入美國西部，但多數人結局都不好。在那段期間，最著名的成功案例之一是李維・史特勞斯（Levi

Strauss)。但他是靠賣衣服給「49年淘金者」(forty-niner;按:指1849年時前進美國西部淘金的人)賺錢,而不是自己去淘金。快轉到今天,最能夠從下一次和下下一次投機熱中賺到錢的,是華爾街的投資銀行家,不是你。

另外,也要當心追逐趨勢這件事。以下有實實在在的數據,可以幫助你擋掉遊說你某個市場熱門產業可以賺大錢的人。在股票市場裡,現實是無論何時,總是有某些產業的表現獨占鰲頭,但是歷史告訴我們,某一年表現最好的類股很少能持續一馬當先。如表17.1所示,自2000年以來,同一個類股的表現連續兩年蟬聯第一的情形只出現過一次,沒有任何一個類股能連續三年引領市場。

之前,我非常直接了當地說過,我認為以多數投資人來說,善用大盤指數基金作為投資組合的核心是明智之舉。那現在你可能會想,如果投資大盤指數基金,要如何避開風潮與泡沫造成的短期間接損害?說到底,從定義來說,你的基金也會投資市場裡讓很多投資人非常亢奮的類股。

我要說實話:如果你在發生大型投機性泡沫時,廣泛投資市場,你不可能完全不受影響。但是,我要再說一次,分散投資是有用的。如果你的投資組合廣泛分散,你受到的損傷很可能遠小於投資組合集中在熱門投資項目的人。而且,如果你是長線投資者,你有時間從泡沫的間接傷害中恢復。不管在任何情況下,都不要因為價格看起來……嗯,很「泡沫」而退卻,不敢進場投資。如果你作壁上觀爭辯著何時才要進場,你就不太能朝著自己的財務目標前進。

表 17.1　2000-2019 年，表現最佳的市場類股

年度	績效最好的類股	隔年的績效排名 （共 11 個類股）
2000	公用事業	10
2001	原物料	2
2002	必需性消費	10
2003	資訊科技	10
2004	能源	1
2005	能源	3
2006	房地產	10
2007	能源	6
2008	必需性消費	8
2009	資訊科技	9
2010	房地產	4
2011	公用事業	11
2012	金融	4
2013	非必需性消費	8
2014	房地產	5
2015	非必需性消費	8
2016	能源	10
2017	資訊科技	4
2018	醫療保健	10
2019	資訊科技	就讓時間揭曉……

資料來源：先鋒集團使用標準普爾的數據計算。

　　如果你在泡沫中賠得一乾二淨、損失很多錢，該怎麼辦？這是很棘手的處境，如果你的投資期間有限，那又更麻煩。然而，請不要再丟一次骰子，把賭注下在另一波熱門浪潮上。你唯一能做的

合理之舉，就是重新站起來，誠實評估自己的投資方案，然後決定好明智的行動方針，**繼續前行**。舉例來說，如果你認為，小型成長股或是新興市場股票的風險太高，你沒有辦法安心加碼這些股票，那就刪減你的部位。你必須要敢於承認：「我犯了錯，但過去已經過去了，現在我要根據自己針對未來需求所做的最佳評估，**繼續往前邁進**。」但是，你要明白一點，一旦你做出了這樣的決定，一定又會在某個時候看到小型成長股或新興市場股票再領風騷，某兩年的表現非常出色。這時你不可以說：「真希望我沒賣掉那些股票就好了！」然後又把那些股票買回來。

總結

不要任憑投機性泡沫等誘惑拉你脫離投資方案。只要做到一下幾點，你就可以自保：

- **不要從眾**：從歷史上來看，投機熱不時會攫住投資人，我們從沒看過參與的人最後有誰能倖免。請自制，不要從眾。
- **市場慷慨大方時要心存感激，不要貪心**：市場大好時，貪婪會讓投資人看不見投資的危險。但不要忘記，風險永遠都在。
- **不要聽信任何人宣稱某家公司、某個產業、類股或新科技**

一定會賺錢，也別輕信那是全無風險的致富管道：如果聽起來好到不像真有其事，請存疑。

- **廣泛投資，不要受到誘惑就追進表現最好的市場類股**：表現最火熱的類股終究會冷卻，而且你到了歡宴尾聲才進場的機率很高。

| 18 |

投資最可怕的敵人

經濟學家葛拉漢說過:「投資人最大的問題、甚至是最大的敵人,很可能就是自己。」這句名言完美捕捉到,投資人行事不理性、而且還會與自身利益相悖的趨向。

過去幾十年,有個主題催生出一門學科:行為財務學(behavioral finance),研究的是人類心理對於投資人行為造成的影響。學者撰寫論文,探討人們如何做出投資選擇,幾所大學也在這個領域設立了講座教授職務。行為財務學的研究人員應用科學方法,分析長期從傳聞軼事中觀察到的行為。

身為投資人的我們,總認為自己能仔細權衡選項,並理智地選出最有利的那一個。但事實是,我們往往沒有這麼做。後來發現,現實生活中,人們連選項都無法辨別,更遑論選出對的。我們多半會錯誤詮釋資訊、算錯簡單的統計機率,並用情緒化的態度回應事件,而且常常會造成反效果。

雖然我沒有正式研究過投資人心理學,但多年來我有機會觀察很多投資人,當中有些人很成功,有些人則不太成功。我的經驗可以驗證行為財務學家要告訴我們的道理。在參照了世人如何回應

真實市場事件後，我列出了一些應該避免的失誤，請見以下。

過度自信：你住在烏比岡湖嗎？

還記得幽默大師蓋瑞森‧凱勒（Garrison Keillor）筆下的虛構小鎮烏比岡湖（Lake Wobegon）嗎？在這個鎮上，「每個女人都很堅強，男人都是帥哥，小孩個個天資聰穎。」儘管我手上沒有數據說明什麼叫堅毅和帥氣，但是人們常常認為自己在多方面都有中上之資。許多調查發現，大部分的人都認為自己的駕駛技術比別人好，或者丟掉飯碗的機率比同事低，或是自己會比朋友更能避免心臟病發。

身為投資人，如果你對自己的能力過度自信，恐怕會低估風險。這種想法會導致你對於經過時間淬鍊的投資原則（比如，平衡和分散）嗤之以鼻，因為你相信你可以靠著挑出一、兩檔績效出色的基金或股票賺大錢。

關於自信，我還有一點要提。我的職責是聘用經理人與管理公司，來處理客戶資產。我每次都會拿著一張檢核表，上頭列出一些重要的人格特質，提高我們聘用到好人才的機率。而謙遜（但不能因此而沒有主見），永遠是列表的第一項。

近因偏誤：「最近」的威力

不管目前的狀況是什麼，人們常會假設現在的條件會持續下

去。因此，市況很好時，投資人常會過度樂觀；市況不好時，投資人又過度悲觀，這叫近因偏誤（recency bias）。

我們常在全美各地為先鋒的客戶舉辦大型研討會，我在會中一再觀察到這種趨向。我們在座談開始時，通常會先請與會者寫下他們對未來十二個月股市和債市報酬的預測值。客戶預測的報酬值，幾乎總是非常、非常接近最近期的市場實際報酬值。

很不可思議的是，這種傾向會不斷出現，無關乎市場狀況是否改變。1990年代股市大好，當時股票一年的複合報酬率達18％、甚至20％，出席大型研討會的客戶會預測未來十二個月的報酬為18％到20％。2000年股市下挫，客戶的預測值也跟著悲觀了許多。

這種以最近市場為基準來做預測的傾向，潛藏著實質的危機。看不見大格局的投資人，最後只能不斷修正策略。本質上，他們總是在熱浪來襲時買到柴火，或是剛剛把傘丟掉就下大雨了。

看見「不存在」的模式

人都喜歡模式，即便事件完全是隨機性的，大家也常會相信模式確實存在。此外，人也認為自己可以把模式變成自己的優勢。確實，嬰兒最早開始學習的幾件事之一，就是因果關係的模式。比方說，我最小的孫女會把湯匙丟在地上，我會彎下腰撿起來，然後她又再丟一次！

統計學家以丟硬幣來解釋模式的虛幻。如果你丟一枚硬幣五

次，每次丟到人頭（或是數字）的機率都會是一半一半，跟上一次的結果毫無關係。因此，統計學家把每一次丟硬幣稱為獨立事件（independent event）。然而，很多人很難把這個概念放進心裡，他們預期硬幣丟出人頭 —— 數字 —— 人頭 —— 數字 —— 人頭 —— 數字的機率，要高於其他的組合。

　　無須訝異的是，由於這種普遍的人性傾向，投資人會期待，不管是不是真的有模式存在，他們都希望能在金融市場裡找到。1990年代，投資人注意到每次股市大跌之後都會出現大幅反彈，他們得出結論，認為快速反彈是當時的規律，因此開始互相勸告彼此「跌深買進」。但事實上，市場不見得總會快速反彈，投資人應該要記得2000年開始的長期下跌，以及幾年之後的2008年到2009年又出現相同的情況。（2020年的反彈是這項規則的例外。）

短期損失厭惡症

　　人對於損失的感受往往比獲得更強烈。假設我邀你用丟硬幣打賭，丟出數字，你輸100美元；出現人頭，你贏100美元，你要賭嗎？就算你有機會從我這裡贏走一些錢，你可能也不會賭。好吧，假設我多付一點錢好了。那我要支付多少錢，你才覺得值得冒著損失100美元的風險？兩位一流的投資人心理學學者康納曼（Daniel Kahneman）和特沃斯基（Amos Tversky）做了研究，他們指出，如果你的想法跟多數人一樣，你會堅持至少要200美元。換言之，贏得200美元的潛在歡愉感才能平衡損失100美元的潛在痛苦。

由於投資人認為損失帶來的痛苦感更沉重，有時候他們會連短期損失都想避免，因而做出一些奇怪的事。比方說，他們可能會長期持有虧損的基金或債券，超過應持有的期間，等著價格回到損益兩平點才脫手。或者，他們因為擔心之後可能會虧損，而賣掉正在上漲的投資。如果你是長線投資人，不應該讓這種出於直覺的避免損失傾向，凌駕於你的判斷之上。以投資來說，你要明白你有時候會賺，有時候會賠。但如果你堅守我在本書中談到的明智原則，長期你會賺。

解析投資組合陷阱：聰明人也會做蠢事

每一個人都會受制於一些傾向和偏見，進而對投資方案造成嚴重破壞。除了本章詳細談過的那些之外，下面還摘要出六項行為上的問題。

- **惰性**：不管是開始運動、更新駕照還是做出投資決策，有些人就是很難動起來。惰性會使投資人把建立投資組合的時間往後拖，或使投資人遲遲不做必要的變動，例如再平衡。而退休金相關產業正在幫忙解決這個問題，比如：建議雇主401(k)計畫的主辦單位採行自動加入與自動預設選項。另一方面，在聘用時自動讓新員工加入退休金儲備方案、並導引他們提撥資金到平衡式的投資組合（如目標日

期基金），大大提升了投資成果。如果你還沒有加入這類計畫，請一定要去登記參與。還有，要確定你除了該計畫之外，還另有存款與投資。

- **做了太多分析卻無作為**：面對選擇時，很多人會對各種選項想太多，到最後「癱瘓了」，遲遲無法做出決定或乾脆什麼都不做。在早年推動401(k)計畫時，我們就在先鋒集團看到這種現象。很多主辦單位相信選擇愈多愈好，因此方案選單上的投資選項多到眼花撩亂，使要加入計畫的人很迷惑，往往做出次佳選擇、甚至根本不做選擇。但有時候，少即是多。

- **家鄉偏誤**（home bias）：很多投資人會以投資母國市場為主，換言之，他們會投資自己熟悉的市場。例如，美國的投資人會加碼美國的股票和債券。然而，如果不把部分資產配置到海外市場，你就會錯失潛在的報酬與分散投資的益處。

- **從眾**：人多半會去做其他人也做的事，特別是仿效同儕。我們在生活中的各個面向都會看到一窩蜂的現象，比方說搶喝精品咖啡、搶買最流行的衣飾，或是搶開豪華休旅車。以投資來說，你可以從眾，但他們可能會帶你去跳崖。

- **代表性偏誤**（representativeness bias）：有些投資人僅根據表面特性就做出投資決策，而不去做全面性的評估。舉例來說，投資人可能會假設管理得當的好公司的股票，就一

定是好投資。這種思考過程從事實上來看很合理，但是並未考慮股價早就已經反映了公司的品質以及未來前景。

- **驗證性偏誤**（confirmation bias）：一旦做了決定，我們往往會尋找、或更看重那些能確認我們做出好選擇的資訊。比方說，如果你選擇把一部分的投資組合放在一檔績效出色的醫療保健基金，你很可能會過分強調和這個類股有關的利多消息，鄙視利空訊息。

閒不下來的投資人

就算是了解「買進並持有」投資哲學的投資人，有時候也會覺得什麼都不做很不對勁，尤其眾多環境因素都在引誘我們交易、轉換投資產品供應商，或是嘗試新投資策略等等。多虧了網路和智慧型手機，現在我們比過去更容易對這種衝動舉白旗，就動手去做了什麼。

首先，市場訊息和商業新聞會不停轟炸你。在滑手機或平板上的新聞與社交媒體饋送訊息時，會看到各式各樣催促著你行動的文章標題。我出於好玩，有一次就訂了一個很受歡迎的新聞管道，發現訂完之後的幾分鐘之內，它就發送了以下六條新聞給我。特別要注意的是，最後兩條新聞傳達的訊息完全相反。

- 「怪獸回歸：美國和日本注入 10 兆美元，吹大資產泡沫」
- 「黃金反彈了嗎？這裡有五張必看的重要圖表」

- 「九月份排名前十名的 ETF」
- 「市場預測：暴風雨即將來襲？」
- 「今日的股票市場是 1999 年的再現」
- 「美國科技股反彈『完全不像』網路泡沫」

其次，金融商品供應商的應用程式、或網站提供的線上帳戶管理非常方便，但一大缺點是，這些東西大大提高你弄亂投資方案的機率。有些人會忍不住三不五時就去看一下帳戶餘額，且讓我們把這種情形稱為應用程式心態（app mentality）。動動手指點一下，花個幾分鐘，你就可以查一下天氣、文字訊息、Instagram 或 LinkedIn 頁面，以及你的帳戶餘額。然而，只是花幾分鐘看一下投資組合，很可能就會誘使你從一檔基金轉換成另一檔，或者是把看來表現不佳的投資停損變現。然後，等晚一點或是隔天，你可以再重來一次。說起來，以前投資人只能在回家路上從汽車收音機裡聽到當天的市場訊息，還是有點好處的。

在多數情況下，不斷檢查帳戶、在心裡算計利得或虧損，不會對你有太多好處。研究不斷指出，主動型交易人的表現遠不及買進並持有的人。我也要重複我的建議：請抗拒隨時都想查一下帳戶餘額的衝動，盡量不要超過一季一次。以投資人的身分來說，先鋒集團除了為我的投資方案提供成本極低的基金之外，替我做過最好的事情之一就是，幾年前中止了我的線上支付服務。雖然造成的不便有點惱人，但是我也發現大有好處，那就是我不會再常常登入先鋒集團的網站支付帳單。因此，我也不用再被迫看到我的帳戶餘額

（基本上就是我的財富淨值）。本來當我輸入使用者帳戶和密碼之後，這些訊息就會跳出來，出現在螢幕中央。這是很讓人分心的事物，我不需要，我很高興現在都不見了。就像大家說的：「眼不見，心不煩。」對我來說，這叫：「眼不見，心平靜。」

錨定效應：你如何判斷投資績效？

你是否曾經想過，為何汽車推銷商喜歡一開始報高價，但是明明對方跟你都知道他們一定會讓你討價還價，協商出比較低的價格？這是基於所謂的錨定效應（anchoring），指買方通常依據之前訂下的基準值來估價。一般人並不會時時體認到這一點，常會根據有意義或無意義的參考點，形成自己的意見。比如，一旦車子的標價滲入你心裡，你很可能會覺得只要低於這個價格就是好交易。

以投資來說，錨定效應會導致你用根本不相關的因素，來判斷特定投資的績效。像是：你很久之前的買進價格、投資標的價格的歷史高低點，或是分析師預估的未來價格。而且，一旦錨落在你的意識當中，就很難動搖。舉例來說，如果你知道一位出色的金融分析師，預測一檔股票價格會從每股100美元漲到250美元。你很可能會認為，150美元是很好的買進價格，根本不管該公司的基本面是不是撐得起這個價格。

另一種錨定特性和本章之前談的主題有關：太常檢視投資組合的價值。市場大漲之後，你可能會對於現在更高的帳戶餘額感到滿意，並對自己說：「上個月我剛賺了2萬5,000美元。」之後，市

場忽然大跌時，你已經錨定在較高的餘額了，進而對於可觀的損失忿忿不平。事實上，經常查閱餘額不僅會造成反效果，還可能引發不必要的壓力和憤怒。

選擇性記憶：「賭客都說很好賺」

不幸的是，人的記憶是很不公平的。我們傾向於記住自己的勝利，忘卻自身的失敗。你很可能注意到常去賭場的人很愛講自己贏錢的場合，不會提到他們輸錢的時候。同樣的，買樂透的人會津津樂道贏了頭彩的人有哪些故事，不會提到贏的機率只有幾百萬分之一。我們也多半會記得，誰遵循某某計畫在金融市場大賺一筆，但忘記那些搖擺不定、最後被三振出局的人。

不讓情緒和非理性放肆

我是不是已經讓你非常沮喪了？在這個階段，你說不定會想，既然人這麼容易傷害到自己，那根本不可能投資成功，何必嘗試？但是，千萬別因為我所舉出的投資人弱點範例，就陷入絕望。研究行為財務學之所以有用，是因為這門學問能幫助我們看出哪些行為會傷害自己，並有機會採取預防性措施。

到現在，你已經知道我提過哪些建議：

• 建構投資組合時，針對風險與報酬做出深思熟慮的決定。

- 要做買進並持有的投資人。
- 注重成本。
- 投資時，選擇可以信任的供應商。
- 讓時間成為你的盟友。
- 無論時機好壞，都要堅守投資方案。

如果你都做到了，情緒和非理性就無法放肆了。

解析投資組合陷阱：不做賣家，就是買家

　　商用房地產的投資人發現，人很容易受制於情緒化的思維。商用房地產向來因為週期變化莫測著稱，很多人在這裡賺了大錢，之後幾年又大虧，就像下面這則小故事一樣。

　　我有朋友在商辦園區擁有一棟複合大樓，並發現同社區有一棟類似的大樓求售，每平方英尺要價195美元，與之前每平方英尺145元的售價相比之下高了許多。沒多久之後，一些海外投資人出價每平方英尺220美元，想要買他的物業。但我的朋友相信市場還會再把價格推高，因此拒絕了。

　　過了不久，房地產市場崩盤，我的朋友被迫脫手物業以清償貸款，他僅能用每平方英尺130美元的價格變現。幾年之後，他告訴我：「你知道嗎，我從這件事學到了一點，那就是如果我沒用每平方英尺220美元『賣出』，就代表我是

用那個價格『買進』。」

　　我朋友以錯失機會的痛苦為代價，學到沉重的一課。若他沒有成為賣家，從實質意義上來說他就是買家。他的錯誤是認為自己知道市場會怎麼走。如果一年前有人用每平方英尺190美元向他買這棟物業，他或許會爽快地接受。但是他以為自己看出了模式：市場顯然正在走高，或者說，看來是這樣。他假設這股動能會繼續。我永遠都忘不了他說的這句話：「我不做賣家時，就相當於是買家。」

投資人，請覺察、覺察，再覺察

　　就算了解人類不理性、不明智的行為傾向，有時候也無法保護我們不去做出愚蠢的行為。然而，如果你能培養出覺察能力、洞悉自己的動機，就更有機會好好堅守聚焦且紀律嚴明的投資之道。畢竟，感覺與偏誤是無形的事物，但是會對你的投資計畫造成非常具體的影響。

總結

　　做出不理性的行為，本來就是人性的一部分。儘管「自知」無法完全防範這些錯誤，但如果你做到以下這幾件事，還是能自我約束：

- **謙遜看待自己挑選贏家投資標的之能力**：不要試著靠交易累積財富，請設計一套穩健的投資組合，然後遵循買進並持有的策略。
- **體認到好時機和壞時機「都會過去」**：不要太在乎對你的長期計畫並無意義的短期波動。
- **不要輕信那些宣稱找到市場模式、且可以轉化成財務優勢的投資大師**：就算模式存在，恐怕也為期不長。長期來說，平衡和分散是唯二可靠的投資策略。

熊市考驗你的決心

您可以針對這檔基金給我行動上的建議嗎？我這檔基金
已經虧損5萬美元了（我寫這句話時覺得好想吐），我不太清
楚為什麼會虧損。還有，更重要的是，我也無法預測未來的
績效。

我平常都能堅守既定方針，但現在對於不作為這件事甚
感質疑，因此尋求您的建議。

—— 先鋒集團客戶來函

熊市是投資股票和債券經常會出現的戲碼，但當你卡在熊市
當中，這麼說也只是聊以安慰而已。即便是最資深的投資人，比方
說上述的先鋒集團客戶，都認為熊市確實難以承受。

2002年7月，我正在替本書的第一版做最後的整修編輯，當時
我們正陷入一次又深又長的熊市。後來知道，那是美國股市自二次
大戰以來最漫長的熊市，在那讓人痛苦的兩年多期間，股價下跌超
過49％。

2003年股市強力反彈，但是對於要從大跌中奮起的投資人來

說，仍非常艱辛。2000年3月，科技股和網路股的投資泡沫破滅，熊市就悄悄來臨了。雖然受創最深的是那斯達克指數裡的科技股，但是也拖了許多其他類股下水。如果以標準普爾500指數的價格變動來衡量，2000年美股下跌10.1％，2001年跌13.0％，2002年又跌23.4％。自此之後，美股又經歷了兩次熊市，分別是2008年到2009年（下跌57％）和2020年2月到3月（下跌34％）。

當然，市場大跌一點都不讓人開心。但是當中會給我們很多心得，幫助我們成為更好的投資人。我會在本章討論這些心得，並提出建議，讓你知道如何度過熊市帶來的情緒與財務挑戰。

熊來了嗎？

由於術語可能會讓人有點糊塗，且讓我們從定義開始講起。所謂「熊市」，大致上是指股價下跌20％以上。比較不嚴重的下跌叫「市場修正」（market correction），通常定義為下跌超過10％、但不到20％。

不用太執著這些定義。一旦標普500、道瓊或那斯達克面臨修正或是轉進牛市或熊市，新聞媒體通常會敲鑼打鼓大肆宣揚。但若你是長線投資人，市場究竟正式轉為熊市、還是僅跌了19％，都跟你沒有太大關係。不管是哪一種，你都不應該改變你的投資計畫。畢竟，擔心現在到底是進入熊市，還是「僅是」修正，就好像你在攝氏35度的氣溫之下揮汗如雨，卻還在擔心這麼熱的天氣從技術面來看，到底能不能稱為熱浪。多數的市場修正和溫和的熊市

都起因於正常的景氣循環變動，但是股市下滑不見得就預告經濟會衰退，股市走跌也不一定是由經濟衰退而引起。美股的幾次嚴重熊市多半關乎戰爭、投機性泡沫破裂，或是外在的經濟因素。

　　沒人能預測熊市會多久或多嚴重，但是歷史能告訴我們一些有趣的事實。以過去六十五年來看，平均而言，股市每五年就會出現一次熊市（如表19.1），持續的時間大約是一年多一點，同樣的，這也是從平均而言。2020年之前，最短的熊市僅為期三個月，2020年由疫情引發的熊市雖然嚴重，但只持續了一個月。美國史上最嚴重的熊市，是從1929年9月到1932年5月那一次，股價

表19.1　1956-2020年，美股的熊市

開始日期	結束日期	時間長度 （月數）	價格報酬
1956 年 8 月 2 日	1957 年 10 月 22 日	15	−21.6%
1961 年 12 月 12 日	1962 年 6 月 26 日	7	−28.0%
1966 年 2 月 9 日	1966 年 10 月 7 日	8	−22.2%
1968 年 11 月 29 日	1970 年 5 月 26 日	18	−36.1%
1973 年 1 月 11 日	1974 年 10 月 3 日	21	−48.2%
1976 年 9 月 21 日	1978 年 3 月 6 日	18	−19.4%
1980 年 11 月 28 日	1982 年 8 月 12 日	21	−27.1%
1987 年 8 月 25 日	1987 年 12 月 4 日	3	−33.5%
1990 年 7 月 16 日	1990 年 10 月 11 日	3	−19.9%
2000 年 3 月 24 日	2002 年 10 月 9 日	31	−49.1%
2007 年 10 月 9 日	2009 年 3 月 9 日	17	−56.8%
2020 年 2 月 19 日	2020 年 3 月 23 日	1	−33.9%

資料來源：先鋒集團使用標普500指數的價格變動計算出來的熊市。

總共跌了83％。美國為了應對經濟大蕭條，做了很多法規改革與經濟政策變革，因此不太可能再經歷一次這麼嚴重的熊市。但是我信奉的學派說，你應該要謹記金融市場沒有什麼不可能。

熊市也會打擊債券，就像打擊股票一樣。就債券來說，最近一次的熊市始於2016年6月，一直延續到2018年10月，在這段期間內利率上漲，使得債券價格下跌16％（以10年期美國政府公債的價格計算），如表19.2所示。

表19.2　1967-2020年，美債的熊市

開始日期	結束日期	時間長度（月數）	價格報酬
1967 年 2 月 28 日	1970 年 5 月 29 日	39	−20.0%
1971 年 3 月 31 日	1975 年 9 月 30 日	54	−16.1%
1976 年 11 月 30 日	1980 年 2 月 29 日	39	−27.0%
1980 年 6 月 30 日	1981 年 9 月 30 日	15	−20.8%
1983 年 3 月 31 日	1984 年 6 月 29 日	15	−13.2%
1986 年 12 月 31 日	1987 年 9 月 30 日	9	−11.0%
1993 年 8 月 31 日	1994 年 11 月 30 日	15	−14.3%
1998 年 8 月 31 日	2000 年 1 月 31 日	17	−14.0%
2003 年 4 月 30 日	2004 年 6 月 30 日	14	−9.8%
2008 年 11 月 30 日	2010 年 3 月 31 日	16	−14.4%
2012 年 6 月 30 日	2013 年 12 月 31 日	18	−15.5%
2016 年 6 月 30 日	2018 年 10 月 31 日	28	−15.9%

資料來源：先鋒集團以美國10年期政府公債的價格為基準計算。

恐慌與財富

你應預期在你的投資生涯中，熊市會不定期出現，並以我在本書中談過的各種明智方法來預作準備。像是依照你所設定的投資期限，持有平衡且分散的投資組合。但是，即便你在財務上都做對了，我保證你還是會感受到焦慮，你可能在情緒上和生理上都會出現一些徵狀。比方說，你會難以入眠，或是一整天都覺得胃裡有個洞。你可能也有想做點什麼事的強烈衝動。

想像一下，投資人若經歷了從1973年1月開始到1974年10月結束的熊市，他會怎麼樣。當時美國股市在二十一個月內重挫，跌幅重達驚人的48％。換成金額的話，投資人如果投資股市大盤10萬美元，會損失4萬8,000美元，投資組合蒸發近半的價值。如果以購買力來算，損失更嚴重。當時的投資人並不知道熊市要持續多久，也不知道情況會有多糟。那時候我已經快二十歲了，我記得的是，晚報永遠都在報導市場和經濟的壞消息。那段期間也看到美國的總統和副總統雙雙辭職、越戰失敗最後以撤軍終結，以及中東的衝突持續延燒。

如今某些投資人只有相對短期的熊市經驗，在2020年股市修正之前，他們只知道有牛市。以下這段話可能會讓你很意外，但我認為，在過去二十年有投資的投資人，都應該把賺得的財富歸功於經歷了幾次熊市。相信我，某個時候，同樣的事情也會發生在你身上。舉例來說，撐過2000年到2002年熊市的投資人，會學到很寶貴的心得，也可以做好準備抵禦2008年到2009年再度到來的熊

市。另一方面，在投資生涯剛開始時就遭遇嚴重的市場下挫，會比快要結束時才遇到更好。因為到後來你的投資組合規模已經很大，而且你也沒有那麼多時間等價值漲回來。此外，到了後期，你還可能要用你的投資資產，來支應生活支出。

熊市會展現平衡和分散的優勢

設計得宜的投資組合會在熊市展現優勢。舉例來說，股債混合的平衡型投資組合在1973年到1974年熊市時的表現，會比全數投資股票的投資組合出色。60％投資股票加上40％投資債券的投資人，每投資10萬美元「僅」損失2萬9,000美元。相比之下，全股票的投資組合投資人要損失4萬8,000美元。

但我們要理解一點：持有平衡分散的投資組合，雖能減輕熊市帶來的痛苦，但無法完全保障你不損失。還有，你具體的持有標的將會決定投資組合受傷多重。大致來說，成長型基金的下滑幅度，會大於比較保守的價值型基金。2020年市場修正期間，大型科技股、能源類股和小型股的跌幅高於大盤。如果你持有債券基金，利率上揚時，你應該預備好會看到存續期較長的基金跌價幅度最大。

熊市會展現分散的益處，也讓你有機會學到寶貴觀點。以下是我們收到的一封股東來函。對方在2000年到2002年的熊市期間非常憂慮，但也從中學會了要把眼光放遠，以及堅守投資方案。

市場還能再跌多少？在我的投資生涯中，某個期間只要市場一下跌，就讓我憂心不已。在我清醒的時間裡，無時無刻不縈繞著悲慘的想法：我現在正在虧錢，我真的巴不得自己從來沒有做過投資。但自從我改變投資方式之後，我就不再這麼顧慮市場了。喔，我還是跟著市場脈動，但我知道自己已經善盡能做的事。像是適當分散、降低費用、放眼未來，和預期一定會發生虧損和下跌，在這些前提下，我知道我（十年後的）最終報酬，會很讓人滿意。

市場下跌之後總是會回復，最終都會。但我要再說一次，這當中沒有任何可靠的模式。畢竟，市場有可能很久才回復，比方說，美股在1973年到1974年大跌之後，花了八年才回到崩盤之前的高點。不過，回復也可能很神速，例如2020年的熊市只出現了一個月。

如何面對熊市？

正確的因應熊市之道，是客觀檢視情境、並重新評估你的條件。像是：你的投資期間多長？目標是什麼？如果投資期間還長，而且自身財務狀況並未改變，你也許好整以暇即可。下面這段話聽起來很違反直覺，但是我要說，如果是為了達成長期目標而固定投資、而不是要動用投資的人來說，熊市是好事。假如你是為了準備退休而投資，距離你退休時間還有幾十年，帳戶價值下跌並不是

「真正」的虧損。重點是你的投資在三十年後有多少價值，而不是三十天後，甚至不是三十週後。假設目前價格很低，你可以用更便宜的價格買進更多的股份，因此，未來市場一回復，你就有更多財富。

投資債券時，這種情況尤其明顯，看起來的壞消息，實際上是好消息。沒錯，利率上漲時你的債券投資價格會下跌，但是這代表你應該退出嗎？恰恰相反，如果你是長線投資人，你應該恭喜自己。這是因為，如果你把基金的股利拿來再投資，這些股利可以在基金淨值較低時，買到更多股份。（我知道我已經提過債券的這個特性，但這一點很重要，而且有很多人都誤解了，因此值得再提一次。）

但是，如果你已經退休，而且並未適當配置資產，熊市對你的投資目標來說恐怕是一大威脅。若你已經動用資產，可能沒有餘裕等待市場反彈，也無法全心接受在價格低時做定期投資的想法。透過固定且合理地投資，三十多年下來你可能已經累積了可觀的資金，現在只能眼睜睜看著熊市摧殘你的投資組合。

你要怎麼辦？同樣的，如果你的投資組合契合你的目標、投資期限和風險耐受度，並做好了適當的資產配置，你最好就是以不變應萬變。前提是，你手邊有一筆短期儲備金，可以支應下跌期間的生活開銷。畢竟，如果你以情緒化的態度回應，大幅改變你的投資策略，恐怕會擴大傷害。假設你必須改變資產組合，請小幅改變並逐步落實，甚至要調整自己對退休的期待。在網路泡沫破滅之後，有些夢想提早退休的投資人因為市場下跌而動彈不得，他們說

自己不得不多存錢、少花錢和把工作時間拉長。

　　財務顧問之所以建議，在接近退休時，逐步將投資轉變成更保守的平衡型組合，就是為了避免這種事發生。同樣的，目標期限基金和範例投資組合也會有相同的做法。然而，你很難靠自己做到，如果眼前沒有任何熊市的徵兆更是難上加難。尤其股市正旺時，把資金挪到債市絕對不會讓你覺得愉悅。但是，如果你計畫好最後要放輕鬆、不用繼續工作，把一些資產挪到債券肯定會讓你開心許多。

　　這個觀點也適用於存大學教育儲備金的人。如果你沒有選用以年齡為基準的投資工具，那麼，隨著孩子接近上大學的年紀，你就要逐步將資金從股票基金，挪到債券和貨幣市場基金。在你把兒女載到大學宿舍時，你的大學儲備金投資組合的股票權重不應超過20％到30％。（但如果有獎學金和財務上的補助，你就有理由稍微積極一點。）

用對方法撐過熊市

　　如果你在熊市開始前，就建置了穩健的計畫，那你的主要任務就是穩住。然而，若不樂觀的分析導致財務壓力愈來愈大，又有政客趁勢攪局，加上你的帳戶餘額就好像經歷了急速節食一樣，數字不斷往下掉。這個時候，「要穩住」更是說起來容易，做起來難。在2008年到2009年的熊市期間，有名嘴嘲諷很多401(k)計畫變成了「201(k)」，因為價值都腰斬了。非常犀利的比喻，但是很

擾亂人心。而以下這些實務做法可以幫助你撐過下跌，以及伴隨而來的雜音。

- **持續定期投資**：如果採行自動投資方案或是薪資自動轉帳投資，請繼續提撥。請記住，你做的是平均成本法投資，市場下跌時最能幫助你達成目標。我就不再重述第13章講過的平均成本法了，但我還是要提醒你當中的兩大益處，因為這可以幫助你撐過熊市。第一，因為價格低，你的定期投資可以買到更多股份。第二，當中的紀律可以幫助你站穩腳步，免於做出情緒化的決策。還有一點也值得重提：市況不好時，你也要像在市況好時一樣堅守平均成本法，才能收獲當中的好處。

- **穩住立場**：身為長線投資人，你的使命是要達成最終目標，而不是避免中間的虧損。一開始設定投資方案時，你是把錢投入長期報酬前景最看好的地方，這意味著你要承受一些風險，現在你就看到風險出現了。但這不代表你的計畫是錯的。你的帳戶比之前的金額更低了是嗎？然而，「之前的金額」很可能是不切實際的數字。請記住，2000年開始的熊市讓名目上的財富蒸發掉一大半，但是有毅力留在股市多年的投資人，仍比剛開始投資時更富有。

- **逐步轉移（如有必要的話）**：不要因為有部分投資陷入麻煩，就想要大幅度更動你的投資策略，請抗拒這股衝動。如果你把資金從股票和債券挪到比較保守的投資上，是希

望避免損失或想要多賺，很少會成功。假如你一定要更動，請循序漸進，一點一點慢慢出售或交換股份，以免你從一種衝動又陷入另一種。

• **期望要切合實際**：長期來說，股市會漲。然而，預期股市不時會拉回也很實際，同樣的，預期市場終會回復也很合乎現實。表19.3顯示不同期間股市的最差表現，以及最佳表現。就上一個世紀來說，以十年為一段期間，在最糟糕的情況下股市會下跌1％。

表19.3　檢視不同期間股市最好與最差的表現

	10 年	15 年	20 年
最好	20.0% （1949-1958）	18.2% （1942-1956）	17.2% （1979-1998）
最差	−0.9% （1929-1938）	0.6% （1929-1943）	3.1% （1929-1948）

資料來源：先鋒集團。代表美國股市的是，1926年到1974年的標準普爾500指數、到2005年4月22日的道瓊美國全股市指數、到2013年6月2日的MSCI美國市場指數，以及到2019年的CRSP美國全市場指數。數據以曆年報酬為基準。

基本功：在盤整市場買「漢堡」的優勢

任職於先鋒集團時，我會固定和比我小約15歲的同事們一起吃午餐。從1990年代中期到末期，他們不斷提醒我我是多麼幸運，可以從1982年牛市開始時，就為了退休而投

資。

我不認為這有什麼好羨慕的。透過薪資直接轉帳的定期投資，我連續用平均成本法投資上漲市場十五年。當市場愈走愈高，我就要用穩定走高的價格買進基金股份。在我看來，那些年輕同仁的立足點比我好多了。他們投資時，是透過橫向盤整和下跌的市場累積財富。因此，他們買進基金股份的價格，比我在他們這個年紀時低得多。說到底，重要的是你的資產在「終點線」時有多少價值，而不是當中的高低波動。

以投資期間長的定期投資人來說，盤整或下跌的市場雖然必會讓人覺得很不安，但其實是件好事。畢竟，以較低的價格買進股份，你更有機會在你投資的那幾年賺到錢。

知名投資人兼波克夏海瑟威董事長巴菲特，用買漢堡來比喻投資當中的取捨。他在1997年寫給股東的信裡寫到：

來做個簡短的測驗：假如你打算一輩子吃漢堡，但你不養牛，那你希望牛肉的價格高一點還是低一點？同樣的，如果你時不時會想換一部車，但你不是汽車製造廠，你應該希望車價高一點還是低一點？當然，這些問題的答案是不言自明的。

最後的測驗來了：倘若你預期自己未來五年都會是淨儲蓄者，你應該期望這段期間股市上漲還是下跌？很多投資人會答錯這一題。雖然他們多年來都是股票的淨買方，但是股

價高漲時他們開心的不得了，股價下跌時他們也跟著洩氣。實際上，他們相當於為了自己即將要買入的「漢堡」漲價而歡欣鼓舞。這種反應很沒有道理。只有近期要賣股票的人，才應為股價上漲而雀躍。潛在的買方應該比較寧願看到股價下跌。

身為為了退休而投資的人，我從1982年到2000年持續以比較昂貴的價格買「漢堡」。另一方面，我的同事則遇上大幅波動的市況，但時間會站在他們那邊。

熊市的禁忌

市況惡化時，會有兩大危機，第一是你感到恐慌，想要退出市場，跌幅深重時尤其如此。第二項危機，是你認為下跌意味著價值浮現，因此想要「跌深買進」。

這兩種反應都不正確。如果你恐慌，最後很可能在下跌的底部或接近底部時脫手，錯失反彈的獲利。很多投資人在1973年到1974年市場下跌時，就是這樣。那些跟著大家逃走的人，錯失了股價的大幅反彈。股價在1974年10月來到低點，之後股市的報酬非常豐厚，標普500指數在1975年時漲了37.1％。從1975年到1984年，這十年間美股的平均年報酬率為14.8％，從1975年到1989年的十五年平均年報酬率為16.6％，從1975年到1994年的二十年平均年報酬率為14.6％，從1975年到2000年的二十五年平均

年報酬率為16.1％。

至於跌深買進的策略，從事後觀點來看就知道，為何這不是熊市時的好計畫。但問題是，你在開始時並沒有後見之明。熊市期間可能有多次反彈，如果嘗試擇時交易，恐怕會受傷慘重。1973年到1974年股市大跌時，就有好幾次這種「彆腳反彈」（sucker's rally；按：指時間短、力道不強的反彈）。在那些時候因為跌深而買進的人，只是讓虧損更嚴重而已。這些事再再證明了，經濟學家凱因斯曾經說過的一句話極有智慧：「市場不理性的時間，可能比你撐住不破產的時間還長。」

總結

熊市是投資中經常會出現的情況。然而，如果你可以做到以下幾件事，就能承受情緒上與財務上的挑戰：

- **持有符合需求的平衡分散投資組合，為艱困的市況預作準備**：知道自己已經設計好適當的投資組合會讓你有信心，可以度過熊市。
- **持續定期投資**：平均成本法會讓你養成紀律，撐過艱困的市況。
- **有必要變動的話，請循序漸進**：如果你的長期策略仍然穩健，在熊市時最好的做法就是避免重大變動。但假如有必

要調整，請謹慎小心，循序漸進。

• **穩住立場**：你最終是希望達成財務目標。因此，如果你的投資期間是十年或更長，就不用擔心一年的損益。

| 20 |

擺脫分心，順利抵達終點

　　我在本書中多次用車子和駕車做比喻，我現在還要再講一個，希望你不會覺得厭煩。坐在駕駛座時，有幾件事會妨礙你安全、及時抵達目的地。例如，你會碰上塞車、車子會拋錨，或者，可能會出車禍（但願不要）。然而，意外總會發生，有時是因為駕駛人分心了，比方說，邊開車邊講手機、傳訊息、調收音機頻道，或是吃漢堡。同樣的，投資時分了心，像是因為專家的話而搖擺不定、跟隨風潮或追逐績效，可能不僅是讓你慢一點達成投資目標而已，我在第23章〈來去博卡拉頓〉，也會再講到這一點。

　　最讓現今投資人分心的事物，就是要應付財經資訊和新聞的不斷攻擊。不管是網路上、平面媒體、電視、電台還是社交媒體，我們都持續遭受投資相關訊息、以及財經市場動態報導的轟炸。很多報導要不是過度誇大、完全錯誤，就是和一般的散戶投資人毫不相干。即便是經驗老道的投資人也會認為，在面對這些讓人分心的資訊之下，穩住個人立場是很困難的事。

　　每天早上我去跑步之前，都會很快地看一下新聞，然後就一定會聽到前一天晚上標準普爾期貨的交易動態，以及亞洲股市的訊

息，再加上天氣預報和運動賽事的比分。這些報導對於專業交易者來說或許很有用，但多數聽眾不需要這些訊息來過日子。事實上，一般人和這些資訊的關係，就好比對堪薩斯市的居民來說，波士頓有沒有暴風雨跟波士頓紅襪隊是否贏球等資訊，用處不大（除非紅襪隊打贏的是堪薩斯皇家隊）。如果你是長期投資、買進並持有的投資人，而且擁有合理建構的投資組合，不太需要關注媒體對於金融市場短期動態的報導。畢竟，市場昨天有什麼表現、人們覺得明天將會如何，根本不會影響到你的投資策略。

我承認新聞報導可以很有用且很有趣，大部分慎思明辨的人也會希望知道最近發生了什麼事。基於這些理由，我會把這一章的重點放在，如何管理大眾媒體文化之下讓人分心的事物、學會吸收有用的資訊並把無用的排除在外。

過去四十年來，新聞媒體在教育公眾如何投資上做得很好。一般人愈來愈具備財務金融素養，也更精通投資。儘管1980年代和1990年代股市長期走大多頭，是吸引愈來愈多散戶投入的一大因素，但財經報導與投資新聞的成長也扮演重要角色。多年來，許多大型報紙、雜誌和通訊社的個人財經專欄作家提供了重要的服務，傳遞理性的投資資訊，真正滿足讀者的需求。到今天也還是有很優質的專欄作家，我常常會把他們的作品傳給同事、或以電子郵件傳送給家人。

在此同時，強力推銷書籍、電台節目和網站的自命財經專家也愈來愈多，各種線上管道也大增。只要有電腦，每個人都可以上傳自己對市場的看法與投資策略。現在還有很多「贊助內容」，投

資公司會在網路管道上購買空間，網站上登出像是經過編採的內容，但實際上是由廣告主付費，來推銷他們的產品和服務。請注意，有些財經部落客也會收費，推薦特定的基金和金融服務。部落客應該揭露這些安排，但是就算他們有做，你也不一定能很清楚看到相關資訊。

因此，身為商業和財經消息的閱聽人，你必須練習戰戰兢兢。如果你是投資新手，說不定會認為自己應該訂閱幾個不同的財經播客、每天閱讀財經新聞、收聽收看報導金融市場動態的廣播和電視節目。千萬不要這樣做。畢竟，你不知道如何把有用的資訊，和沒有價值、造成誤導，甚至是錯誤的訊息區分開來，你很快就會覺得受不了了。身為投資人，一開始，你只需要了解投資的基本面，不要去管和金融市場現狀相關的大量數據和評論。

而設定好投資計畫並培養出投資信心之後，明智的做法是，選擇性地吸收資訊。畢竟，資訊太多不僅惱人，對於打算成為買進並持有的投資人來說，還非常危險。就算你向來不會為了投資組合而煩惱，聽多了媒體上的喋喋不休之後，你可能會覺得有需要常常檢查一下投資組合，看看狀況如何。一旦你這麼做，很可能就會開始再三思考自己的決策到底對不對。雜音造成最狡詐的危害，是當你開始注意去聽，就會引誘你去行動，做出不符合最佳長期利益的投資決策。如果你聽到股市連續三天下跌100點，也許會開始想：「我是不是該把股票轉換成債券或現金？」請抗拒這股衝動。巴菲特在1990年寫給波克夏海瑟威股東的信中，就打趣地提到：「近乎懶惰的沉穩，仍是我們投資風格的基石。」

重要的你都知道了

以下這句話聽起來可能有點奇怪，但我要說，到目前為止，你從媒體上獲知的最寶貴資訊，應該是你早就知道的那些事。請關注強調持有分散投資組合、盡量降低成本與稅金，和秉持長期視野的相關報導。這些都是重要且歷久彌新的投資原則，不同的事件一再地確立了這些重點。

有一位曾在先鋒集團與我合作過的前財經專欄作家，和我分享一段美國偉大小說家薇拉・凱瑟（Willa Cather）的名言。這段他放在皮夾裡的話是：「人間只有兩、三個故事，但這些故事一次又一次不斷重複，彷彿之前從未發生過。」我這位同事相信，這段話放在財經寫作上也適用。以散戶投資人來說，真正重要的不過幾個主題，比如要為了未來的需求存錢、長線投資股市等等。自他對我講了這段話之後，當中的智慧深深打動了我。

本章剩下的篇幅要提一些心法，幫助你面對投資訊息時，做個聰明的閱聽人。

體認每個人自有盤算

上面的標題聽起來很憤世嫉俗，但這就是人生的真相。政治人物和政府官員出現在電視上談論當天的議題時，我們都知道他們在捍衛特定的觀點。無論同不同意，大家都心裡明白，他們所提的主張背後有更重大的盤算。你也要用相同的認知來接收財經訊息。

事實上，造成1990年代科技泡沫的重大原因之一，是人們並未認知到上遍財經新聞的名嘴都自有盤算。新聞本身應該是客觀的，但商業新聞上提到的資訊通常毫無客觀可言，新聞記者自己往往過度看好股市。這也不奇怪，因為對於股市懷抱熱情能引來更多觀眾，節目的評價也更好。而以來賓身分上節目的執行長也有自己的打算，他們頌揚自家公司以引來投資人，拉高股價。還有，投資人後來才發現，力挺股市前景、大力看多的華爾街分析師，也另有所圖。他們任職的券商多半抱持著希望，但願那些科技公司水漲船高後，它們能獲得或保有獲利豐厚的投資銀行業務。

我並不是說所有名嘴都自私自利，也不是另有盤算的人就是窮凶惡極之輩不值得信任。但我要指出，你在接受對方的論點之前，要想一下他們的偏頗之處。

當心市場預測

在如今這個互聯互通的投資世界，到處都有名嘴想要講幾句如珠妙語，預測市場接下來的走勢。尤其在社交媒體與新聞彙整管道推波助瀾之下，影響力更加擴大。但是，即便他們有強大的電腦模型、道理說得頭頭是道，或是滔滔不絕放送動聽言詞，這些專家都沒辦法確定未來會怎樣。當然，有些人有時候會說對了，但是運氣的成分恐怕不下於分析精準。我還擔任先鋒集團執行長時，報導市場與投資的財經記者珍‧布萊恩特‧奎茵（Jane Bryant Quinn）形容得很貼切：「股市預測的主要功能，是讓占星學家看來值得尊

敬。」

為何財經新聞不斷提出市場預測？請想一想他們的企圖。畢竟，預測「寓教於樂」，很能吸引群眾。而基金經理人和華爾街的分析師也樂於提出預測，因為能提高曝光率。如果他們很老實地說：「打死我也沒用，我就是不知道股市接下來會怎麼樣。」絕對沒有人會請他們上節目做預測。

就像威廉‧伯恩斯坦（William Bernstein）在《智慧型資產配置》（*The Intelligent Asset Allocator*）這本書裡講的：

> 無關乎大小，投資人可分為兩種：一種不知道市場要往哪裡走，另一種不知道自己不知道。此外，基本上還有第三種投資人，就是那些投資專業人士，那些人確實知道自己不知道，但他們的生計有賴於他們表現出一副知道的樣子。

對於浮誇的吹捧言詞抱持懷疑

有些財經媒體宣稱他們支持投資要看的是基本面，但是他們的網站上滿滿都是基金排名，和所謂的「現在可買入的五檔『安全』股票」。我們有一次請公司裡的指數基金經理人上電視接受訪問，主持人不斷逼問他「現在他買哪些股票」，到了惹惱人的地步。他抗議對方的舉動，然後板起臉來回答：「全部都買。」

我認為，推銷熱門股和表現最佳ETF的美言和標題，有助於吸引目光與點擊率，但實際上對讀者來說沒什麼用。評比的問題

是，這些分數著眼於過去的績優表現，根本不管長期價值。我們在第9章也談過，如果以過去的績效為基準，基金排名並無意義。

當和特定投資有關的人或事受到讚揚或遭到貶抑，還會發生其他各種不同的事實扭曲。不管是基金經理人、投資策略或產品，甚至市場中的類股，我多次看到這種現象，有時候受到高度讚譽，被指為無懈可擊，有時候卻遭人大罵，說根本毫無價值，但現實情況通常介於兩者之間。

提防「專家」

有些人被視為複雜主題的權威人士，他們表達的意見常受到過度重視，這是人性。但遺憾的是，你在網路上讀到的或是在電視上看到的，不見得是事實。隨著你培養出自己的投資知識，你會慢慢體會到，不同的人對於特定的金融或經濟趨勢代表了什麼意義，可能會有不同的看法。而擁有了不起的職銜和有權威感的人，不一定就能正確解讀。有時候專家也會錯得離譜。就算他們說對了，你也要自問這項訊息是否與你切身相關，若否，請忽略不管。

以下舉個很好的範例。新聞報導在市場下跌那天，常會說當天「賣方超過買方」。你聽到這句話如果想大笑，請自便。要成交，一定要有一個買方和一個賣方。確實，我們想要在市場裡投機的時候，應該停下來想個簡單的事實：任何交易的另一邊，一定會有另一個人。另一邊的人可能知道我們不知道的訊息。

新聞不見得是「新」聞

新聞媒體業者的工作是報導新事物，但要日復一日做到這一點，非常困難。在現實中，很多被當成重大發展而見諸報導的情況，早就已經為人所知。

有個很切題的範例，就是2002年秋天安隆倒閉的相關報導。這家公司是美國第七大的企業。多年來，媒體寫了很多它的風光事蹟，但是記者很晚才察覺到安隆的問題。2002年夏天，安隆執行長傑佛瑞・史基林（Jeffrey Skilling）以私人原因為由下台一鞠躬，當時，投資圈已盛傳這家公司出問題了。然而，一直要到該公司於當年12月申請破產，公眾才知悉安隆問題的來龍去脈。（為還記者一個公道，我要說新聞記者本身往往是該產業最犀利的批評者。《美國新聞學評論》〔*American Journalism Review*〕就直指，財經新聞界的安隆事件報導是這一行最嚴重的失誤之一。）

此外，有很多時候，新聞媒體也很慢才開始報導正面的趨勢，包括網際網路的興起。

我提到新聞常常「不即時」，意在警示把媒體當成良好消息來源的投資人注意。如果你聽到新聞說某一項投資極具潛力，要明白很多人早就知道這件事了，這項資訊大有可能早已反應在股價上。

當心投資熱潮

不同的新聞媒體之間競爭很激烈，要拿出新觀點和新想法的

壓力可說是如山大、而且源源不絕。因此，新聞記者很容易被風潮沖昏頭。風潮是流行文化的一部分，時時刻刻也都有新東西浮上檯面。還好，多數的風潮基本上無害。很多人喜歡隨波逐流投入新的狂潮當中，像是小孩搶用最新的應用程式，大人搶著參加最新的健身方案。然而，或早或晚，所有的狂熱都會退燒，儘管大部分並不會造成任何傷害。畢竟，如果你屈從於流行，加入超緊身牛仔褲的行列，等這種褲子退流行之後，那會怎樣？你損失60美元，沒什麼大不了。

但投資風潮可是另一回事了。如果你任由自己隨波逐流跟著投資風潮，恐怕會危及你的財務福祉。你會損失辛苦錢，還要承擔額外的隱藏成本：一旦偏離你的投資計畫、陷入風潮當中，你就錯失機會，無法利用有價值的投資賺錢。這表示你浪費掉的不只是錢，也耗損了另一種非常寶貴的商品：時間。

比如，由於1980年代的所得稅率很高，避稅變成盛行的投資風潮。投資人投入幾十億美元，買進以房地產和能源為主的複雜避稅標的，卻不太理解當中的基本經濟邏輯，也沒有去想未來稅法的變革，將對這些避稅投資造成何種影響。後來有很多人深表後悔。

現在，有很多人對於線上交易平台非常著迷，尤其是年輕人。在交易免佣金、互動性高、很像電玩遊戲的交易應用程式，以及不設定最低投資限額等條件誘惑之下，普通人也試著做投機買賣，想要透過交易快速致富。更糟的是，有人用借來的錢買進，這就是一般所稱的融資買進。投資股票當然不算是風潮，但是把這當成遊戲來玩，非常危險。這就像是賭博一樣，而我們都知道，通常

贏的是莊家。

我的同事艾利斯在其談投資的《投資終極戰》一書中，對於投資新玩意兒提出了簡潔有力的建議：

> 不要投入新的或「有趣的」投資標的，這些東西在設計上通常是為了**賣給**投資人，而不是讓投資人**擁有**。（就像新手釣客質疑釣餌店賣的裝飾華麗魚餌，是不是真能釣到魚，老闆的回答簡潔有力：「我賣給他們的魚餌不是用來釣魚。」）

這是喜歡新鮮新聞的投資人和消費者，最好要記住的事。要當心投資風潮。除非你把「無論怎樣都要跟上新聞熱潮」當作人生成就，不然的話，追逐風潮的風險太高，不值得。

身為生在大眾媒體環境下的投資人，基本原則是，媒體對你來說亦敵亦友。好的投資資訊可以幫助你成為更好的投資人，不好的資訊卻會帶你犯下大錯。你要評估要追尋哪些題材，又該拒絕哪些。

無論是正式演說還是和投資人的輕鬆對話，我常會強調，拒絕讓人分心事物的重要性。我會講到一個故事，是關於「三位我所認識的頂尖投資人」。人們向來預期我點名華爾街的傳奇人物，或知名的投資組合經理人，但我認識的三位最出色投資人都是我的孩子。他們從小就透過我和妻子在他們一出生就開立的大學基金戶頭，來參與市場。坦白說，孩子們一直要到成年，才知道我們替他們開設了帳戶。

因此，他們在金牛狂奔時不會樂翻天，熊市來襲時也不絕望。他們不會一天到晚在聽財經新聞，也不會禁不住風潮的誘惑，因為他們根本不知道有這回事。他們就算碰到讓人分心的事物，也能把影響減到最低，到最後也因此大致達成了預定目標。

總結

我們身邊有許多金融市場的新聞和資訊，但矛盾的是，想要成為審慎周全的投資人，卻很不容易。你可能無法抗拒所有雜音，因此，請試著採用以下建言：

- **選擇性接收財經訊息**：如果太關注財經新聞，可能會害自己瘋掉，甚至對個人的財務計畫造成實質損害。
- **相信你已經知道的事實**：分散和平衡長期能帶來好處；成本很重要；買進並持有很有用。
- **排除和你無關的資訊和建議**：絕對不要相信市場預測。要體認到很多專家都自有盤算，而且他們可能和你的投資目標不同步。
- **當心浮誇虛言**：無論鎂光燈是打在看來能點石成金的基金經理人身上，還是投資「新玩意兒」上，永遠都要存疑。

「行家投資」真的是行家嗎？
是的，但是……

如果你有在關注投資，很可能會讀到或聽到「行家投資」一詞，你會在新聞版面上看到，或是在財經節目上聽到。坦白說，這是個讓人無言以對的形容詞。畢竟，任何看來很老練、自認為擁有其他人無緣得知的成功祕訣的投資族群，都可以套用。不要相信這個詞。即便如此，在這些投資人中，還是有個很特別的族群可以教我們一、兩件事。這群人投資幾十億美元，擁有專業的員工，掌握長久以來的明智、成功投資原則，而且他們的目的和目標也跟你很相似。我講的是美國優質大學裡的捐贈基金團隊。

我真心相信，透過研究這些大學如何管裡捐贈基金，散戶可以學到很多長期投資心法與退休規劃。我們來看一位處在事業生涯中期的專業人士薇琪，她正在思考退休金投資策略以及退休後的生活。接著，再讓我們來看看某大型大學的捐贈基金管理人。兩者有一些相似之處：

- 兩人都要負責監督重要的資產池。以捐贈基金團隊來說，關於大學營運預算與其未來的財務保障，30%到50%的資金來源往往是他們掌管的資金池。至於薇琪，她的401(k)計畫帳戶很可能存放了最多她存下來的資產，這個帳戶也必須支應她退休後的生活。

- 兩人都要把眼光放遠。薇琪要為退休的三十到四十年生活儲備資金。至於捐贈基金，期限則是永久。

- 兩者都必須打敗通貨膨脹，長期才能維持購買力。以捐贈基金來說，他們希望的是大學資產的「實質」價值（亦即，扣除長期通貨膨脹之後）能永遠不斷成長。薇琪的話，從多方面來說，通貨膨脹是她退休後要面對的最大風險，因為屆時她已經不再工作，無法像還在工作期間，隨著事業發展領到不斷變動的抗通膨薪資。

- 兩人都應擁有平衡且廣泛分散的資產組合，以利緩和市場必會出現的上下震盪。當然，就像我在本書中多次提到的，薇琪必須評估風險／報酬取捨，以判定她希望用多和緩的步伐，走向退休以及之後的退休生活。捐贈基金團隊也要做相同的分析，在大學的風險／報酬政策下發展出一套策略。

- 兩人都要創造足夠的收益以支付固定支出，還要能因應一次性的大額購買。薇琪的收益中必會包括社會安全福利金（以及其他類似年金的收益），而補足剩下的資金缺口，就是一開始存錢的目的。因此，需要靠投資組合來貼補家

用。同樣的，捐贈基金團隊也要做相同的分析，以確保他們照料的資產能提供必要的當期收益，推動大學的年度營運。當然，也要滿足長期成長目標。

但願你也認同這些相似之處。說到底，薇琪的目標是很個人的，和她的生活方式和財務穩健性有關。另一方面，頂尖大學的主要任務，是提供一流的教育並進行世界級的研究。過去幾十年，在教育大眾學習穩健投資的基本原則上，沒有誰比這些大學做得更好。

最出色的捐贈基金經理人秉持基本原則，長期創下了傑出的績效，替自家大學奠下基礎，賺得的報酬讓機構投資圈豔羨，也強化了大學的財務體質。如表21.1所示，在每一個列出的期間，幾家最大型的捐贈基金創造出的報酬率，都大於或等於國內的60％股票加40％債券投資組合，以及全球股票投資組合，而且波動幅度遠低於全球股票。你會注意到，實際上我們僅納入長期績效（十五年、二十年和三十年），因為這些期間對大學來說很重要，對散戶亦如是。

雖然我們可以指出個人投資和捐贈基金投資策略的關聯性，但很重要的是，要體認到這些機構投資人握有多數散戶比不上的優勢。比方說，他們多半都可以取得，一般投資大眾無法使用的投資標的和投資類別。不過，除了學習這些機構投資人的策略與習性之外，我之所以特別提到他們的成功，很重要的理由是，本書的讀者也能取得某些他們在用的投資選項。

表21.1　大型捐贈基金與基準指標之比較：不同期間的績效（截至2019年6月30日）

期間	大型捐贈基金	60%股票 + 40%債券	全球股票
15 年	7.6%	7.0%	7.6%
20 年	7.8%	6.0%	5.3%
30 年	9.8%	8.0%	7.4%

附注：數據時間為到每年的6月30日，採用的數據截至2019年6月30日。所示的大型捐贈基金績效為：取至1997年資產高於4億美元，以及之後高於10億美元的捐贈基金。60%股票加40%債券的投資組合：美股（42％）為截至2005年4月22日的道瓊威爾夏5000指數（Dow Jones Wilshire 5000 Index），以及之後的MSCI美國市場市場指數。非美國股票（18％）為MSCI美國除外全世界指數。債券（40％）為彭博巴克萊美國綜合債券指數。代表全球股票的是MSCI所有國家世界指數（MSCI All-Country World Index）。
資料來源：先鋒集團及美國大專院校管理人員協會（National Association of College and University Business Officers，NACUBO）捐贈基金研究。

　　這是好消息，也是壞消息。好的一面是，可信賴的夥伴以具吸引力的價格提供的穩健投資工具愈多，對所有人來說都是好事。壞的一面是，這當中有很多商品不一定要推上市場，而且多數不值得你花時間，以及更重要的，不值得你投入信任與金錢。確實，你也許會碰到另類投資（alternative investment）商品，但卻無法接觸到「最出色、最聰明」的經理人。我的希望是，隨著你更容易取得這類商品，本書能幫助你在面對這些標的時，成為更明智的評估者與潛在投資人。

投資的另類選擇

幾十年來讓績效出色的捐贈基金如虎添翼的最重要投資選項，一般叫做另類投資，指除了傳統股票、債券與現金投資之外的另類選擇。另類投資種類繁多，我在此僅提對於大型捐贈基金的成就而言，非常重要的三項：

- **避險基金**：我有一位好友（其實應該說是長期的競爭對手）對這種投資產品，有他自己偏好的說法，他說：「這是一種薪酬策略，而非投資策略。」長期下來，他是對的。事實上，多種不同策略的投資商品都可以冠上「避險基金」一詞，我試著簡化。有些傳統的避險基金會同時買進股票又做空股票，把他們的研究專業發揮到最大。有些避險基金是投資資金有限、集中程度很高的只做多（long-only）股票基金，看起來很像共同基金，但是不太做分散投資。有些遵循其他策略，比方說，買進「不良債務」債券、把賭注放在全球經濟，或是利用併購活動帶來的好處，諸如此類。就像我朋友強調的，每一種策略的共同特色，通常是和激勵費用掛鉤，這也是許多經理人投入這個領域，而不從事較傳統資產管理的主要理由。（後面會再詳細說明。）
- **私募股權**：你可以用1980年代開始的「槓桿收購」（leveraged buyout）來想這一類投資。經理人向投資人募得資產，用來買下公司或公司部門（可能是善意、也可能是

惡意併購），在此同時也借一點錢來做這些事（即上文中的槓桿所指）。這個產業自此之後發展了很長一段時間，到了今天，私募股權演變成許多不同的形式。事實上，如今在美國，私募股權經理人手裡擁有的私有公司，還比股票公開上市的公司更多（資料來源：標普智匯公司〔Capital IQ〕和Burgiss集團）。

- **創投**：了不起的凱斯・傑克森（Keith Jackson）是ABC電視台長期的體育節目播報員，他發明的一個詞叫「萬盃之祖」（the granddaddy of them all），用來描述美國大學玫瑰盃（Rose Bowl）美式足球賽中，十大聯盟（Big 10）與太平洋十二校聯盟（Pac 12）間的冠軍之戰。這也是我對創投的想法。從許多方面來說，創投是行家投資人最早使用的另類投資，也是能創造最高加值成果的源頭。我簡短介紹一下：創投業者為新企業提供資金來源，也在早期階段帶動企業成長，好讓企業進入市場。但這一行風險極高：許多創投專業人士的經驗法則是，他們投資的企業最終只有不到20％能成為有利可圖的投資。機率雖然不高，但是一旦有企業大為成功，報酬將非常豐厚、足以彌補。這是風險／報酬計算裡的報酬部分。想一想Google、亞馬遜，以及矽谷的其他新創事業就懂了。

現在你已經比較了解這三種另類投資，那你也該知道其中的缺點：

- **流動性低**：這些另類投資多半流動性極低，意思是這類投資和共同基金或ETF不同，如果你想要或需要變現，可能無法隨即出售投資商品。流動性低是其投資策略的核心，這不是什麼懲罰，但投資人要體認到當中的取捨。

- **成本極高**：這三種另類投資的成本，通常高於共同基金和ETF市場裡較傳統的優質選項（甚至高很多）。此外，另類投資還收取和績效掛鉤的激勵費用，我會在後文討論。

- **風險極高**：這些另類投資通常被視為高風險／高報酬的投資。它們有潛力創造出勝過大盤的報酬，但是最後結果遠低於市場報酬的風險也很高。

- **策略可能極其複雜**：就像我之前講的，每一類另類投資都有很多子策略，有些還非常複雜。我認識一位在另類資產上表現最出色的投資人，發明了一項簡單的測試：如果你沒辦法輕鬆說明這套策略如何投資與賺錢，那就不值得投入。請隨時謹記在心。

- **最後結果差異很大**：棒球界用離散（dispersion）一詞，來說明隊上球員的薪資差異。這也可以用來指稱另類投資中不同投資人的績效差異，比方說排名前25％與排名後25％的投資人之別。在許多方面，最優秀的投資人表現真的非常出色（而且持續表現絕佳），至於表現最差的投資人，嗯，同樣持續墊底。由於這個因素，如果你真有機會投資這類產品，你得支付溢價才能找到另類投資界裡最好的經理人與最值得信任的發起公司。

危機教會我的四大投資心得

　　最出色的行家投資人，會使用前文提到的三種另類投資類別來強化報酬，並盡量降低投資組合的波動幅度。但是，這些成績並非憑空得來，這也是我在本章的標題加上「但是……」的理由。這就要講到那些非凡的投資人就跟我們大家一樣，都在不斷學習，而2008年到2009年的全球金融危機就是他們最好的「課程」之一。

　　有一句格言用在這裡非常恰當：經驗是嚴格的老師，因為它先考我們，然後才教我們。即便是對最出色的投資人而言，全球金融危機都是很困難的測驗。當我回憶起那段期間，想到我在捐贈基金領域扮演過的幾種專業角色，我從中學到的四大心得就浮上心頭。如果你選擇在投資計畫中加入另類投資，這些心得也會和你息息相關。它們就是：

- **流動性低可以提高報酬率，但你隨時都要準備好面對可能產生的成本**：行家投資人知道自己的另類投資多半流動性很低，事實上，有低流動性溢價（illiquidity premium；指投資人因為投資流動性低的資產，而收取到的額外報酬）正是人們接受這類投資的理由。但是，在全球金融危機期間，市場快速且嚴重崩跌，再加上其他因素導致正常的大學經營運作承受很大的壓力，事情就不妙了。某些世界一流的大學面臨現金流嚴重短缺的問題，導致必須商借大量的資金以支應當下的支出、以跳樓大拍賣的價格出售捐贈

基金裡的資產，或是進行大量協商以免除債務，以免要運用更多的低流動性投資來籌資，凡此種種。還好，大學都撐過這些挑戰了。但我的建議是，在你接受低流動性資產之前，先對自己在這方面的處理能力做一點壓力測試，好讓自己不用經歷同樣的處境。

- **以投資成本來說，雖然「你能拿多少」是重點，但有時候成本太高就是太高了**：很多行家投資人學到的另一課，是另類投資很昂貴，因此很多時候都沒有賺頭。多年來，很多捐贈基金定期和避險基金簽約，他們收取的費用是2％的資產加上20％的獲利，有些甚至收到資產的3％到4％。我們來算一算：假設你的投資賺到10％的報酬，但這是還沒扣除成本之前的成績。在一般情況下，扣掉經理人拿走的2％費用，你的淨報酬率為8％。但是，套句資訊型電視廣告常會大喊的一句話：「慢著，還有呢！」由於經理人的激勵費用是獲利的20％，這會讓你的8％報酬率又少了1.6％，因此你只剩下6.4％，只拿到不到三分之二市場回報給你的獎勵。嗯，時機好時，很多捐贈基金都可以大方吸收這些成本。但是，在報酬率低、甚至為負值的環境下，這些成本的殺傷力就很大。在設定對未來的期望時，老練的投資人可能也會因為過去的績效亮眼，而對很多事視而不見，這部分就是常被忽略的面向。還好的是，後來幾年多數收費標準都做了調整，讓投資人多拿一點，經理人少拿一點。我給你的建議是，要求對方提出完整的揭露訊息

與具有競爭力的評估，讓你明白你在這些產品上被收取了多少費用，就如同你從共同基金發起公司那裡得到的資訊。

- **激勵制度關係重大**：從「成本很重要」的原則，可以推論出一個同樣重要的結論，你也必須去搞清楚：你要了解另類投資裡如何設計「激勵誘因」，這和激勵費用「是多少」一樣是重點。簡而言之，要去查核另類投資如何支付激勵費用，確保經理人的利益契合你的利益。畢竟，行家投資人被過去亮麗的報酬迷惑，心滿意足不顧其他，這又是另一個常被忽略的範例（大部分都發生在避險基金）。簡單來說，有太多經理人的誘因和客戶的目標不符。比方說，捐贈基金的長期導向並不符合很多避險基金的激勵架構，後者多半以年度、而非以多年的績效紀錄為基準，因此會鼓勵他們展現近利行為。捐贈基金一定可以選擇對應市場的低成本指數基金，但是他們卻支付高昂的額外經理人激勵費用，而且不管這些人有沒有打敗市場都得付。市場上漲20％，基金漲幅為10％，如何？很多經理人還是可以收到激勵費用，真是瘋了。利益無法相配的列表還可以一直列下去，但你應該懂了我要說的重點。不過，全球金融危機期間帶來的痛苦，凸顯了這個問題。因此，如今的客戶與經理人之間的利益契合度已經大有改進。如果你選擇投資這類基金，我替你開心，但我的建議是，請把注意力放在這個議題上，投資之前多問問題。經理人賺到激勵費用時，應該也是你和你的投資方案大好的時候。此外，事前

多做一點實質審查，也可以確保對方是真的靠能力賺到這一筆錢。

- **對所有人來說，定義何謂「夠了」的紀律大有助益**：就在2008年股市崩盤前夕，我出席一場大學的投資公司主管研討會，討論各項會對市場以及我們的業務造成影響的議題。討論即將結束之際，主持人請我們為與會者（主辦大學的新任投資長）提供報酬預測值，讓她知道未來十年可以期待什麼。我們的選擇有：一、每年0％到5％之間；二、每年5％到10％之間；三、每年10％到15％之間；或是四、每年高於15％。我們集團裡資深的專業投資者給的答案是三，這是很穩健的預測，當然從結果來看是完全錯誤了。（你可以回去看前一章，提到我們對先鋒集團的客戶也做了類似的預測演練，結果大致相同。）我則是投「二」一票，討論結束後，大學董事會的董事長走過來，問我怎麼想。他說他的想法也和我一樣，而且，之後十二年他也和我站在同一陣線。他說了以下這段話：「傑克，我們這所大學很幸運，不管用任何指標來看，我們得到的捐贈都很豐厚。如果我們每年僅賺6％、但可以無限期賺下去，就能完成所有我們為這片偉大之地規劃的夢想。」遺憾的是，管理捐贈基金的人並沒有這種「夠了」的胸懷，因此遭受嚴重損失，到現在還在努力彌補。在這一點上，他們並不孤獨。**我給你的建議是，要很清楚對你和你的家庭來說，什麼叫「夠了」**。知道在什麼時候你已經擁有了足以達成所

有目標的財富，是一大挑戰。然而，你的目標可以是：

1. 手上的錢足以讓你的餘生過著舒適的生活。
2. 有資產可以留給繼承人。
3. 達成你的慈善目標。

無論你對財務目標有何想法，都要定義什麼叫「夠了」，而且要很明確。同樣的，你要和配偶談一談，如果有顧問的話，也和顧問談一談。你要知道那個數字是多少。之後，在「夠了」的脈絡下，評估你對於風險的想法。

總結

未來某個時候你可能有機會投資另類標的，而你可以從大學捐贈基金的做法當中學到寶貴的心得。如果你選擇在投資計畫中加入另類投資，請仔細考慮以下幾點：

- **另類投資應是輔助性的持有部位，而非核心**：你的投資組合核心應該以股票、債券和現金投資構成，而另類投資僅是審慎補足平衡且分散得宜的投資方案。
- **風險／報酬的取捨代價很大**：另類投資有潛力賺得高於股市的報酬，在此同時，大幅落後市場的風險也很高。

- **離散度很大**：另類投資經理人賺得的報酬落差很大，通常遠高於傳統資產類別中的差異。就因為很分歧，甚至導致你在這個領域選擇可信任的投資夥伴時，要支付更高的溢價。而「經驗」和「能不能找到頂尖投資人」，是兩大關鍵條件。
- **成本和激勵制度很重要**：要體認到另類投資的特色之一就是，成本比基金和ETF高很多。還有，你所承擔的激勵費用應該要和你的目標以及投資期間相吻合。

| 22 |

後悔嗎？我有一些

投資最艱困的挑戰之一，是要處理自己犯下的錯。為了強調「投資人必須要承認自己失足踏錯」，我要分享一些我自己的失誤。

幾年前，我的妻子和她的朋友們發起一個投資社團。他們想要用股票、而非共同基金構成投資組合，他們請我和另一位成功的基金經理人提供意見。

我們兩個推薦了圓頂石油公司（Dome Petroleum）的股票，當時的股價是每股1美元。集結了兩人的智慧後，我們認為：這檔個股還能跌到哪裡去？（如果你不記得這個問題的答案是「全部虧掉」，請回頭再讀一遍第16章。）這個投資社團把圓頂石油當成當月精選個股，並且買進。果然，投資社團成員投入的錢全部虧光了。噢！

我犯下的第二個錯發生在最近。我在本書提過不只一次，我非常相信要以基金和ETF作為我的家庭投資工具。我長大成人之後買過一些股票，關於我為何會持有這些股票，背後總有一些故事。以下這則小故事，講的是固執於投資的價格。但我很後悔自己的忸怩作態，最後我為了這種情緒付出很高的代價！

幾年前，我為一位朋友和他的領導團隊提供顧問諮商。為了表示支持，我用每股10美元買進那家公司的股票。三年前，那家公司的股票表現很好，股價大約為每股18美元。我向他們總結我做了哪些事時，有一點出於開玩笑的心情，我宣布，在股價漲到每股50美元之前，我都不會考慮賣出這檔股票捐做慈善。然而，那個價格是18美元的將近三倍，我假設，要好幾年才到得了。我想要給予支持與激勵。顯然，這家公司的人也很有動力，公司真的表現絕佳，到了2020年初，股價來到49.80美元。

當時，我打算做一點慈善捐贈，我認為這檔股票是一份好禮。而且捐贈股票給慈善機構可以幫我避開資本利得稅。如果我想繼續持有這檔個股，我總是可以在公開市場裡買回來。但我對自己說：「我答應過自己，股價來到50美元之前不會捐做慈善。我要堅守我的諾言。」於是我並沒有把股份捐出去。一個月後，（就這麼一個月！）股價來到19.50美元。

沒錯，當我等著股價再漲0.20美元、以便達到我刻意設定的每股50美元目標時，價格跌掉快一半。我完全陷入了錨定效應。我們在第18章談過這種行為上的錯誤。我固守在一個事先決定的價格上面，而且我的機會成本很高。這個故事中唯一可資安慰的部分是，我用別的方法贈了禮，這家公司的股票也漂亮反彈，但你可能也想到我會寫下這一句：50美元已經不再是我關心的目標了。

如果你從頭到尾讀了這本書，你很容易就可以看出我對這兩件事的懊悔。以下是我忽略的教訓：

- 價格低的東西不一定價值就高。
- 絕對不要執著於人為設定的投資價格或價值。今天的市場（對，今天）會明白告訴你那值多少，你不能期望別的。

只要你能從中汲取正確的教訓，投資犯的錯也可以對你大有好處。這個概念看起來再明顯不過了，但不管你信不信，很多投資人都沒有從自己的錯誤中學習。

「所以我們要勤加練習」

上高中以來，我一直在當教練指導孩童從事體育活動，把這當成興趣。這麼多年來，我不斷對孩子們說一句話：「所以我們要勤加練習。」傳球過程中有人會掉球，「所以我們要勤加練習。」比賽時有人會跑錯邊，「所以我們要勤加練習。」運動員不斷練習，藉此從錯誤中學習、並累積出知識基礎。他們希望自己多半在練習場上失誤，降低在計分賽中犯錯的機會。而從投資觀點來說，錯誤和遺憾也可以達成相同的目的。你可能會發現，很難把腦子裡的小小擾人雜音關掉。這個聲音因為你做過的這個或那個投資決策，一天到晚說你是笨蛋。但事實上，你很難再對過去犯的錯做些什麼，唯有從中吸取教訓。學著把你犯下的投資失誤想成沉沒成本，不管你現在或未來做了什麼事，這都是改變不了的損失。你無法改變歷史。

以下舉個例子。如果你用每股20美元買下一檔股票，今天以

每股10美元賣出，市場就在告訴你，到今天，市場對於這項資產價值的最佳評估值就是每股10美元。市場完全不在乎你之前用20美元買進。雖然賣出股票認列虧損可能會有稅務上的優惠，但是從投資觀點來看，股票價值下跌10美元，這就是沉沒成本。你的挑戰是，要決定要不要以新的每股10美元價格，**繼續持有這檔股票**。如果你認為，相對於其他機會，這檔股票仍是好投資，你的答案很可能是肯定的。但是，不要僅是因為想要「回到損益兩平」而緊抓不放。還有，不要因此自我批評，請把這當成「練習」，放眼未來。

還有，永遠要記得，如果你做的是長線投資，短期虧損（在這方面，短期利得也適用）不重要。投資組合在期間中的變化不是實質的事物，這些都是紙上財富，要等到你賣出才算數。如果你並沒有計畫短期內要動用這些資產，下跌就不是虧損，紙上的上漲也不是真正的獲利。

值得一輩子銘記的投資信念

多年來，特別是股市艱困之時，我和許多、許多投資人談到他們從熊市學到的心得。有趣的是，即便身處類似的環境，有時候，不同投資人的反應大不相同。

有時候，在股市投資很多資金的人會說，他們發現自己其實不如自己所想的，那麼能承受下跌。我會說，這是很重要的體悟，在他們的整趟投資旅程中應能為他們帶來許多收獲。但是，其他處

在相同情境下的人會說，讓人痛苦的虧損教會他們再也別投資股票了，股市的風險太高。我認為，這些投資人未來幾年在投資這條路上，很可能又會有新的遺憾。

有些對帳戶虧損耿耿於懷的人說，他們學到了要緊盯新聞，這樣一來，「下一次就可以在市場要開始跌之前，先退出股市。」我希望他們可以抓對市場時機，也但願真的有人能知道何時要退出市場，之後也知道何時要再回歸。但恐怕市場沒有這麼容易被人猜透。

還有些人說，他們學到或是重溫平衡與分散的價值，了解了這些簡單的策略如何讓人更容易撐過艱難的時間。這是「可銘記」的心得，值得一輩子謹記。

我自己的信念是，你應接受自己的錯誤並從中學習，然後就放下，帶著樂觀與自信的心情前行。最出色的專業投資人很早就學到這種習慣，並在整個投資生涯中，一直把它放首位。

| 23 |

來去博卡拉頓

你的ETF去年賺了7%，你是高興還是不高興？

要看情況，對吧？這要看你擁有的是哪一類的ETF，以及基金和大盤相較之下的表現如何。少了對照，絕對報酬只能說出部分的狀況。我們總是在生活的各個面向上比較績效，比方說，汽車的油耗里程數、社交媒體貼文的按讚數、棒球選手的平均打擊率、後代子孫的發展里程碑，凡此種種。那麼，在衡量投資時有基金相對績效表現指標，也就不值得大驚小怪了。相對績效會告訴你，某一檔基金和其他類似基金、或是相關的市場基準指標相比之下，表現如何。

絕對績效與相對績效是最後一章的重點，因為每一位投資人心中都有一個問題：「我的表現怎麼樣？」你會想要用上述兩個指標，來評估你的期中表現，看看自己離目標還有多遠，並且決定這一路上需不需要修正任何方向。

然而，太過關注相對績效，其實會阻礙你執行投資方案。那麼，就讓我們來進行討論，並且先把一件事講清楚：即便你會聽到各種和績效評等或排名有關的新聞，但最終重要的事情仍是賺錢，

而不是你的投資去年和道瓊指數或你妹夫相比之下，表現多好或多糟。

終點是博卡拉頓

有些投資人非常執著於要打敗市場（或打敗其他投資人），反而看不到自己投資的初衷。他們季復一季以標準普爾500指數、那斯達克綜合指數或是道瓊工業平均指數為標準，來衡量自己手上的基金，彷彿隨時超越這些市場指標就擁有了一切。然而，太過執著於你的基金是比指數高了0.2個百分點，還是落後0.5個百分點，會造成誤導。**事實上，唯一衡量成功與否的指標，是你最後能否達成投資目標。**

關於執著於打敗市場這件事，幾年前傑森・茲威格（Jason Zweig）在他撰寫的專欄裡講到的一段話，是我這輩子最鍾愛的評論之一。茲威格當時是《金錢》（*Money*）雜誌的資深作家，現在則任職於《華爾街日報》。他在那篇專欄中講了很多，其中一點是：要打敗指數很難，因為指數沒有費用，很多認為自己能超越大盤的人，其實並非如此。茲威格以一個小故事為那篇專欄作結：

> 我曾經去佛羅里達最富裕的退休人士社區之一——博卡拉頓（Boca Raton），在那裡訪問幾十位居民。在優雅的灰泥房舍裡、修剪整齊的草地上、搖擺的棕櫚樹下，以及陽光和海風吹拂之下，我問這些人（他們多半都七十幾歲了），在他

們的投資生涯中，是否都能打敗市場。有些說是，有些說否。有位男士則說：「誰在乎呢？我只知道我的投資替我賺了錢，足夠我在博卡拉頓終老。」

如果我們都像這位投資人這麼想，就能有好成績。無論你的「博卡拉頓」是安適的退休生活、兒女的大學教育，還是留給繼承人或慈善機構的財產，重點是要怎樣到達目的地，盡量不要擔心你的投資組合與其他標準相比之下，表現如何。

相對績效又不能吃

我承認，我對「相對績效」這個主題有一點愛恨交織。我還在先鋒集團擔任主管時，很樂於知道自家各檔基金，和競爭對手以及指數相比之下，表現如何。畢竟，成果對於公司的業務成敗來說非常重要，而我們的業務就是為客戶創造財富。我也是先鋒集團的董事長，因此，我對股東有信託責任，要好好照看投資產品，為他們創造益處。簡單來說，與同類基金和基準指標相對之下，長期表現不佳的基金，無法嘉惠股東。

但切換回散戶投資人身分時，我的觀點不同了。這是因為，我跟其他投資人一樣，我喜歡賺錢。如果我投資某一檔基金、而這檔基金表現很好，利得會讓我很開心，不會太在乎基金在過去十二個月期間，是不是落後基準指標兩個百分點。同樣的道理，一檔基金就算勝過同類競爭對手、但還是虧損，我也會很失望。雖然身為

專業投資人的我，能以不同的觀點看事情，但是以我個人來說，知道自己把錢投資在別處可能會損失更多，也沒太大安慰效果。

不過，我收到深明賺錢才重要的投資人來信時，我總是很開心。但其實多數人都間接表現出他們懂這一點。舉例來說，我很少會收到客戶來函抱怨說，基準指標上漲27％那一年，先鋒集團有一檔基金只漲了24％。然而，如果某一檔基金有虧損，即便基準指標的跌幅更大，我還是會收到信件和電子郵件。話說回來，理性的投資人不會太看重基金的相對績效。投資界有一句老話是這麼說的：「相對績效又不能吃。」這是說，你應該在乎資金長期的絕對成長，這些是讓你衣食無虞、養得起家人的錢。

請這樣評估績效

當然，比較很有用，前提是你要明智且適當地使用資訊。在基金發起公司的應用程式或網站上，或是基金的公開說明書和股東報告書上，都可以找到基金的相對績效數據。之前也講過，美國證交會要求所有講到績效的基金資料，都要提報一年、五年和十年總報酬，而且稅前和稅後的數值都要有。

在股東報告書上提報績效時，會鼓勵基金至少要提供兩種比較指標。一種是大盤指數，另一種則是基礎比較小的指數平均報酬率，以反映基金在市場上投資的類股。以大型價值股基金為例，你會發現這類基金會拿來和標普500指數（這是大盤指數），以及標普價值指數（這是切出來的市場區塊）作比較。利用這些指標，你

可以稍微感受一下你的基金表現如何。如果基金遠遠超越大盤指數，請問問自己這是因為投資組合經理很出色，還是因為同類型的基金都有好表現？如果類似的基金當年同樣績效很好，那就是很好的線索，指向基金的策略剛好順勢（亦即，剛好碰上「價值型」的市場），而不是歸因於經理人亮眼卓越、選股出眾得宜。

要注意比較時使用的基準指數是什麼。有些廣為人知的指數，可能和你持有的基金沒什麼相關性。比方說，道瓊工業平均指數可能是最常被提到的股票市場指數，但以股票基金來說，就算有相關，也很少成為某檔基金的有意義基準指標。畢竟，道瓊工業平均指數成分股裡僅有30檔美國大型公司。比較好的大盤指數是標普500指數，這個指數追蹤美國500大公司；另外還有威爾夏5000全市場指數，包含超過3,400檔股票，代表了整個美國股票市場。（我在第9章有整理了市場基準指標的列表。）

以下還有一些在評估基金績效時，應注意的忠告：

- **短期、長期的績效都要檢視**：長期績效永遠比季度、甚至年度績效更有意義。一檔短期間勝過同類型基金或指數的基金，也許是運氣很好，因為幾檔股票或某個類股大漲而受益。事實上，基金五年和十年的績效數值才能告訴你趨勢是什麼。不要只根據一年的績效、甚至更糟的是，只看一季的績效，就因此心動想要轉移資金。我和一位新上任的先鋒集團投資組合經理人有過一次讓我很開心的對話，在我布達完新人事命令要離開他的辦公室前，我用以下這

句話作了結尾：「三年後見。」他因為我這句道別而感到很慌張，但我說：「我想，我們至少要等到那個時候，才會看出你真正的實力是怎麼樣。所以，請把你的眼光放在長期。」（十四年後，他仍主掌這檔基金，而且表現傑出。）

- **不要指望優越的績效會一直延續下去**：基金績效有一種勢不可當的趨勢叫「均值回歸」。這是指，隨著時間過去，基金的表現會更趨近平均值。一檔基金在某段期間的績效與同類型基金差距愈大，之後就愈可能往平均值的方向走。這表示，衝得很快的基金同時也最可能重跌。看到基金經理人因為當年度的績效而被媒體吹捧（或者議論）時，都會把我逗得很樂。我們有位基金經理人在股市幾年的震盪中一度從英雄變成狗熊，然後又再度變成英雄，這讓他變得很有哲理。回顧他最不受媒體青睞的那一年，他若有所思地說：「去年的我並沒有比前幾年的我笨，今年的我也沒有比去年的我更聰明。」

- **一定要和同類相比**：基金公司不可用不同類型的群體或指數績效，來比較基金的表現，但投資人有時會犯下這種錯誤。除非投資標的之風險和報酬特性相似，不然的話，比較就很不公平。你在做比較時，要記住這一點。假設你為了降低投資組合的風險而投資一檔債券基金。拿這檔基金的表現和標普500指數這類股市大傢伙的成績相比，顯然很傻氣。然而，如果你的基金是大型股混合型股票基金，把績效拿來和標普500指數相比就顯得合情合理。

- **請記住，指數一開始就有優勢**：在拿你的基金績效和指數報酬相比時，要記住指數不用支付費用。這麼說吧，指數只存在於紙上。另一方面，基金有營運費用，還要加上買賣證券的成本，這些都要從報酬裡面扣除。因此，若基金績效要在扣除成本之後和指數相當，你的基金實際上必須表現的比指數更出色。（正因如此，就算是指數基金，報酬都會比基準指標低一點。）

比較績效時最重要的警語

討論比較績效時，我把最重要的警語留到了最後：要考慮你的投資計畫的獨特性。你的基金適用的基準指標，並不適用於你這個人。

顯然，如果你擁有多檔基金，整體的投資表現便是以每一檔持有基金的綜合表現，以及基金在你的投資組合中的權重為基準。如果你擁有的是我真心誠意推薦的平衡型投資計畫，那你就可以預期某些持有部位的表現會比其他好。

此外，你的買賣行為也會導致你實際上的績效大不相同。舉例來說，如果你採用的是平均成本投資策略，在一年當中慢慢提撥資金買進某一檔基金，你拿到的報告不會告訴你投資的每一分錢，在前十二個月的報酬是多少。同理也適用於，如果你在一年當中賣出一些股份。有些基金公司與財務顧問會以你實際的交易活動和持股的表現為準，提供個人化的績效資訊（稱為資金加權績效

〔dollar-weighted performance〕）。這是回答「我的投資表現如何」這個問題的好方法。

我的博卡拉頓老爸

我常認為我的父親，是最棒的博卡拉頓居民典型（雖然，他絕對不會走出他在波士頓的家，到佛羅里達的退休人士社區去看看）。他於1990年代初期退休，拿到一大筆退休金資產，因此需要別人提供他投資建議。我根據他的情況設計了適當的資產配置，並替他設立了平衡、分散得宜的投資組合。從那天之後，他就過他自己的生活，很少想到投資績效。事實上，在我們訂好投資策略後，二十年間我記得他只開過幾次對帳單而已。雖然我的父親已經過世了，但是他的投資方案以絕佳的方式延續下來。他可以過上他想要的生活，還可以慷慨贈禮給親人、並支持許多慈善機構，而且沒有花太多時間心力去監督他的投資組合。這位平衡且分散得宜的心滿意足投資人，退休之後體驗過長期的牛市，也經歷幾次重大的熊市來襲，但我可以向你保證，他從來無法告訴你，他的投資績效和道瓊或是標普500相比之下，表現如何。他根本不在乎。就讓我這麼說吧，他可是去了博卡拉頓。

我希望本書能幫助你培養信心，相信自己有能力明智投資，並獲得充實的成果。我真心期待你的投資方案能大獲成功，更但願你能去到你自己的博卡拉頓。

總結

身為投資人，用來衡量成敗的最佳指標，是你能否達成**自己的**最終投資目標，而不是你的投資組合在某一年是否贏過道瓊、或是標普500指數。要做到專心致志，請記住以下幾項和投資績效數據有關的重點：

- **短期績效不重要**：如果你是長線投資人，季度報酬對你來說多半無意義。（甚至連年度報酬也一樣！）重點是，要看平均年報酬率，不要看累積報酬。
- **基金提報的報酬不一定等於你賺到的報酬**：你的投資賺到多少報酬，會受到你的買賣模式所影響。因此，很可能和基金提報的特定期間報酬有差異。
- **做比較時要謹慎**：確定你在檢視前景大好的投資表現數據時，是拿同類相比。

投資的12條法則

　　我在這本書廣泛提到各個面向，談儲蓄、投資和如何建構出滿足你需求的投資組合，但願能幫助你建立起知識基礎並培養出信心，讓你投資成功。然而，你還需要拿出必要的紀律，才可以確保最終能順利。為了讓你不偏離正軌，我精選出本書最重要的原則，編成以下的十二點清單。

　　1. **制定金融賽局計畫**：找到你的財務目標，設計出能讓你達成目標的投資方案。請保守看待投資的成長速度。

　　2. **要做嚴守紀律的儲蓄者**：要打造財務穩健的未來，最重要的是秉持四個字：量入為出。養成存錢的習慣。如果你不是天生愛存錢的人，請找到方法哄著自己儲蓄。

　　3. **及早投資並持續投資**：把時間變成你的朋友，及早開始拿出錢投資以達成你的目標。堅持不懈朝向目標進行，不管市況是好是壞，都要定期拿出固定的資金投資。

　　4. **秉持平衡與分散的原則投資**：以平衡來說，要投資三大資產類別中的至少兩項，這三項分別是：股票、債券和現金投資。以

分散來說，要確定你的資金並未過度集中在單一公司、產業或發行人類別。而對散戶投資人來說，共同基金和ETF是最簡單、最有效達成這兩大策略的工具。

5. **控制成本**：避開費用率高的基金。2019年時共同基金的平均費用率為0.63％，但有很多基金收取的費用低很多。在檢視成本時，也別忘了盡量降低稅金負擔。

6. **明智管理風險**：打造能讓你晚上安穩入睡的投資組合。如果你設計出來的投資組合符合你的目標、投資期間、風險耐受度和財務狀況，你理應能忍受市場的波動，不會覺得必須大幅更動投資。

7. **成為買進並持有的投資人**：經常買賣股票或基金的投資人，長期來說很少能成功。長期要能成功，比較確定的路線是找到值得信任的夥伴，建立合理的投資組合，並且堅持守住。

8. **避免跟風和「絕對不能錯過」的機會**：你一定會碰到有人向你推銷充滿誘惑的投資新機會，遊說你購買某些個股或市場裡某個類股。不要因為受到誘惑而拋棄你的分散投資策略。你很可能因為犯了這些錯誤，導致你之前達成的成果化為烏有。

9. **拒絕讓人分心的事物**：不要受到鋪天蓋地而來的市場每日動向新聞和資訊的誘惑。你是買進並持有的長期投資人，這些資訊多半和你無關。其中的危害是，它們會誘使你做出不符合長期最佳利益的投資行動。

10. **把眼光放遠**：你的投資生涯會有好光景，也會有壞時機。市況好時要心存感激，不要貪婪；市場艱辛時，要有耐性。不管任

何時候，持續把焦點放在長期目標，都是贏家策略。

11. **偶爾要調整投資組合**：任何投資人都不應該放任投資組合自動運行。畢竟，生活中的變化很可能會導致你要調整投資組合與定期再平衡，讓投資組合仍能契合你設定的資產配置目標。

12. **要定義什麼叫「夠了」**：要知道何時你有的錢，已經可以滿足你的所有目標。夠了會讓你很滿足，還有，很重要的是，你比較不會因為想要賺更多，而承受更高的風險。

這些原則能讓身為自助型投資人的你受益良多。如果你需要額外的指引，還有很多便利的資源以及專業人士可供諮詢。確實，對於21世紀的投資人來說，很棒的是有更多親民、且價格具吸引力的選項，可以幫助你達成目標，例如信譽卓越網站的免費諮商，以及和合格的財務顧問建立起良好的關係。

從收益看投資

你的收入到哪去了？

本書通篇，我很努力把重點放在可長可久的長期性原則，並以投資人的真實經驗和有意義的資料作為根基。比如，在第5章，我們提到的小故事，講到長期的定義從十年變成十五年，導致投資人認為我們好像在動手腳，把他們的終點線又往後挪了。然而，無論在第5章還是現在，我的重點都是勸告投資人忽略短期事件，說白了，希望他們以幾十年的期間來思考。因此，我撰寫這短短的附筆，來談從實質面來說，很可能僅被視為「當期主題」的內容。儘管這或許會讓人覺得有點突兀，但卻非常重要。

我說「當期主題」是什麼意思？如果我們看一下投資組合裡固定收益和貨幣市場投資扮演的角色，就會看到這些項目對投資人來說很重要，原因有幾個。最重要的原因，是這些投資發揮了分散的作用，有助於降低投資人手中投資組合的波動幅度。第二重要的原因是當期收益，這些項目可以讓持有人固定領到錢。我認為，第

一項使命在21世紀的第三個十年仍屹立不搖，但第二項傳統任務，就算是在最好的狀況下，坦白說也是備受挑戰。而且，從經濟狀況和目前的利率政策來看，這種情況會延續到可預見的未來。因此，我覺得有必要談一談，也但願這是循環性、而非長期性的現象。我會針對這個主題提出一些觀點，並總結出一張清單，讓你知道在思考關於投資收益的策略和行動時，有哪些「該做與不該做的事」。

十年來，我參加過各地的投資會議，會場上我常常聽到一句話是：「利率終究會再上揚。」坦白說，很多、很多投資人認為，這句話無可質疑。如果投資人擔心利率上漲時，固定收益證券的價值會下跌導致虧損，就會提起這個主題。假如某個人很樂觀，認為現金投資會再度成為豐厚的當期收益來源，也會提到這一點。另外還有諸多其他理由，也會帶到這件事上。但是，以我在2020年第四季末撰寫本章的時機點來說，現實是，自2008年到2009年的全球金融危機以來，利率不但沒有上漲，反而還下跌了。事實上，短、中、長期的固定收益工具的利率，在最近這四十年來持續下跌（這些資產創造出來的收益也因此下滑），中間只有幾個期間，利率有比較顯著上揚。利率這種系統性的下跌，一方面創造出亮麗的總報酬績效，另一方面卻大減投資人收到的收益。

有些圖表比我更能把話說清楚。在圖1中，你會看到號稱全世界最安全的投資（即90天期美國國庫券）的利率。且讓我指出幾項重點：

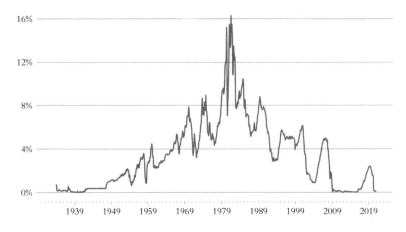

圖1　1930-2020年，美國國庫券利率

資料來源：聯邦準備銀行聖路易分行，數據截至2020年6月30日。

- 2020年年底時，短期利率幾乎來到1930年代經濟大蕭條時的水準，非常接近零利率。當時如果要我們預期九十年後的情況，沒有人能想到會是這樣，但這就是今天的現實。

- 自我1970年中期踏入金融業展開事業生涯、到1981年美國國庫券利率來到高點為止，投資人從這些投資上能賺到的利率提高將近三倍，從5.5％到16％。買進投資工具的投資人當然很開心，因為他們看到的是短期收益增加了，但這些利率值代表了美國面臨嚴重的經濟挑戰，還有，非常重要的是，美國的通貨膨脹率不斷高漲。

- 在之後的將近三十年，利率起起落落，和經濟的盛衰成反向關係。但是，在這段期間，利率的**趨勢**是持續地往下

走。投資人投資國庫券賺得的名目收益下滑，但由於通貨膨脹持續受控，實質報酬率變化不大。

- 最後要講到最近的利率高點。利率在2006年年底時約來到5％，這段期間美國經濟強盛，距離全球金融危機也還有兩年。當然，之後的情況就是利率大跌，來到現今接近零利率的水準。

　　讓我們換成金額來講。如果你2006年11月時拿出10萬美元，投資90天期美國國庫券，你在這三個月的投資期間內會收到1,250美元的利息。如果你在今天（以及過去十年大多數時候）做出相同的投資，你的收益不是1,250美元，而是比較接近25美元。對，沒錯，25美元！世界上最安全的投資工具產生的收益減少了98％。對一般散戶、尤其是要靠投資組合創造的收益過日子的人來說，背後的意涵叫人難以接受。

　　我們之後會討論其衍生出來的影響，但我要先把討論延伸到長期投資。

　　第二張圖（圖2）和第一張圖類似，但差別在於，這張圖講的是10年期美國政府公債殖利率，從中也可看出賺得的收益。同樣的，這也是最值得信賴的投資工具。但我要提一點，這些債券的到期日為十年，因此要面對利率風險，利率上漲時債券的價格就會下跌。（這句話已經重複到很多餘了。）不過情況大致上，和我們看到的短期利率和投資人可得收益類似。過去十二年來，這些10年期投資商品創造的收益減少了將近80％，以投資10萬美元來說，

圖2　1960-2020年，10年期美國政府公債殖利率

資料來源：聯邦準備銀行聖路易分行，數據截至2020年6月30日。

收益從一年高於5,000美元，減至不到1,000美元。同樣的，投資中期安全資產能賺到的收益也嚴重減少。

　　現在讓我們轉向股票。圖3顯示的是分散型股票投資組合的收益殖利率，以這個例子來說，用的是標普500指數。「大局」看來和之前一樣：過去四十年來，收益大幅減少。我1982年進入先鋒集團展開我的事業生涯時，這個股票指數的殖利率近6％。到今天，則跌至不到2％。我想傳達的資訊如下：

・ 你會看到2008年到2009年殖利率飆漲，這是因為這段期間股市的價值嚴重下滑。股票的收益在2008年到2009年間大約僅下跌23％，但股價下跌了50％。因此，你會看到（股

圖3 1960-2020年，標普500的殖利率

資料來源：標準普爾公司，數據截至2020年6月30日。

利）殖利率大漲，但收益還是稍微下跌。

- 全球金融危機後的十二年極具啟發性。雖然這個指數成分股的殖利率仍然走跌，但這多半是因為這十年間指數漲了超過三倍，而投資人收到的收益「僅有」兩倍。對，兩倍。這是因為個股或一籃子個股的股利，會和該公司或是基準指標成分公司的基本獲利能力連動。

從圖4可以看出，現在我們處於非常時期，標普500指數的殖利率大約和美國10年期政府公債的殖利率相當。有很多理由可以解釋兩者之間出現這種關係，但也引發了一個問題：投資組合中的股票在創造當期收益方面，應扮演什麼角色？

圖4　1960-2020年，股票與債券的利差

資料來源：標準普爾公司與聯邦準備銀行聖路易分行，數據截至2020年6月30日。

　　而這些圖表和我的評述當中又隱含了哪些訊息？簡單來說，對投資人而言，上述那些環境極具挑戰性，未來很可能也將如此，仰賴投資組合收益支應生活開銷的人影響尤大。而且，就像我們在這本書中所做的很多討論一樣，這個議題是另一個典型的風險／報酬取捨。從某些方面來說，這當中的取捨甚至比投資的其他面向更明顯。以下是三種要考慮的取捨：

- 如果你願意投資存續期較長的資產、多承擔一點利率風險，你可以多賺一些收益。
- 若你願意投資品質較低的標的，可以多賺一點收益。
- 假如你願意承擔相關風險、持有比預期更多的股票，你很

可能賺到更高的收益流。在圖5中，顯示的是如果分別拿1萬美元，投資標普500指數基金與中期美國政府公債基金（intermediate-term U.S. Treasury bond），從2000年到2019年能賺到的年收益。你可以看到，在這二十年期間，從股票賺到的收益通常非常穩定（偶爾會因為股票市場劇烈變化而出現大幅變動），債券基金的收益則大幅減少。

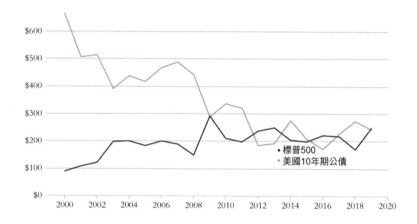

圖5　2000-2019年，投資1萬美元可以賺到的年收益

資料來源：先鋒集團。基準為先鋒500指數基金與先鋒中期美國政府公債基金，每年年初的殖利率。

　　這張取捨列表還可以繼續列下去，但你應該已經懂得其中的奧義。最重要的是，要了解在如此充滿挑戰的環境中，你要承擔多少風險才能賺得更多投資收益。以下這份簡短清單，列出你今天面

對這個議題時，該做與不該做哪些事。

- 要謹慎評估投資組合如何賺得收益，以及需要賺到多少才能滿足你設定的目標。然而，不要僅是著眼於更高的殖利率或收益，就貿然選擇能替你賺到這個數額的投資標的。不然的話，你承受的風險一定會高於你可容忍的，在某個時候，你會後悔當初的選擇。

  從一個相同品質資產所產生收益的例子，就可以清楚說明以上的論點。如果利率上漲一個百分點，10年期美國公債的價格會下跌約9.5％，基本上相當於侵蝕掉投資人捨棄國庫券、改持有10年期公債，所多賺的所有收益。就是因為這樣，實質利率低時，原本能從長期債券賺到的較高收益，風險也會高於歷史平均值。

- 要思考你需要多少現金，夜裡才能睡得安穩、才可以滿足近期的開支需求。然而，不要持有超過必要水準的現金，請讓你的錢替你賺錢。我們之前討論過，現金幾乎沒有生產力了，因此，持有過多現金就相當於是繳更高的罰金。

- 要針對投資組合中的短期資金考慮所有可能選項，從國庫券到貨幣市場共同基金，有各式各樣的項目供你選擇。不要對定期存單嗤之以鼻，這其實是具吸引力、讓人「晚上睡得著」的投資工具。我常聽到投資人會覺得定期存單太老派，但並非如此。

- 要考慮非傳統的創造收益方法，收益成長將可以幫你抵銷

通貨膨脹的效果。我是指，在撰寫投資策略宣言中的策略性資產配置比例（請參見第7章）時，要考慮如何把股票當成固定收益資產的重要替代品。過去，固定收益資產是創造收益的主要動力，但是，至少以現在來說，吸引力大不如前。重點是，不要馬上排斥，認為投資股票對你來說風險太高。畢竟，對你而言，風險可能會、也可能不會過高。但無論如何都值得徹底做一次分析，以了解股票到底能不能為你創造收益，還有，很重要的是，會不會壞了你的睡眠習慣！

• 要警覺看待好到不像真有其事、報酬不切實際的投資項目。也就是說，不要落入推銷話術的陷阱中，看到某些產品能創造出的收益，遠高於你從流動性高、受規範的投資中賺得的收益，就隨便輕信。天下沒有「白吃的午餐」，這些商品就算合法，通常在結構上也設計成有利於賣方，而非買方。

在投資汪洋中，成為「技巧更熟練的水手」

非洲有一句諺語很有道理：「平靜的海洋無法造就技巧熟練的水手。」這句話在一般的投資活動上也講得通，在當期收益這個主題上更是如此。當然，利率會再度上揚、固定收益資產的收益也會隨之提高，只是我們都不知道那是何時的事。但我的希望是，我們都能成為「技巧更熟練的水手」，順利通過這段利率低到非比尋

常、而且比預期更長的期間。無論投資環境如何變動，懂得質疑既有的固定收益和股票資產看法，而且在追尋投資收益時，能從策略性的角度來思考風險／報酬取捨，可以使我們在長期成為更成功的投資人。

投資術語

　　金融市場與資產管理界就像棒球一樣,都有自己的術語。在以下這一節中,我會定義一些「業內行話」,幫助你更熟悉這些辭彙,拓展你的投資知識。

主動式管理(Active Management)

　　主動式管理的投資策略,追求的是超越金融市場的報酬。主動式管理經理人在判斷要買賣什麼股票、加碼或減碼哪些類股,以及持有多少現金時,仰賴研究與分析、市場預測與趨勢,以及他們自己的判斷力與經驗。你可以選擇投資主動式管理基金,期望成長速度快過大盤,但重點是要知道勝算不大。

稅後報酬(After-tax Returns)

　　基金必須提報不同期間的稅前與稅後總報酬。稅後報酬以兩種方式揭露,一種是扣除分配利益稅金後的報酬,反映的是支付過基金股利與資本利得分配款的聯邦所得稅之後,還剩下多少報酬,並假設你會支付稅金,然後繼續持有股份。另一種則是,扣除分配

利益及出售股份稅金後的報酬（return after taxes on distributions and sales of shares），反映的是支付過基金股利與資本利得分配款、以及在所示期間期末出售股份實現資本利得（或虧損）的聯邦所得稅後，還剩下多少報酬。

積極成長型基金（Aggressive Growth Fund）

這種基金尋求的是創造出最大的長期資本增值，主要投資小型公司的股票或是比較小的市場區塊。偶爾才會有股利收益。在投資界，「積極」便是高風險的暗語。

資產配置（Asset Allocation）

決定你應分配多少資金在股票、債券和現金投資等金融資產類別上的流程。你需要花很多時間去思考這項決定，因為這或許是你要做的最重要決定。

資產類別（Asset Classes）

指主要的金融資產或證券類別。其中，三大資產類別是股票、債券和現金投資。另外還有更特殊的資產類別，但多數投資人用前述三大類，即可組成穩健的投資組合。

後收佣金（Back-end Load）

這是投資人在出售共同基金股份時支付的銷售佣金。這種費用也稱為贖回費或條件式遞延銷售手續費。有些基金會針對持有基

金多年的投資人逐步減收後收佣金。如今比較少見後收佣金，但有機會仍應盡量避免這種費用安排。

平衡型基金（Balanced Fund）

這種共同基金投資一種以上的資產類別（股票、債券，有時也投資現金）。這些基金並不特別迷人，但長期下來會證明自己的價值。

混合型基金（Blend Fund）

為股票基金，特色是包含了成長股和價值股。請見成長型基金與價值型基金。

債券（Bonds）

三大資產類別之一。債券是企業、政府或政府機構發行的借據，發行人固定支付債券利息，並承諾在未來的特定時間點（稱為到期日），償還你的「貸款」。債券定期支付利息，因此是退休人士投資組合中很重要的部分，股票大跌時，債券也能安撫投資人。

資本利得分配（Capital Gains Distribution）

基金把出售證券的已實現利得（或說獲利）支付給股東。資本利得通常每年配發，而且是以扣除基金當年的資本虧損之後的淨額做分配。當利得高於虧損，你（即基金投資人）就要根據你分得的利得納稅，除非你是以個人退休帳戶或是401(k)計畫等避稅帳戶

持有股份。此外，就算基金當年的總報酬為負值，也可以分配利得。

現金投資（Cash Investments）

現金是三大投資類別之一，包括付息銀行存款、貨幣市場工具、美國國庫券或票據。這些都是保守的短期投資，通常到期日為九十天或更短。這些工具適合用來因應近期需求，也可以把應急儲蓄投資在這裡，但是不太能推動你往長期目標（比如退休）邁進。

複利（Compounding）

這是指如果你把投資收益和利得拿來再投資、而不是直接變現，你能夠賺到的成長。你的投資賺到錢，然後你可以用原始投資，再加上你賺到的錢，再拿來賺錢。這是投資上最強大的力量，請多多善用。

信用風險（Credit Risk）

這是指債券發行人無力按時支付利息或無法償付本金、或兩者均做不到的可能性。每張債券都有信用風險，但有些發行人非常安全（例如美國財政部和政府機構），有些算安全（財務穩健的大公司和紀錄良好的政府單位），有一些則非常危險（財務不穩定的小型年輕公司）。而信用風險愈大，債券要支付的利率（或說殖利率）也就愈高。

分散（Diversification）

指把投資資金分配在不同發行人的證券上面。分散與平衡，是投資人最好的朋友。分散投資能幫你緩和投資組合的波動幅度，也可消除單一個股的風險，好讓你睡得更安穩。

股利（Dividend）

基金從投資當中賺得利息或股利，然後再把這些收益支付給基金股東。或者，也可以是公司提撥獲利，發給普通股股東現金股利（按：美國股利為發放現金，但台灣也會發放股票股利）。

平均成本法（Dollar-cost Averaging）

這套策略是指，持續在固定期間投資固定金額。這項技巧能降低市場忽然下跌的風險，長期也會壓低平均成本，因為股價低時你買到的股份比較多，股價高時買到的股份比較少。而要落實平均成本法也需要堅強的意志力，因為就算市場大跌，你還是要繼續投資。但你的堅忍勤勉，可以帶來豐厚的報償。

捐贈人授意基金（Donor-advised Fund）

投資人利用這種基金來支持慈善機構。一個人可以把現金、增值的證券，或是其他資產撥入捐贈人授意基金，而且馬上就可以抵稅。這些捐贈的增值免課稅，捐贈者隨時都可以建議撥款給符合美國國稅局規定的公開慈善機構。

存續期（Duration）

這個指標是用來衡量，利率變動時，債券或債券基金會上漲或下跌多少。平均存續期為十年的基金，市場利率每上漲一個百分點，價格就會下跌約10％；利率下跌一個百分點，價格則約漲10％。存續期為兩年的債券基金，當利率下跌或上漲一個百分點，股份價格就會上漲或下跌約2％。簡言之，無論利率上漲或下跌，債券基金或債券的存續期愈長，價格變動的幅度就愈大。

教育基金儲蓄帳戶（Education Savings Account，ESA）

這是為了支應教育費用、而設計的具稅務優勢投資工具。提撥到帳戶裡的資金會扣稅，但賺得的利潤不用。前提是，這些錢必須用在合格的教育支出。儘管每年可以提撥到教育基金儲蓄帳戶的資金上限很低（最高2,000美元），但是這類帳戶可以彌補孩子教育儲蓄方案的不足。

環境、社會與公司治理（ESG）基金（Environmental, Social, and Governance [ESG] fund）

ESG投資是考量環境、社會或公司治理面向的投資活動，也有人用其他說法來描述這類投資，比方說社會責任投資、價值觀導向投資、永續投資和影響力投資。有些ESG指數基金和ETF基金，遵循的基準指標排除特定股票（或債券），像是釀酒商、菸草公司、槍枝製造商和化石燃料生產商。而有些基金在選股流程中，會納入企業的ESG風險與機會，希望藉此勝過大盤。

指數股票型基金（Exchange-traded Fund，ETF）

ETF是一種共同基金，但就像股票一樣，交易當中隨時可以用現價買進或賣出。最普遍的ETF追蹤指數策略，因此，成本很低而且廣泛分散。

費用率（Expense Ratio）

這是指基金年度營運費用占基金平均淨資產的比率。費用率中支付的成本包括管理費用、法律與行政費用，以及行銷和經銷費用（例如12b-1費用）。你應該要關心費用，因為這些費用會直接壓低你能拿到的報酬。

因子基金（Factor Fund）

為主動式管理基金，將投資組合集中在表現出特定特徵的個股上，以達成特定的風險與報酬目標。這些因子包括品質、動能、流動性和價值，也有多重因子基金。

財務顧問（Financial Advisor）

這是很廣義的詞，泛指提供財務建議與資金管理服務的專業人士。顧問可以任職於券商、銀行或是共同基金公司，也可以獨立運作，可以只有一人單打獨鬥，也可以是有顧問群和支援人員的團隊。

前收佣金（Front-end Load）

這是你在購買共同基金時要支付的銷售佣金，或者說費用。比方說，如果你投資5,000美元買進一檔基金，基金收取的前收佣金是5％，那你一開始的帳戶餘額就只剩4,750美元。在支付佣金購買基金之前，要先認真想一想。畢竟，也有很多免收佣金的基金可供選擇。

成長型基金（Growth Fund）

這種基金把重心放在，據信未來獲利與營收成長潛力大、因此增值前景優於平均水準的公司股票。成長型股票的股利殖利率相對較低，因為這些公司偏好將獲利再投資到研發，而不是拿出去發放給投資人。另一方面，投資風格主要分成兩類，成長型是其中之一，另一種是價值型。分散得宜的投資人可以同時布局這兩種投資風格。

高收益債（High-yield Bond）

由信用評等低的公司或政府發行的債券，也稱為垃圾債券。高收益債體現了投資上的一項重要取捨：風險較高的投資，有潛力賺得更高的報酬。畢竟，前景不明朗的公司必須支付更高的利率，才能吸引投資人把錢借給他們。

收益（Income）

基金持有的證券賺得的利息和股利。這些獲利會以收益股利

的形式支付給基金股東，然後基金股東要支付這些收益的稅金，除非他們是以個人退休帳戶或是401(k)計畫等避稅帳戶持有基金。

收益風險（Income Risk）

指你從基金或其他投資當中收到的收益流可能減少的機率。這種風險在貨幣市場基金和其他短期投資上最明顯，例如超短期的債券基金。背後的作用原理如下：利率下跌，短期投資很快就反映了新的利率水準，你之後從貨幣市場基金收到的收益就減少了。

指數（Index）

為統計指標，用來衡量股市或債市、或是市場裡特定區塊的表現。投資人可以利用指數，來衡量自己的投資組合表現。（比較基金的表現時，務必要使用相關的指數。）

指數基金（Index Fund）

追蹤市場基準指標或指數表現的共同基金。指數基金持有指數裡全部或具代表性的成分股。指數化是具成本效益的投資策略，長期表現多半優於主動式管理的同類基金。因此，指數基金應在你的投資方案中占有一席之地。

個人退休帳戶（Individual Retirement Account，IRA）

這是具有稅務優惠的存退休金方法。如果你有工作可以賺得收入，但配偶負責家管不在外面工作，你可以替自己和配偶把錢放

在這些帳戶裡。傳統個人退休帳戶裡的投資賺得的收益免稅，要等到提領時才要繳稅，你提撥到帳戶裡的錢也可以抵稅，但有收入的門檻限制。至於羅斯個人退休帳戶，你先提撥到帳戶裡的錢不能抵稅，但是提領帳戶裡的收益時免稅（當然，有特定條件）。在滿59歲半之前從個人退休帳戶提領，要繳納10%的聯邦懲罰稅。

通貨膨脹（Inflation）

指商品與服務價格的一般性上漲。長期投資人要慎重考慮通貨膨脹，因為隨著通貨膨脹上漲，你投資與賺得的金額具有的購買力會下降。通貨膨脹率愈高，你必須投資愈多或賺到愈多才能勝過通膨。如果你的投資與賺得的收益不足以抵銷通貨膨脹，幾十年下來，通貨膨脹到最後會讓你無法負擔自己大部分的生活方式。

利率風險（Interest Rate Risk）

這是指債券或債券基金的價格，因為市場利率上漲而下跌的風險。價格和利率是反向變動。如果你原本擁有年利率3%的債券，現在市場裡出現新的債券利率為4%，你的債券價格就會下跌，以反映出可賺得的債券殖利率提高。

投資期間（Investment Horizon）

指你預期一筆錢投資的期間。你有很多財務決定都會繫於一個問題的答案：你何時會需要用到這筆錢？

投資目標（Investment Objective）

共同基金明示的目標。股票基金傾向於追求長期資本增值；債券基金多半尋求高額的當期收益或是免稅收益；貨幣市場基金則意在保本，同時替你賺得一些錢。確定你知道你持有的每一檔基金目標是什麼，而且你也仔細想過，這些基金要如何幫你達成目標。

收取銷售費用的基金（Load Fund）

這是收取銷售佣金或費用的基金，佣金可能高達投資金額的8.5％。

管理費用（Management Fee）

共同基金支付給投資顧問公司的費用。投資顧問公司可能是基金發起公司或是外部的投資顧問公司。這種費用的基準是資產的百分比，是基金費用率的一部分（亦即，會從你的基金收益當中扣除的費用）。

市值（Market Capitalization）

這是指一家公司在股市裡值多少錢。市值等於股價乘以流通在外的股數。如果是股票基金，則以基金所持有證券的市值來代表。很重要的是，要知道一檔基金是聚焦於大型、中型、小型股，還是所有規模皆有，這樣你才能打造分散的投資組合。當你拿相關基準指標、或是可互相競爭的群組，來與你的基金績效做比較，這項知識對你來說也很有用。

市場風險（Market Risk）

一項投資的價值會因為金融市場普遍下跌，而下跌的機率。這是不管你多分散投資都無法避免的風險。股市大盤下跌時，分散得宜的投資組合也會下跌。

貨幣市場基金（Money Market Fund）

為共同基金，投資付息的短天期（通常到期日為九十天、甚至更短）票券，目標是維持穩定的股價和賺得當期收益。聯邦政府並未擔保貨幣基金，但如果你投資1美元到基金裡，你可以合理地預期會拿回1美元，再加上利息。貨幣市場基金很無趣，但是很適合滿足短期投資目標，也可以是長期投資方案裡比較保守的部位。

市政債券（Municipal Bonds）

請見免稅債券。

共同基金（Mutual Fund）

投資公司集結個人的資金，用來購買股票、債券與貨幣市場工具等證券。

資產淨值（Net Asset Value，NAV）

基金總資產扣除負債之後的市場價值，再除以流通在外股數。就是通常所稱的基金股價。

不收取銷售費用的基金（No-load Fund）

買進或賣出時不收取費用的共同基金。然而，就算是不收取銷售費用的基金也會有費用，只是不在你買進或賣出股份時收費。

投資組合（Portfolio）

對你來說，投資組合就是你所擁有的全部投資。對基金來說，這是指基金持有的全部證券。因此，基金的投資組合可以是你投資組合當中的一部分。（但是相反的說法並不成立。）

投資組合經理（Portfolio Manager）

管理共同基金投資組合與決定日常證券買賣事宜的人。

本金（Principal）

你拿去買投資商品的金額。這個詞也常用來指稱債券的面值，以及尚未還清的貸款金額，比如房貸。

公開說明書（Prospectus）

為法律文件，提供共同基金的詳細資訊，包括基金的投資目標及政策、風險、成本、績效和其他有用資訊。請參見第9章，文中有建議要在公開說明書裡找哪些資訊。閱讀公開說明書很重要。

贖回費（Redemption Fee）

這是你在出售某些基金的股份時會被收取的費用。有些贖回

費對長期投資人來說實際上是好的。這些費用不是支付給管理公司，而是支付給基金，彌補所有基金股東要承擔的買賣證券成本，同時也能勸阻短期交易者。但請不要把這種費用跟銷售佣金混為一談。（請參見收取銷售費用的基金。）

機器人顧問（Robo-advisor）

這是一種線上平台，會透過數位介面提供財務顧問服務，例如投資組合配置指引和基金建議。機器人顧問以投資人輸入的參考資料，如年齡、投資期間、目標和風險耐受度等參數為基礎，採用市場預測模型與演算法，以建構適當的投資組合。

股票（Stocks）

代表公司部分所有權的證券。每一股的股票都是對公司部分資產和獲利權利的主張，有些權利主張會以支付股利來實現。

目標日期基金（Target-date Fund）

為平衡型基金，一開始投資高比例的股票，隨著明示的目標日期慢慢接近，會逐漸減少股票的比例，提高債券的權重。這也是所謂的生命週期資產配置：預先訂出一個比率，基金隨著時間過去以這個比率改變其資產配置，在投資人愈來愈接近退休時，基金會趨向保守。而目標日期基金通常為401(k)計畫的預設選項。

目標風險基金（Target-risk Funds）

這種基金有時也稱為人生週期基金，通常藉由持有其他共同基金來投資股票或債券。與目標日期基金不同之處是，目標風險基金的資產類別配置是靜態的。這些基金的配置範圍很廣泛，有積極型（80％股票加20％債券）、適度型（60％股票加40％債券）和保守型（20％股票加80％債券）。

免稅債券（Tax-exempt Bonds）

也稱為市政債券。若你投資由市政府、郡政府或州政府與政府機構發行的債券、然後收到利息，通常不用支付聯邦所得稅。如果你購買居住州政府發行的債券，通常連州政府稅和當地所得稅也免徵。

總報酬（Total Return）

特定期間內投資價值變動的百分比，其中也計入投資支付的所有收益。以基金來說，總報酬包括基金資產淨值的變動，再加上收益股利和資本利得分配。基金提報的總報酬要考量基金費用的效果，同時假設收益股利或資本利得分配款會再投資。這是長期衡量基金表現的最佳指標。

美國國庫抗通膨債券（Treasury Inflation-protected Securities）

這是由美國財政部發行的特殊債券，本金價值會變化，反映消費者物價的變化。這些債券不像名稱聽起來那般複雜。要理解的

重點是，債券本金價值會隨著通貨膨脹而上漲，因此是很好的補足投資方案產品。

週轉率（Turnover Rate）

週轉率是衡量共同基金交易活動的指標，會影響到基金的稅務效率。如果週轉率為50％，代表一檔基金一年內賣出與取代掉的證券相當於平均資產淨值的50％。一般而言，基金的週轉率愈高，愈可能會支付資本利得分配。如果你用課稅帳戶持有週轉高的基金，這些獲利就要課稅。而基金的公開說明書與年報和半年報會提供週轉率的數值，你也總能在基金公司的網站上找到。

《統一未成年人受贈法》（Uniform Gifts to Minors Act，UGMA）**和《統一向未成年人轉讓財產法》**（Uniform Transfers to Minors Act，UTMA）**帳戶**

UGMA 與 UTMA 帳戶是根據《統一未成年人受贈法》或《統一向未成年人轉讓財產法》為小孩設立的託管帳戶。這些帳戶讓成人保管人（通常是父母或親戚）代表未成年人開立投資帳戶。至於稅金，未成年人最初的1,050美元非勞動所得免稅，接下來的1,050美元以未成年人適用的稅率課稅，超過2,100美元，則以父母適用的稅率課稅。

價值型基金（Value Fund）

為共同基金，偏重於市場不期待利潤會快速成長的公司股

票。價值這件事就像美感一樣，不同的人有不一樣的看法，但與獲利、帳面價值、營收和股利等因素來比較時，價值型股票的價格通常都低於平均水準。價值型是兩種主要投資風格中的其中一種，另一種是成長型。分散得宜的投資人會布局兩者。

變動年金（Variable Annuity）

這是具有稅務優惠的投資，跟共同基金很像，但是又有保險的保證。由於初始投資受到保險公司的合約規範，有變動年金的投資人通常會得到保證，至少能收到投資的金額。而你投入變動年金的錢免稅，拿出來時才要課稅。然而，由於具有保險特色導致成本較高，再加上提領出來作為定期收益時要課稅，因此並不是每個人都適合變動年金。

波動性（Volatility）

這是指基金或其他證券的市值或報酬的變動。基金的波動性越大，高價和低價之間的差異就愈大。身為投資人，你將會面對股票和債券的波動。因此，在設立投資計畫時，要考慮到你因應波動的能力，不要過度反應。而平衡與分散能幫助你減緩波動幅度。

殖利率（Yield）

這是指投資賺得收益的比率，以投資現價的百分比表示。殖利率是你因為擁有固定收益投資（例如貨幣市場基金、債券基金或銀行存單），而得到的支付款。另一方面，支付股利給投資人的股

票也有（股利）殖利率，即年度收到的股利除以股價。

12b-1 手續費（12b-1 Fee）

這是某些共同基金會向你收取的年費，用來支付行銷與經銷活動的費用。換言之，基金公司向你拿錢，以吸引其他投資人。但除非基金公司真的吸引到更多資產並降低費用，不然這種費用對你來說不是好事。另一方面，不見得所有基金都會收取12b-1手續費，有收的話一定要在公開說明書中揭露，而這也是費用率的組成因子之一。

529儲備大學教育基金計畫（529 College Savings Plan）

這是由各州主辦、免稅的儲備子女教育經費方法。這些計畫通常由投資公司管理，人們可以注資投資，之後再領出來繳交學費與其他教育相關支出。只要投資人遵循某些規定，529計畫裡的投資在增值以及提領出來時，均免稅。但是，提撥的投資資金通常無法抵稅。

先鋒榮譽董事長談投資

作　　　者　傑克・布倫南（Jack Brennan）、約翰・沃斯（John Woerth）
譯　　　者　吳書榆
主　　　編　呂佳昀

總 編 輯　李映慧
執 行 長　陳旭華（steve@bookrep.com.tw）

社　　　長　郭重興
發行人兼
出版總監　曾大福
出　　版　大牌出版／遠足文化事業股份有限公司
發　　行　遠足文化事業股份有限公司
地　　址　23141 新北市新店區民權路 108-2 號 9 樓
電　　話　+886-2-2218-1417
傳　　真　+886-2-8667-1851

印務協理　江域平
封面設計　陳文德
排　　版　新鑫電腦排版工作室
印　　製　成陽印刷股份有限公司
法律顧問　華洋法律事務所　蘇文生律師

定　　價　550 元
初　　版　2022 年 6 月
有著作權　侵害必究（缺頁或破損請寄回更換）
本書僅代表作者言論，不代表本公司／出版集團之立場與意見

電子書 E-ISBN
ISBN：9786267102534（PDF）
ISBN：9786267102527（EPUB）

國家圖書館出版品預行編目資料

先鋒榮譽董事長談投資／傑克・布倫南 (Jack Brennan), 約翰・沃斯 (John
　Woerth) 作；吳書榆 譯 . -- 初版 . -- 新北市：大牌出版；遠足文化事業股份
　有限公司發行, 2022.06
　　面；　公分
　譯自：More straight talk on investing : lessons for a lifetime
　ISBN 978-626-7102-51-0（平裝）

　1.CST: 投資

111005626